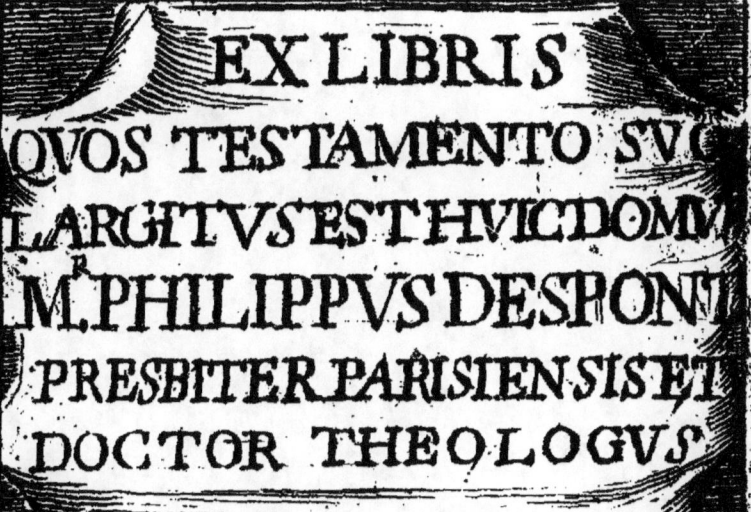

EX LIBRIS
QVOS TESTAMENTO SVO
LARGITVS EST HVIC DOMM
M. PHILIPPVS DESPONT
PRESBITER PARISIENSIS ET
DOCTOR THEOLOGVS

ORATE PRO EO

Et, discite in terris quorū
Scientia vobis, pers etu
in Cœlis
        Hieronimus
        Episp: 03

G

LES
RELATIONS
MORALES.

DE M. I. P. C. EVESQVE
DE BELLEY.

A PARIS,
Chez IOSEPH COTTEREAV, ruë
S. Iacques, à la Prudence.

M. DC. XXXI.
Auec Priuilege du Roy.

PREFACE.

Eux qui nous ont donné leurs escrits sous le tiltre de Relations (au moins ceux qui sont venus à ma cognoissance) ont eu, à mon aduis, vn dessein tout autre que celuy que ie me propose en celles-cy. Pour la plus grande part ce sont des memoires des guerres qu'ils ont veuës, & les narrez de quelques combats, rencontres, duels, sieges de villes, escarmouches, entreprises, stratagemes, artifices: ou bien ce sont les rapports de quelques voyages par terre ou par mer : ou ce

PREFACE.

sont les articles de quelques negociations ou traictez d'Estat, ou des instructions pour le maniement des affaires publiques, ou la descouuerte des secrets & des entreprises des Princes, ou des narrations de quelques expeditions aux terres estrangeres, ou parmy des Nations sauuages, barbares ou infidelles; ou des descouuertes de nouueaux mondes, ou l'estat des forces & reuenus des Potentats ou des Republiques. En somme, ce sont des Relations generales, qui repaissent plustost la curiosité des esprits, qu'elles ne touchent les faicts particuliers dont on puisse tirer de l'instruction pour les mœurs. Et c'est à quoy ie vise en ces Relations particulieres, à qui i'ay donné le sur-nom de Morales, pour les distinguer de ces Politiques, Militaires & Curieuses, qui courent par les mains des hommes.

PREFACE.

Mon intention n'est pas non plus de recueillir des Euenemens qui soient desia escrits dans les Autheurs des Histoires de nostre temps, n'estant pas ny mon humeur ny mon dessein d'estendre ma faulx dans le champ d'autruy, ny de presenter, selon l'ancien prouerbe, des choux cuits à deux fois, ou des chairs rebouillies. Ie n'appelle pas ces Ramas des Recueils, mais des Rapsodies, & cela n'est pas tant repeter que rapetasser des Histoires, c'est comme Sisiphe & Diogene, rouler tousiours vne mesme pierre & vn mesme tonneau. Les Relations que ie deduicts icy sont presque toutes nouuelles, & s'il y en a quelqu'vne escrite autre part i'en ignore le liure. Ce que i'escris est plus que ce que i'ay veu, ou ouy dire que ce que i'ay leu. I'ay bien leu des Relations d'vn Autheur Espagnol, appellé Marc

á iij

PREFACE.

Obregon, renduës en noſtre langue par vne de nos meilleures plumes : mais elles ſont ſi pleines de fadaiſes, de niaiſeries & de choſes licencieuſes, que ie ne leur feray pas beaucoup de tort de les mettre au rang du Guſman, du Lazarille, & de la Iuſtine, liures pluſtoſt plaiſans que ſerieux, & dont la lecture eſt plus digne d'oubly que de memoire. I'en ay bien leu vn autre qui m'a bien pleu, & que i'ay trouué fort iudicieux, ce ſont les Nouuelles de Diego Agranda, qu'il a faictes en ſuitte de celles de Michel de Ceruantes, tenu pour vn des plus beaux eſprits d'Eſpagne. Les Nouuelles Morales renduës en noſtre vulgaire par vne plume delicate, nette, & d'vn ſtyle non vulgaire, me ſemblent encherir ſur celles de Ceruantes, & ſi elles ſont les dernieres en datte, elles les ſurpaſſent à mon iu-

PREFACE.

gement en ordre, en suitte, & sur tout en ces beaux enseignemens pour les mœurs, qui sont mis à la fin de chaque Histoire. Mais de quelque vanité dont se flattent les Espagnols en toutes leurs actions, & principalement en leurs escrits, demandans quelquefois s'il y a des hommes en France qui les entendent, en quoy ils rencontrent peut estre plus heureusement qu'ils ne pensent, parce qu'ils escriuent pour la pluspart d'vne façon si embroüillee, extrauagante, & remplie d'vn tel galimathias, auec vne longueur tellement insupportable, que souuent ils ne s'entendent pas eux-mesmes. Quelque bonne opinion, dis-je, qu'ils ayent de leurs Histoires, il s'en faut tout qu'ils approchent de celles de quelques-vns de nos Escriuains François; soit pour la douceur & la netteté du style, soit

PREFACE.

pour la grace de l'inuention, soit pour la conduitte de la narration, soit pour la suitte du suiet, soit pour la richesse de la Poësie, que tout leur flegme n'arriue point à la subtilité de nostre air, ny leur profonde meditation à la viuacité de nos esprits. Mais sur tout il me semble que la Palme est deuë au R. P. N. Caussin de la Compagnie de Iesvs, qui nous a faict voir en sa Cour Saincte, principalement en la seconde Partie, qu'en ce genre d'escrire des Histoires particulieres, & les orner de Moralitez, il estoit l'inimitable. Il est vray que le fonds des six Histoires qu'il estale est ancien, mais il l'embellit de tant de rares nouueautez, ou plustost de tant de nouuelles antiquitez, que c'est la nauire des Argonautes toute renouuellee; ce sont des tableaux anciens, mais raffraischis de si viues

PREFACE.

couleurs, que c'est de l'or caché sous de l'email, & vn fonds obscur rehaussé d'vne riche broderie. Il separe les enseignemens pour les mœurs qu'il tire du fonds de son Histoire, & les releue de tant de beaux passages & si bien tirez, de tant de considerations si bien prises, de tant de persuasions si viues, qu'il faut auoir le sens peruerty, pour ne se rendre point à des raisons si fortes, & armees de tant d'auctoritez : & tout cela auec vn style ferré, & si fort & si net (deux benefices de difficile rencontre) que l'on ne sçait à qui l'on doit donner le prix en cette lecture, ou à l'vtilte ou au delectable. Le reste de l'Histoire est deduit auecque tant d'art, & enrichy de tant d'ornemens puisez de tous les preceptes de la Rhetorique Grecque & Romaine, que quand le public n'auroit point ce grand volume

PREFACE.

de l'art d'Eloquence, qui est sorty de sa plume en langage Latin, il seroit aysé à iuger que des despoüilles des deux Maistresses langues qu'il possede en perfection, il a apporté à la nostre des embellissemens & des forces que ie ne voy que chez luy. Certes l'approbation qu'il a voulu mettre de mes Histoires, à la fin de la seconde Partie de sa Cour Saincte, ne m'a point tant obligé à dire ce que ie viens d'aduancer, que le tesmoignage que ie dois à la Verité, que ie ne pouuois en conscience retenir prisonniere dans l'iniustice d'vn silence ingrat, & cette approbation m'estât de plus grand poids que la mesdisance de plusieurs, qui iugent mal de mes intentions & de mon employ en ce genre d'escrire, puisque Dieu parle par la bouche de ses seruiteurs, & le mauuais esprit par celle de la calom-

PREFACE.

nie. Il est vray qu'en ce peu de lignes Apologetiques, qu'il a voulu tracer en faueur de mon dessein, me seruiront de bouclier contre les trames de ceux qui desapprouuent mon trauail, & quoy que ie ne les puisse lire sans confusion, me voyát estimé par ce qui me deffaut, si est-ce qu'elles n'ont pas seruy de peu pour animer mon courage, abbattu par l'ingratitude & la longueur de ce trauail balancé entre les deux extremitez de l'ardant desir des vns, & du vehement blasme des autres. Mais ce qui me iette vn peu de tristesse en l'ame, est de voir que ce docte & eloquent personnage, de qui ie pensois auoir excité la plume à la poursuitte de cette entreprise, se rebutte de ce labeur, & semble vouloir borner de ses six Histoires, le grand proiect qu'il auoit promis. Certes si i'auois autant de credit

PREFACE.

aupres de ses Superieurs, que i'ay de zele passionné pour sa Compagnie, l'obeyssance de sa plume auroit le commandement de s'exercer sur ce suiet, dont ie croy qu'il reussiroit autant de gloire à Dieu, & autant de profit au prochain, & autant de delectation de voir tant de bonnes choses en de si belles paroles, que d'aucun autre employ, en quoy il puisse estre occupé. Or, pour reuenir à nos Relations, c'est de cet Autheur qu'il faudroit apprendre à tirer des instructiós pour les mœurs de toutes les actions humaines. Et c'est, tout foible que ie suis, ce que ie m'efforce de faire; mais auec cette difference, que ie trauaille en des fonds nouueaux, & ie puise à des nouuelles sources. Que si les anciens ont caché la Philosophie Morale sous des Apologies, & faict parler les pierres, les plantes & les

PREFACE.

bestes, pour former des instructions qui puissent seruir à la conduitte de la vie: Combien sera-t'il plus vtile (sans aller chercher dés inuentions extrauagantes en des choses qui ne peuuent estre, & qui ne subsistent que dans le vague d'vne imagination creuse) de puiser dans le fonds des actions humaines, qui nous sont si voysines, & dans les exemples qui tombent tous les iours sous nos yeux, ces mesmes preceptes si necessaires au reglement de nos passions? Qu'est-il besoin de forger des Paraboles, puisque le monde dont le Theatre est si grand, nous fournit tous les iours des occurrences, dont on peut tirer le mesme suc & les mesmes leçons? Pourquoy aller chercher des simples en Leuant, si les herbes qui sont à nos portes ont assez de vertu pour guerir nos maladies? La Pharmacie,

PREFACE.

l'vn des bras de la Medecine, est toute occupee à cette contemplation, d'appliquer telle herbe à telle maladie. Aux vices, qui sont les maladies de l'ame, il n'est point de tel antidote que l'exemple, & les vertus mesmes s'apprennent par là. Vn tel fit tel mal, & tel mal-heur luy arriua; vn tel pour telle vertu a esté esleué en honneur & en fortune. Il faut donc faire ainsi bien, pour arriuer à ce bien cy, & éuiter vn tel mal, pour ne tomber en telle misere: c'est pour cela que l'Histoire est appellee la regle des mœurs, & la maistresse de la vie. Et dans les Histoires generales des Royaumes & des Nations, quand on rencontre des faicts particuliers, soient vicieux, soient vertueux, voyez auec combien d'attention & d'empressement le Lecteur s'y arreste & s'y porte, dont l'esprit languissoit au-

PREFACE.

parauant dans tant de discours vniuersels. Ce sont comme les astres dans le Ciel, comme les yeux dans la teste, comme des pierres precieuses enchassees dans l'or. Ces Relations particulieres se peuuent appeller l'esmail de l'Histoire, elles sont comme les grains d'or dans le sable du Tage, elles sont comme des bagues en vne belle main. Ie sçay que les Historiens ne descendent que rarement à ces narrations des faicts particuliers, parce que cela coupperoit trop souuent le fil de leur Histoire, qui doit estre plus egal & continu, & encore faut-il qu'ils fassent quelque portion des affaires publiques, comme les mariages, les morts tragiques des grands, les combats singuliers des personnes de marque, les tromperies signalees, les actions solemnelles ou heroiques, & cela auec vne briefueté

PREFACE.

qui laisse plustost le Lecteur en appetit que rassasié : mais de s'estendre iusques aux occurrences particulieres, & aux actions de ceux qui sont cachez dans la foule du monde comme à des actes tragiques, à des affections, à des conuersions, des jalousies, des fraudes, des iniustices, des auarices, des larcins, & autres semblables euenemens, qui arriuent tous les iours dans le monde, c'est ce qu'ils ne font pas pour espargner leur peine, & accourcir leur trauail : & c'est ce glanage que i'entreprends apres leur moisson, ne recueillant point d'espics qu'ils ayent desia mis dans leurs gerbes. Certes i'eusse pû allonger de beaucoup ces Relations, & m'espandre sur des preceptes Moraux beaucoup plus que ie n'ay faict; mais outre qu'il faut laisser le champ libre à la meditation du Lecteur, sans imiter

PREFACE.

ter ceux qui disent trop, parce qu'ils veulent dire tout, i'ay mieux aymé estre sobre qu'abondant, veu mesme que les paroles sont vne marchandise si vulgaire & de si peu de prix, que les liures qui en ont le plus n'en valent pas d'auantage. En ces Relations entassees & raccourcies i'imite le semeur, qui ayant espanché sa semaille de la main, quand il est au fond du sac il le verse dans les sillons. Las d'escrire de longues Histoires auecque des extensions que l'art enseigne, ie me suis aduisé de semer à pleine poche. Ce ne sont point icy des perles de compte ; mais des perles à l'once, ou plustost vne semence de perles que i'eusse pû grossir si i'eusse voulu, auecque le trauail & le temps ; mais il faudroit auoir plus de loisir que ie n'en ay. Ceux qui font l'œconomie des vers à soye, au

é

PREFACE.

commencement du Printemps iettent la semence des vers sur des fueilles de meurier, petit à petit les vermisseaux sortent de leurs œufs, & deuenus maistres ouuriers ils se filent des maisons, ou plustost des tombeaux dans ces bobines ou pelotons, que par apres on deuide, & dont on faict ces beaux draps de soye, qui seruent de vestement & d'ornement tout ensemble. Ayant remarqué vn grand nombre d'Histoires modernes dans mes Memoriaux, & ne pouuant auoir le temps de les esclorre, & d'en faire des volumes particuliers, comme autant de pelotons; Ie me suis resolu d'en ietter la semence sus ces fueilles, laissant à liberté de ceux qui les liront, de les estendre en leur pensee, & à ceux qui auront plus de loisir de les dilater par leurs paroles, & s'il leur plaist ainsi par leurs escrits. Cepen-

PREFACE.

dant, Lecteur, tu auras ces *Relations Morales* en suitte de nos *Euenemens Singuliers*, & de nos *Occurrences Remarquables*. C'est mesme style, mesme façon d'escrire, mesme dessein, il n'y a que le tiltre qui est diuers, & la matiere differente. Mon intention principale estant par tous ces exemples, que je ramasse deçà & delà dans la tradition non escrite des choses qui se passent dedans le monde, de corriger les mœurs vicieuses, & d'encourager aux vertueuses. Si ie demeure court en ce proiect, il faut excuser ma foiblesse, & ne pas blasmer ma bonne volonté.

TABLE DE CES RELATIONS MORALES.

LIVRE PREMIER.

I.	L'Honorable infidelité.	1
II.	La Pharizienne.	82
III.	Les intētions fruſtrees.	136
IIII.	Le duelliſte malheureux.	156
V.	Le fol eſſay.	175
VI.	L'heureuſe attente.	183
VII.	La ſotte vanterie.	207
VIII.	Le traiſtre beau-frere.	228
IX.	L'infortune fortunee.	245
X.	L'attentat impudent.	284

XI.   La funeste feinte.   299
XII. Le bon-heur de l'honneur.   311

LIVRE DEVXIESME.

I.   Le double fratricide.   323
II.   Le double rapt.   363
III.   La iuste recompense.   388
IIII. La foible coniecture.   405
V.   Le trophee du vaincu.   422
VI.   La ialousie sacrilege.   443
VII.   Le bannissement de la ialousie. 462
VIII. L'idée.   474
IX.   Le simoniaque.   483
X.   Le hargneux.   496
XI.   L'inconstante ambitieuse.   505
XII.   L'honneste fidelité.   521
XIII. L'amazone.   536
XIV.   L'heureuse aumosne.   578
XV.   L'ingrat adopté.   593

XVI. La vanité mocquee. 608
XVII. L'*ambition humiliee*. 619
XVIII. La *pieuse mensonge*. 636
XIX. Le *subtil conseil*. 648

Fin de la Table des Relations.

RELATIONS MORALES.

LIVRE PREMIER.

L'honorable Infidelité.

RELATION I.

Costé de ceste ancienne ville des Gaules, où les vieux Druides dedierent vn temple à la Vierge qui enfanteroit, vn païs s'estend qui pore le nom du Perche. Cette Prouince aussi ombragee que la Beausse, qui

luy est voisine, est descouuerte ; fait voir combien est grand l'auantage que la nature donne à ces contrées, où le iour vient en abondance, puisqu'il sert de remede contre les ardantes chaleurs de l'Esté, par l'agreable fraischeur de son ombre, & contre les froidures de l'Hyuer en nourrissant le feu qui fait la moitié de la vie durant cette saison rigoureuse. Au milieu des boccages qui seruent d'vn ornement vtile à ceste region dont ie parle, vn chasteau qui donne le nom à vne famille assez connuë, & que nous voilerons sous celuy de Fleurenual, tient vn rang qui en laisse peu deuant luy, & qui en met beaucoup en arriere. Le Maistre de ceste place estoit vn Seigneur qui conduisoit sa famille auecque non moins de prudence que d'auctorité : Ce qui le rendoit redouté, non dans ses terres seulemét, mais en son voisinage; car si ces deux qualitez separées sót capables d'imprimer du respect & de la crainte en ceux qui les considerét en quelqu'vn, que feront elles cóiointes? Il n'y a celuy qui ne se tienne en grace en la personne d'vn homme sage, & à qui le prudent ne donne de la deffiance, par ce qu'il ne peut estre surpris, & si la subtilité de son esprit passe dans la finesse, elle est capable de surprendre & de nuire. Quant au vaillant c'est son propre de ietter de la terreur dans les courages les plus estimez, puisque ne se voulans pas rendre à la raison, il les y fait plier par la force. Le Seigneur de Fleurenual s'estoit rendu signalé en l'vne & en l'autre de ces parties, & se sçauoit faire craindre de ceux qui ne vouloient pas aymer ses vertus austeres. Mais si les corps des enfans ne ressemblent iamais si parfaitte-

A ij

ment à ceux qui les ont engendrez qu'il ne s'y trouue de notables differences. Il y a beaucoup plus de diuersité aux esprits qui ne tirent pas leur origine des peres terrestres: C'est ce qui rendit Zotique, fils aisné de ce Seigneur, si esloigné des humeurs de son pere. Ce bon homme haïssant extremement les desbauches, principalement celles où la fourbe & la tromperie (conditions odieuses en toutes personnes, & principalement indignes d'vn ame noble,) iouoient les ressorts principaux. Zotique estoit fort ardant au ieu, exercice qui desplaisoit fort à son pere, non seulement par ce que le sage ne soufmet iamais sa conduite au hazard, mais parce qu'il sçauoit que c'estoit la plus large porte que l'on puisse auoir à la ruine d'vne famille. Celuy qui est affriandé à ceste demangeaison qui tient au bout des doigts, comme celle des Escriuains; trouue à la fin, mesme apres auoir gaigné qu'il a beaucoup perdu, puisque la perte du temps est telle qu'on ne s'en peut iamais acquiter. Il est vray que Zotique s'excusoit sur ce qu'estant fils de famille il ne pouuoit perdre que peu & gaigner beaucoup: mais on luy pouuoit respondre cela mesme qu'vn ancien Philosophe qui reprenant vn adolescent qui ioüoit & qui luy auoit reparty que son ieu estoit de peu d'importance; mon enfant, repliqua-t'il, ce n'est pas vne petite consequence que celle de la coustume. Zotique auoit encore vne autre excuse beaucoup plus disraisonnable, & qui donnoit occasion de penser mal de sa probité, il se plaignoit de la seuerité de son pere (c'est ainsi qu'il desguisoit le nom d'auarice qui eust esté outrageux) à son gré il ne luy donnoit pas dequoy despencer, & bien que rien ne luy manquast de ce qu'il luy estoit necessaire, il vouloit aller iusques aux choses superfluës, & c'est ce que n'entendoit pas le Seigneur de Fleurenual, sçachant que combler vn abysme & satisfaire aux appetits desordonnez d'vne ieunesse desreglee est vne mesme chose. Si le trop bon pere du Prodigue de l'Euangile eust sçeu cette leçon, il n'eust pas mis le glaiue entre les mains du furieux, ny donné sujet à ces enfans perdus de dissiper la moitié de sa substance en desbauches & en dissolutions, & à son aisné de murmurer contre l'excez de sa misericorde. Zotique faisoit donc traffic de son ieu, où il gaignoit plus que s'il eust eû beaucoup d'argent en banque. De dire par quel art, il le faut deuiner: car si les vsuriers vsent

Infidelité.

de tant de finesses pour voyler leurs iniustes pratiques, vous pouuez croire que les pipeurs ne redoutent rien tant que d'estre appellez par leur nom, n'y ayant iniure dont ils s'offencent d'auantage, ny chose qu'ils craignent à l'esgal d'estre surprins en leurs tours de souplesse. Zotique auoit le bruit de se mesler de ce mestier infame à toute main, entre tous à vn Gentilhomme qui doit auoir auecque l'honneur la loyauté & la candeur en recommandation. Mais combien y a-t'il dans les grandes villes qui sous le nom d'Academiques, ne viuent que de ces sophistiqueries manuelles, & qui en suiuant l'ombre d'vn faux honneur, perdent le corps du veritable: car pour s'entretenir disent-ils honorablement, ils plument les pigeons dans les brelants par des artifices damnables en l'autre vie, &

A iiij

honteux en celle-cy. Ie ne veux pas auancer auec asseurance que Zotique pratiquast cét odieux commerce (car qui peut iuger certainement de ces negoces des tenebres, de choses si cachees,) mais ie puis bien dire auec la voix commune qu'il on auoit le bruit, & c'est de cette reputation ignominieuse que se faschoit son pere, qui luy en fit d'aigres & menaçantes reprimendes : mais c'estoit lauer la peau du More que de luy vouloir arracher cette habitude, qui peu à peu s'estoit conuertie en nature ; Ioint que le profit est vn morceau si friand, vn appast si delicat, qu'il n'y a poisson qui n'y morde, & peu de gens euitent cét escueil. Comme le pere maintenoit sa maison auecque lustre par les voyes iustes & droittes du mesnage & de la bóne códuitte, le fils par des sentiers obliques paroissoit en son train, en ses habits, en festins, en cheuaux en tout auec vne magnificence de si grand esclat, qu'il falloit ou qu'il s'accablast de debtes, ou qu'il ruinast ceux auec qui il ioüoit par de mauuaises, mais subtiles inuentions: Et comme on ne voyoit pas le premier qui s'engageast pour paroistre, cela faisoit croire le second au grand deschet de la gloire de sa naissance, & au preiudice de sa reputation. L'oysiueté est, comme chacun sçait, la pepiniere de tous les vices, le jeu est l'occupation des personnes oysiues, & comme la source d'où se tirent beaucoup de mauuais ruisseaux; le nerf de la desbauche aussi bien que de la guerre c'est l'argent: or comme Venus est froide sans Cerés, & Bacchus; sans le secours de Pluton, qui est le dieu de ce metal que l'auarice des mortels a arraché des entrailles de la terre, le luxe ne feroit pas de duree. Mais quelle veine d'or ne feroit efpuifee par la prodigalité, puifque c'eft vn goufre qui n'a ny fonds ny riue : Certes ce jeu fert de fources à ceux qui font fort heureux pour fouftenir vne grande defpence; mais où font ces enfans de la bonne Fortune qui ne fentent quelquefois fes reuers & qui n'experimentent en ioüant que les dez & les cartes font encores plus iournalieres que les armes? Ie croy certes (& ma creance n'eft pas fans fondement) que les plus heureux ioüeurs perdent tout à la fin, fi vne fage retraitte ne preuient leur ruine. Quant aux pipeurs s'ils fe maintiennent vn peu plus longuement en cét exercice, c'eft parce qu'ils cachent mieux le momon : mais quand vne fois ils font non pas defcouuerts mais foupçonnez, on les fuit comme des ferpens qui fe cachent fous les fleurs,

Infidelité.

& l'on fuit leur rencontre comme de personnes attaintes de maladie contagieuse. Pareils à vn maistre d'escrime auec qui personne ne veut desmesler vne querelle, non tant pour estime que l'on ait de leur valeur, que pour la crainte de leur addresse. Si le jeu portoit Zotique en diuerses dissolutions, pensez vous que l'Amour enfant du jeu, du passetemps & de la bource, n'eust point d'accez en son ame? Certes cette passion à qui l'on attribuë des mains percées, faisoit en son esprit vn rauage qui n'estoit pas mediocre, mais s'il pipoit les hommes auec les dez & les cartes pour leur tirer des mains l'or & l'argent, pensez vous qu'auecque ces metaux qui trauersent les tours les plus fortes, & à qui mille places ne sont imprenables, il ne sçeust accortement piper la pudeur des plus determinées? Combien de Danaés surprit-il auecque ccste pluye, combien de playes ceste pluye mal-heureuse causa-t'elle à l'honneur de plusieurs inconsiderees. Mais en fin tous les cœurs n'ont pas ce metal pour ayman: & il y a des cœurs nobles qui mesprisent courageusement ce que tant d'autres estiment & qui chantent auecque le diuin Psalmiste, l'or & l'argent sont les dieux des Idolatres ; ceux-là monstrent bien qu'ils ont des courages de terre & de bouë, qui adorent ces metaux, & des yeux bien foibles qui se laissent esblouïr à leur lustre. Ce sont ces esprits assis en bon lieu qui ne se plient iamais à rien de deshonorable, quelque necessité qui les presse, & que l'ambition, ny le desir d'auoir, ne destourne iamais du vieux sentier de la Vertu. Vous allez voir cette verité peinte de maintes couleurs en la suitte de cette Relation. Il est vray que Zotique ne bruslant que d'vn feu volage & sensuel, qui s'esteignoit apres vne ioüissance passagere auoit fait comme vn sanglier farouche, vn prodigieux degast en la vigne de la pudicité de plusieurs filles, dont il auoit eniollé les vnes par promesses & caiolleries: mais la plus grande part auecque des presents dont les effects sont bien plus pressans que les belles paroles. Plusieurs s'estoient renduës à ses appasts, sa conuersation ayant de grands charmes pour causer de la bienueillance, principalement à la campagne où les esprits moins rusez que dans les villes, prestent beaucoup à la surprise & à l'abus. Mais comme la pauureté y regne plus imperieusement, aussi la porte s'ouure-t'elle plus facilement à la corruption, sur tout quand l'or, qui est le Soleil des abysmes, darde ses rayons en des ames villageoises: Ioint que la Noblesse de la cāpagne, passe bien souuent de l'auctorité à la violence non cōtens d'estre Seigneurs, s'ils ne vont encore de la Royauté à la tyrannie. I'auāce tout cecy sur le sujet que m'ē va esclore l'intemperance de Zotique. Il fut aduerty qu'en vne bourgade assez voisine du chasteau de son pere, il y auoit vne fille qui sous l'habit de villageoise faisoit mōstre d'vne esmerueillable beauté. Tous ceux qui l'auoient veuë n'en faisoient le rapport qu'auec des admirations qui faisoient naistre des desirs aueugles en l'ame de ce Gentilhomme, dont les venuës sembloient estre pleines de souffre tant il est susceptibles de ce feu secret, luy qui voguoit sur la mer de la Volupté, ne cherchant que de beaux escueils pour y faire de signalez naufrages, ne manqua pas de porter ses yeux pleins de

Infidelité.

curiosité sur ce rare obiect, qui le remplit en vn moment de mille flammes. Ce qui flatte son dessein est la facilité de la conquester, luy estant aduis que s'il ne pouuoit charmer l'esprit de ceste fille (qui auoit la reputation de n'estre pas moins chaste que belle) par ses feintes paroles, que la poudre d'or la rendroit susceptible de son tourment & la rangeroit à sa volonté. Il se met donc à cette poursuitte sans autre fin que de contenter son brutal appetit aux despens de l'honneur de cette fille, que pour le respect de son inuincible & glorieuse chasteté nous nommerons Castule. Mais comme les prestiges dont les demons amusent les miserables sorciers, s'esuanoüissent à la venuë du iour deuant cét astre de beauté & d'honnesteté, toutes les illusions de Zotique furent des chandelles en la presence du Soleil. Elle ferma l'oreille comme l'aspic à la voix de cét enchanteur, & ce ne fut point tant par grossiereté d'esprit, que par vne subtile prudence qu'elle euita la rencontre de cét homme autant qu'elle pût, sçachant que les propos du meschant, causent aux ames qui les escoutent des vlceres qui les rongent. Zotique neantmoins qui embrasoit son feu par les difficultez à ce peu d'occasions qu'il eut de parler à elle, iugea bien que ce n'estoit point par deffaut d'esprit, ny pour stupidité paysane qu'elle ne respondoit point à ses entretiens, d'autant qu'à ses reparties elle tesmoignoit vne viuacité & vne sagesse qui passoient l'ordinaire & de sa condition & de son aage. En fin apres auoir les paroles, les mines & les menus artifices du seducteur auec aussi peu d'effect que s'il eust ietté son discours au vent, il voulut

voulut employer la grande machine de l'or & des presens, mais il rencontra vn courage semblable à la mer, qui vomit à ses bords toutes les richesses que les naufrages laissent flotter sur ses ondes. Si celuy là est estimé bien-heureux pour la saincte parole qui s'est conseruee, net de toute tache qui n'a point couru apres l'or, ny attaché son esperance aux tresors ; quelle gloire donnerons à ceste fille qui dans vne qualité plustost abiecte que mediocre, & dans la fragilité d'vn sexe infirme, a sceu fouler aux pieds cét or dont les plus grands Monarques se font des couronnes. Certes elle est vne fille forte, de qui le prix doit estre recherché aux extremitez de la terre, s'il est quelque prix digne d'vne ame chaste que le sage met au dessus de toute estime. Zotique non moins picqué de la vertu que des beautez de

B

Castule, apres auoir ressenty toutes les rages que la mauuaise amour a de coustume de produire dans les ames dont elle s'empare, changea en fin ceste impure flamme en vne plus saincte, mais non pas moins vehemente. Les illusions deshonnestes qui auoyent troublé son imagination s'escarterent de son esprit, & voyant qu'il n'en auoit point d'accés à la possession de Castule, que par la voye du Sacrement qui peut rendre legitimes les plaisirs qui chatoüillent le sens, il se resolut de preferer la vertu à la noblesse & aux richesses, veu que la noblesse n'est qu'vn rayon, ou plustost vne recompense de la vertu, & les richesses ses seruantes. Tandis qu'il couue ces desseins dans son cœur, il les couure le mieux qu'il luy est possible; sçachant qu'éuentez ils auroient des obstacles inuincibles. Il les declare neantmoins à sa chere aduersaire, mais il trouua si peu de disposition en sa creance, qu'encore qu'il luy parlast du fonds de son ame & auecque des sentimens fort sinceres, il ne pût iamais luy persuader ce qu'il desiroit qu'elle tint pour vn oracle. Il l'auoit tant caiolee, il auoit battu ses oreilles de tant de faux sermens & de vaines protestations dont il doroit ses tromperies precedentes, il auoit tenté son courage par des promesses, des offres & des presens; bref il luy auoit rendu tant de tesmoignages du meschant dessein qu'il auoit de la perdre, que quand il vint à l'entretenir d'vne recherche legitime & honorable, on prit ses discours pour des pieges, & ses sermens pour des appeaux d'oiseleur, qui contrefait le ramage des oyseaux pour les attirer dans ses filets & les surprendre. C'est là ce que gaignent les trompeurs &

les menteurs, de ietter vn chacun en deffiance de leur foy & de n'estre pas creus lors que la verité sort de leur bouche. Voyla Zotique en des angoisses qui se peuuent mieux imaginer que descrire; peu s'en faut que le desespoir ne l'accueille, se voyant toutes les portes fermees, tant legitimes qu'illegitimes pour arriuer au but de sa pretension. Ayant donques perdu toute creance en la farouche Castule, ne le fuyant pas moins lors qu'il luy parloit auec franchise & honnesteté, que lors qu'il la cajolloit auecque tromperie & mauuais dessein: Il se resolut de luy parler par la bouche d'vn autre, à qui elle pût adiouster quelque sorte de foy. Il n'en trouua point de plus à son gré qu'Anastase, fils d'vn fermier de son pere & qu'il auoit pris à sa suitte: L'esprit, le courage, & la fidelité de ce ieune hóme luy estoient connuës, par tant d'experiences qu'il n'eust pas eu raison d'en douter; il l'aborda donc, & il luy despeignit sa passion à vn poinct de telle extremité, qu'il sembloit que la possession de Castule deust estre le commencement de sa vie, ou que la priuation de ceste iouïssance en deust estre la fin, le coniurant s'il en aymoit la conseruation de l'assister en cette entreprise; là dessus il luy declara ouuertement les desseins qu'il auoit eus de la perdre: les artifices, les promesses, & les presens qu'il y auoit employez, que tout cela auoit fait comme les fleches qui se rebouchent contre vn rocher, que depuis il auoit eu des pensees plus modestes & plus iustes, qu'il auoit eû desir de l'espouser, mais que cét esprit sauuage s'estoit cabré contre cette proposition, qui neantmoins luy seroit si aduantageuse, qu'il auoit doncques besoin de son aide pour persuader à ceste fille qu'elle ne ruinast point elle mesme sa bonne fortune, & qu'elle accueillist auecque plus de gratieuseté l'occasion qui s'offroit à elle auec vn visage riant. Iusques icy Zotique fut escouté auec patience, mais comme il est malaisé de garder constamment vn mesme langage quand il y a de la dissimulation dans l'esprit, ce qui fait que les méteurs se coupent ordinairement ; en fin la noirceur & la fumee parurent en ce feu que cét amant auoit despeint si pur, lors qu'il tascha d'induire Anastase à l'aider en son iniuste pretension, l'asseurant que s'il ne pouuoit conquerir Castule par ce moyen il se porteroit au legitime. Alors Anastase estonné de ceste variation, luy protesta que sa vie & ce peu qu'il auoit de bien estoit à son seruice; mais que pour son honneur il ne le partageoit auec personne. Et qui parle d'attenter à vostre honneur, reprit Zotique, commét Monsieur, repliqua Anastase, estes vous aueugle iusques à ce poinct de ne voir pas à quelle pratique vous desirez que ie m'employe, le respect que ie dois à vostre qualité m'empesche de parler autrement, & m'estoufe les paroles en la bouche, Si i'eusse creu que vous eussiez deu conceuoir vne si mauuaise opinion de ma fidelité, vous n'eussiez iamais esté mon maistre. Alors le dissimulé Zotique qui se sçauoit changer à la façon d'vn poulpe, comme s'il se fust reueillé d'vn profond sommeil, Mon cher Anastase, dit-il, ie te prie de pardonner à ma passion, tu sçais que ceste tyrannie de la raison ne laisse pas le iugement libre. Il est vray que i'ay aymé Castule autrement que l'honnesteté ne permet, mais i'ay depuis purifié mes desirs, ma flamme est irreprehensible, puisqu'elle a pour aliment la pretension d'vn iuste Hymen, & c'est en quoy ie te prie de me secourir, c'est vn employ si glorieux que les plus grands Seigneurs tiennent à honneur de porter des paroles de mariage, veu que c'est vn Sacrement honorable en tous ceux qui le contractent & qui le traittent. Monsieur, reprit Anastase, ie n'estime rien de vil que ce qui est & iniuste & honteux, il n'y a sorte d'abiection que ie n'embrasse pour vous seruir; ie vous suiuray à pied, ie penseray vos cheuaux, ie feray vostre cuisine, ie laboureray vos terres: ma naissance n'est point telle que ie ne tienne à gloire d'estre nay vostre sujet, mais en des actions contraires à l'honneur, c'est ce que ie ne feray iamais, y allast-il de ma vie, aymant beaucoup mieux mourir l'honneur sur le front, que de viure dans l'ignominie. Mais puisque vous me faites tant de faueur que de descouurir si naïfuement vos pensees, ie ne suis pas si peu auisé que ie ne sçache distinguer en tous les actions qui partent de la passion, de celles qui prouiennent de la raison; & comme les vnes sont dignes de compassion estant des maladies d'esprit, aussi les autres seront suiuies de mon obeissance : que si vous me permettez de vous representer ce qui est conforme à la mesme raison, ie croy que ie ne feray rien qui soit contraire à vostre seruice. Non, Monsieur, ie ne diray rien contre la vertu de la beauté & moins contre la beauté de la vertu de cette sage fille, ce seroit offencer la verité à plaisir, & faire tort à vostre iugement, qui n'eust point fait choix de ceste maitresse pour y asseoir ses affections, si vous n'y eussiez trouué les qualitez conuenables. Ie ne parleray point de la condition de sa naissance, de son deffaut de moyens, de l'inegalité de tous estats, encore que tout cela soit visible, le bandeau de l'amour vous empesche de l'apperceuoir, & puis c'est le propre de ceste passion d'vnir les esgaux, ou d'esgaler les personnes differentes. Si vous estiez libre & ne despendant que de vous mesmes, il vous seroit facile de passer par dessus toutes ces considerations & de prendre pour le plus vtile ce qui vous seroit le plus agreable : Mais si vous pensez que vous estes dependant d'autruy, que vous estes en la suiection de vostre pere, de qui les volontez vous doiuent estre des loix inuiolables, & que son consentement ne s'accommodera iamais auec vostre desir en ceste alliance, ie m'asseure que vous mettrez de

Infidelité.

l'eau sur vostre feu, & que les boüillons de vostre amour en seront sinon tout à fait refroidis, au moins rallentis. Songez donc à cela, Monsieur, s'il vous reste quelque estincelle de lumiere dans le iugement, & par vne volage ardeur que la ioüissance esteindra aussi tost, ne ruinez pas vostre fortune qui depend d'vn meilleur party, & des auantages que vous pouuez esperer de la bonté de vostre pere. Au reste iugez auec quel succez & pour vous & pour moy, ie me puis entremettre en vne negociation tenebreuse, ie ne veux pas dire illicite (car c'est ce que ie ne ferois pour rien du monde) mais i'entends qui sera cachee à vos parens; & qui ne peut esclatter sans vous mettre en leur disgrace & sans la perte de vie. Vous cognoissez l'humeur seuere, que ie ne dis farouche, de monsieur de Fleurenual, que ceste affaire reüslisse ou non, s'il sçait que ie m'en sois meslé en la façon que vous desirez, & que ie ne l'en aye point aduerty, rien ne le peut empescher qu'il ne me mette en pieces, puisque la puissance & l'auctorité sont vne foudre qui reduit en cendre tout ce qu'elle touche. Mais c'est peu de chose de ma consideration, puisqu'vne fuitte me peut mettre à l'abry de cét orage, & que ie puis par vn exil volontaire acheter vn seruice qui vous soit agreable. Vostre interest me touche plus que le mien, si vous passez outre clandestinemét à cét Hymenee, vostre pere a assez de credit pour le faire declarer nul; & voila vne fille honorable dont i'auray procuré l'infamie. Si vous l'accomplissez occultement & contre son gré, sans doute il vous priuera de son heritage, vous sçauez l'austerité de son humeur, qui souftenuë par les loix humaines qui permettent aux parens cefte forte de chaftimens contre leurs enfans defobeïssans, se rendra inflexible, & vous voila vn des plus pauures & infortunez Gentils-hommes de cefte Prouince, vous qui demeurant dans le deuoir, pouuez eftre des plus accommodez. Mon amy, reprit Zotique, ie ne fuis pas refolu de contefter auecque toy là deffus, i'ay tout le foleil dans le vifage, fouftenant comme tu fais la caufe de la raifon, ie ne puis refifter à fa force: Tu reffembles à ceux qui du haut des creneaux d'vne muraille n'ont qu'à laiffer tomber des carreaux fur ceux qui font au pied; tout l'auantage eft à toy, ie n'ay que la paffion de ma part dont la foibleffe eft apparente, traitte moy en malade & non pas en homme fain, compatis à mon infirmité & ne me condamné point que quand tu seras aussi viuement picqué que ie suis. C'est tout ce que ie puis repartir à tes allegations. Quand i'aurois vne querelle tu me seruirois bien de second, sans esplucher si exactement si le tort ou le droict seroit de mon costé, c'est ainsi qu'il faut assister vn amy, non pas s'amuser à des raisons qui sous des apparences specieuses, tesmoignent vn refus caché & vn refroidissement d'amitié. Regarde si tu me veux secourir en l'estat où ie suis, sans t'arrester à tant de circonstances, qui me tuënt au lieu de me conuaincre, & qui cabrent mon esprit au lieu de le flechir. Mon maistre, repliqua Anastase, les cuisiniers sont obligez d'accommoder leurs viandes selon le goust de ceux qu'ils seruent, pourueu qu'il ne soit point tout à fait depraué, car de presenter des mets corrompus & gastez, ce ne seroit pas seruir auec fidelité, mais perdre par complaisance. Il faut neantmoins qu'ils se relaschent quelquefois de presenter aux friands des choses nuisibles à la santé, sous l'espoir que leur vigueur & leur appetit reduiront tout à vne bonne nourriture. Ce sera pour vous aggreer plustost que pour vous seruir, que ie me porteray à cét employ, où vostre absolu commandement me pousse, vous suppliant que vostre repentir que ie preuoy ne soit point cause de ma disgrace, puisque ayant en cela suiuy vostre volonté & non la mienne, ie ne seray pas tant l'autheur que le partisan de vostre misere. C'est tout ce que ie puis desirer de toy, mon cher Anastase, repartit Zotique, va doncques mettre au feu les fers de ta persuasion, ne me replique point dauantage, & souuien toy que comme tu me sers en cecy à ma

mort, ie procureray à la tienne ce qui sera de ton auancement. Anastase qui sçauoit à qui il auoit affaire, marche en ce commerce auecque tant de prudence & de discretion qu'il acquit toute la creance qu'il eust pû desirer dans l'esprit de Castule. Comme il y auoit plus de proportion entre leurs conditions, ceste fille qui pour estre chaste n'estoit pas insensible, farouche, ny desdaigneuse, ne fuyoit pas son abord auecque tant d'art comme celuy de Zotique: car la bergere qui en cueillant vne guirlande dans vn pré, rencontre vn serpent couché parmy les fleurs, ne se retire point auecque plus d'espouuante & de tristesse, qu'elle faisoit lors que ce Gentilhomme sous des paroles fleuries, cachoit l'aspic de son mauuais dessein. Elle commença neantmoins à prendre vne different opinion sous la
foy

Infidelité.

foy d'Anaftafe, qui luy parloit auec tant d'ingenuité des honorables paffions de fon maiftre, qui flattee de cette naturelle inclination, que chacun a de pouffer fa fortune auffi haut que l'on peut, fes regards n'eftoient plus fi hagards pour Zotique, & defia l'humanité adouciffoit & fon maintien & fon courage. Zotique voyant paroiftre le calme apres la tempefte, reffembla à ces matelots qui reprennent leurs infolentes couftumes, apres que l'orage eft paffé, qui leur a tiré tant de prieres & de vœux de la bouche, & tant il eft mal-aifé de perdre ou de cacher vn mauuais naturel, il reuint à fon vomiffement, ie veux dire à fes mauuaifes pretenfions, en quoy il imita le lezard, qui efface de fa queuë les traces que fes mains impriment deffus le fable. Tant qu'il eut l'honneur, le refpect & la juftice en ses propos, Anastase le seruit auec autant de loyauté qu'il en pouuoit esperer d'vn seruiteur fidelle, & Castule l'escouta d'vne oreille aussi pudique, comme ses discours estoient honorables. Mais quand la puanteur de la fumee eut descouuert son mauuais feu, il n'eut ny plus grand aduersaire qu'Anastase, ny rien de si contraire que Castule. Car ce ieune homme renuersant tout à faict son style, comme son maistre s'estoit escarté du droict chemin de la vertu, commença à declamer aux oreilles de cette fille contre son inconstance, & à luy donner des aduis d'vn homme, qui n'estoit pas moins jaloux de la conseruation de sa pudicité, qu'il s'estoit auparauant monstré desireux de la voir honorablement auancee.

Castule, qui auoit tousiours marché la bride à la main, comme doit

Infidelité.

faire vne sage fille, & qui par vne prudente deffiance auoit tousiours eu pour suspectes les protestations de Zotique, voyant qu'Anastase changeoit de ton; Vostre maistre, luy dict-elle, a fait comme les Roys, qui trompent premierement les Ambassadeurs qu'ils enuoyent aux autres Princes, à dessein de les tromper. Les hommes abusez ne protestent que sincerité, candeur & loyauté de la part de ceux qui les enuoyent, qui cependant se seruent de leur simplicité, comme d'vn instrument propre à seduire les autres. Ie veux croire Anastase, que vous n'auez aucune part à la trahison de Zotique, puisque vous la detestez si ouuertement, en me donnant les moyens d'éuenter sa mine, qui tendoit au bouleuersemnt de ma reputation: & certes, comme ie vous ay de l'obligation d'auoir voulu

C ij

procurer mon bien, tant que vous auez crû qu'il me desiroit pour femme legitime. Celle que ie vous ay de me donner aduis de ses surprises, n'est pas moindre, puisque celuy qui preserue l'hóneur, fait plus que celuy qui conserue la vie. Cette faueur ne mourra iamais en ma memoire, ou ie nourriray soigneusement le souuenir de vostre vertu, qui a en horreur tout ce qui tend à vne fin des-honneste. Anastase n'admirant pas moins le bon esprit que le beau visage de cet Ange terrestre (ainsi me semble-t'il que doit estre appellee vne chaste Vierge) outre l'œil de respect dont il l'auoit tousiours regardee, lors qu'il traictoit auec elle des iustes affections de Zotique, commença à ouurir celuy de l'amour; mais d'vne amour toute pure, & nasquit jumelle, auecque vne saincte jalousie de la protection de son integrité. Ne se contentant pas donc de luy auoir descouuert les traistres desseins de Zotique, qui la vouloit seduire sous des promesses de mariage, ou par des nopces clandestines, qu'il desadoüeroit par apres, auecque la mesme éfronterie dont il s'excusoit au jeu, quand il estoit surpris en pipant, il luy descouurit les nouuelles inclinations de son ame, qui auoient esté retenuës par les pretensions de Zotique lors qu'il les estimoit iustes, de la mesme sorte que la presence du diamant suspend l'effect de l'ayman sur le fer. Soit que les mariages soient escrits dans le Ciel auant qu'ils se fassent en la terre, soit que la sympathie naturelle se rencontrast en ces deux ames, elles se trouuerent vnies auant qu'elles apperceussent les liens de leur vnion : car Castule, sans rejetter desdaigneusement les offres de bien-veillance qu'Anaſtaſe luy faiſoit auec tant d'ingenuité, les reconnut d'vne mutuelle correſpondance, faiſant beaucoup plus d'eſtat de l'affection d'vn pauure vertueux, que d'vn vicieux Gentil-homme, en quoy elle ne teſmoignoit pas moins ſon courage de meſpriſer les richeſſes dedans le vice, que de faire eſtime de la vertu dans la pauureté. Dés-lors ils noüerent entr'eux vne parfaicte intelligence, & Anaſtaſe aſſeuré de la reciproque affection que luy portoit Caſtule, ſans deuenir plus inſolent par cette bonne rencontre, s'en ſeruit comme d'vn aiguillon, pour ſe rendre plus accomply, afin de ſe conſeruer par merite ce que ſon bon-heur luy auoit acquis. Comme elle luy promit de l'aymer honorablement & vniquement, auſſi luy iura-t'il vne fidelité & vne prote-

Infidelité.

ction inuiolable, protestant que comme il ne luy enuieroit iamais vne meilleure fortune, si elle se presentoit à sa beauté, il employeroit aussi bien franchement son sang & sa vie pour la guarantir de la violence & de la tromperie, de ceux qui par de mauuaises voyes voudroient attenter à son honneur.

Comme leur peine s'augmentoit de iour en iour par leur communicatió, aussi le feu impur de Zotique prenant vn accroissement démesuré, deuint enfin insupportable. Il entre en des rages desesperees, & se doutant d'estre trahy par Anastase, ce soupçon faict qu'il luy monstre vn mauuais visage. Ce fidele seruiteur voyant que son maistre le regardoit d'vn œil fort different de la premiere grace qu'il luy auoit tesmoignee, prit occasion de luy dire vn iour ; Monsieur, ceux-là ste meritent pas d'estre bien conseillez, qui veulent que ceux qui leur donnent des bons conseils leur en garantissent les euenements : car la loyauté & la prudence sont celles qui forment les bons amis ; mais les succez dependent de la fortune, qui pour s'auctoriser aux despens de la vertu qu'elle haït, prend plaisir à renuerser ce qu'elle entreprend. Si vous ne voyez pas succeder vos desseins selon vos desirs, ce n'est pas le deffaut de ma diligence ny de ma loyauté. Vous auez veu que quand vous auez parlé honorablement, vous auez esté escouté fauorablement : Pourquoy trouuez-vous estrange d'estre reietté, puisque vous auez changé de style comme d'humeur ? Tant que vos pensees ont esté chastes, ie vous ay seruy auecque integrité, & vous auez gousté quelques fruicts de mon industrie au fauorable accueil que vous auez receu de Castule : mais lors qu'elle a veu que vous repreniez vos premieres brisees, si elle vous fuït, si elle vous faict mauuais visage, si elle vous rebute, que faict-elle, que ce que doit faire vne fille bien auisee, & qui a son honneur en recommandation? Et certes, comme ie luy ay conseillé de vous oüir, lors que i'ay creu que vous la regardiez d'vn œil d'espoux, & que vous la traictiez en termes honorables; si i'estois de son conseil, ie luy persuaderois d'auoir en horreur vostre procedé, qui ne tend qu'à sa ruyne; mais elle est assez prudente & assez jalouse de sa renommee pour ne vous donner aucune prise sur elle, tant que vous traicterez auec elle à feu & à sang, i'entends comme auec vne creature que vous voulez perdre ; ie ne croy pas que vous puissiez moissonner d'vne si mauuaise semence que des rebuts & des refus. Quoy reprit Zotique tout en colere, c'est donc par vostre aduis qu'elle arme ses yeux de desdains, & son courage de rigueur?

Monsieur, repliqua Anastase, ce n'est pas mon aduis qui la porte à cela; mais la force de la vertu qui est bien anchree en son ame. Côme elle est beaucoup plus sage que moy, ie croy qu'elle vous traittera plus rigoureusement que si ie ne luy eusse conseillé: que vous appellez rigueur & desdain la crainte qu'elle a de vous abborder, depeur que vous n'alteriez la pureté de son esprit, par des impressions contraires à l'honnesteté, & que vostre frequentation, bien qu'exempte de mal, ne flestrisse sa renommee, c'est qu'il vous plaise de nommer ses actions selon les sentimens de vostre passion, non pas selon les mouuements qui les produisent en elle. C'est vne chose si naturelle de fuyr le mal, & d'euiter la rencontre de ceux qui nous veulét rauir les biens, l'honneur & la vie : que si c'est vne fuitte coulpable, la coulpe en est à la Nature, qui a imprimé ces inclinations dans tous les esprits. De moy ie ne vous ay promis de vous estre fidele, qu'autant que vous auriez l'honneur deuant les yeux, si vous luy faictes banqueroute, l'infidelité sera honorable, qui vous trauersera en vos mauuais desseins; ie veux bien estre loyal à mon maistre, mais seulement iusques à l'Autel: car où l'honneur, qui est le Dieu des ames bien nées, est offencé, il ne faut plus parler de seruice, parce qu'il vaut beaucoup mieux obeyr à Dieu qu'aux hommes. Encore que Zotique n'eust aucun iuste suiect de s'offencer d'vne si hardie remonstrance, il fit neantmoins comme ces Barbares qui tirent des fleches contre le Soleil, quand ses rayons trop ardans leur picquent le dos. Il se mit bien fort en colere contre Anastase, l'outrageant d'iniures & de menaces; & comme il estoit haut à la main il tint à peu qu'il n'en vint aux coups: il luy dict entre autres traicts de sa boutade, qu'il estoit bien presomptueux de vouloir donner des secours à son maistre, sans se souuenir que celuy-là est vrayement esclaue, qui se laisse maistriser à sa passion; & celuy-là vrayement libre qui a la raison pour maistresse. Il adiousta qu'il l'auoit pris pour valet, & non pour pedant, qu'il vouloit bien qu'il luy parlast comme seruiteur, non pas en preschant, pauure ieune homme, qui tout couuert de playes en l'ame, fuït la main de celuy qui

Infidelité.

les panse, & qui haït les appareils de sa guerison. C'est ainsi que beaucoup de maistres s'en font acroire, sans considerer que les seruiteurs sont des humbles amis qui peuuent bien representer le deuoir à ceux qu'ils seruent, autrement il ne faudroit iamais que les Roys receussent les remonstrances de leurs suiets, ny que les grands fussent admonestez par les moindres: au moins sont-ils au rang de nos prochains, & il est recommandé à vn chacun dans la saincte parole, d'auoir soin du salut de son prochain. Certes, de toutes les maladies celles-là sont les plus deplorables qui fuyent les remedes, & qui se mocquent des ordonnances des Medecins. Car que peut-on faire à ceux qui s'estiment sains, & qui ne veulent pas guerir? n'est-il pas vray que de tous les fols, celuy-là l'est le plus qui s'estime sage? Tel peut-on dire Zotique, puis qu'emporté de la folie de sa passion, hors des bornes de la iustice, il croit encore auoir raison de reprendre celuy qui essaye de luy oster sa frenaisie. Pour acheuer cette insolente saillie qu'Anastase souffrit auec vne patience incroyable, bien que c'estoit la seule colere, mouuement aueugle & inconsideré, qui parloit par la bouche de Zotique, il falloit vn congé que reçeut Anastase pour récompense de ses seruices, & pour auoir dict la verité auecque non moins de candeur que de modestie. Certes ceux-là sont indignes de rencontrer iamais de bons seruiteurs qui recognoissent si mal leur fidelité, n'auançans que ceux qui les seruent, ou qui les flattent en leurs vices. Pareils à ces figuiers qui croissent sur la poincte des precipices, dont les fruicts ne sont mangez que des meschans oyseaux, & non des animaux raisonnables.

Anastase fut bien aise d'estre deliuré de la seruitude d'vn mauuais maistre; mais comme il alloit prendre congé du pere de Zotique pour se retirer chez le sien, le Seigneur de Fleurenual qui l'auoit mis aupres de son frere, & qui cognoissoit son merite, le retint en sa maison, & le fit son homme de chambre. Desia ce pere auoit pressenti les passions que son fils auoit pour Castule, ce qui luy auoit mis des grillons dans la teste, ne voulant en aucune façon que son sang se meslast auecque celuy d'vne villageoise telle que Castule estoit estimee. Et ayant appris le sujet du renuoy d'Anastase il fut bien aise de le retenir, pour penetrer par son instruction, dans le sens de cet affaire. Mais Anastase se conduisit en cela auecque tant de prudence & de retenuë, que sans aigrir le pere contre le fils, il tascha de satisfaire à la curiosité de l'vn, sans preiudicier à Zotique. Cependant il continuë ses honnestes intelligences, auec Castule & en l'aduertissant des entreprises du fils de son maistre, il luy donne le moyen de les éuiter. Le feu de Zotique estant aux derniers degrez de sa violence, il tascha d'employer les extremes moyens pour paruenir à sa pretension, luy qui pipoit tous les iours dans les Academies des joüeurs, ne faisoit pas grande conscience de prodiguer des sermens pour faire entrer ses persuasions dans la creance de Castule; mais elle auoit tant de precautions contre ces attraits, que son cœur estoit impenetrable à ces attentats. La crainte & la deffiance luy seruoient de forteresse & de bouclier, & contre les lettres de Zotique,

Infidelité.

que, qui eſtoient autant de promeſſes de mariage pour l'esbloüir par cette ſpecieuſe eſperance, elle opposoit les antidotes qui luy eſtoient ſuggerez par les conſeils d'Anaſtaſe. A la fin l'excez de l'amour de Zotique vint à tel poinct, de le faire porter tout ouuertement pour ſeruiteur de Caſtule, & il diſoit tout haut qu'il l'auroit pour femme, ou qu'il ne ſeroit iamais marié. Voilà ſon pere en ceruelle plus que iamais, & reſolu d'empeſcher cette alliance par toute ſorte de voyes. Quelque ſeuerité naturelle qu'ait vn pere, elle eſt touſiours indulgente pour ſon enfant, & quelque deſobeyſſant que ſoit vn enfant, il a touſiours vn ſecret Aduocat dans le cœur de ſon pere qui plaide ſa cauſe, & qui luy obtient ſentence d'abſolution. Encore que toute la faute ſoit en Zotique, dont la paſſion en-

D

leue la raison de ses bornes, & ne peuuent estre excusees que par l'excez de son amour; ce pere neantmoins la rejette ie ne sçay comment sur Castule qui en est bien la cause, mais innocente, en la mesme façon que l'escueil l'est du débris de la nauire, encore que la tempeste ou le peu d'addresse du pilote soient cause du naufrage. Le sang ne peut mentir, & nous excusons tousiours les deffauts de ceux qui nous appartiennent, & quoy qu'ils fassent, nous croyons ou que c'est auecque raison, ou qu'ils ont esté surpris.

Si le Seigneur de Fleuréual se fust donné le loisir de voir Castule ou de l'y parler, ie m'asseure qu'il eust veu l'innocence en son visage, & à trauers la modestie de ses paroque sa prudence eust esclatté; mais ne la voyant que par les yeux d'autruy, & ne la cognoissant que par des faux rapports, il la prend pour vne coquette affettee, qui faict trophee des affections de son fils, & qui par ses appasts & ses charmes l'entretiét en ses resueries. Quoy qu'Anastase luy tesmoigne le contraire, son esprit preoccupé ne peut quitter sa premiere opinion. Sa sagesse luy dicte qu'il faut aller au deuant du mal-heur par vne bonne preuoyance, puisque ce n'est pas le propre du sage dè dire, ie n'y pensois pas, il faict parler la Iustice, de qui il tire vne deffence à Castule de pretendre au mariage de Zotique, ny de souffrir sa recherche. Cette sentence ne vient pas plustost à la cognoissance de cette fille, qu'elle proteste ne souhaitter rien de Zotique, sinon d'estre deliuree de ses importunes poursuittes, suppliant que cet acte de justice luy fust signifié, afin qu'il se retirast pour la reueren-ce qui est deuë au Magistrat de ses insolentes sollicitations. Elle renon-ce de viue voix & par escrit à cette pretension, dont par humilité elle se declare indigne, encore que si les vertus estoient estimees à leur iuste prix, elle meritast vn meilleur party. Zotique a sa part de cette sentence dont il se mocque, selon la coustu-me assez ordinaire de la Noblesse & de la ieunesse, de se rire des formali-tez de la Iustice, principalement des grands, qui sçauent assez que les loix sont des toiles d'araignee, qui n'arrestent que les moindres mous-ches, & sont deschirees par les gros-ses. Au contraire, comme il n'y a rien qui picque tant l'esprit que la contradiction; ny qui irrite tant le desir que la deffence, celle-cy fut de l'huile sur son feu, & faisant gloire de sa honte, ie veux dire de sa rebel-

Infidelité.

lion à la Iustice, & de sa desobeyssance enuers son pere, il n'y a rien qu'il ne tente pour venir à bout de ses pretensions; & tousiours il parle de mariage, comme estant vne porte specieuse & legitime pour arriuer au but de son dessein.

Le pere voyant cette manie en l'ame de son fils en reiette la cause sur les charmes de Castule, publiant qu'elle l'a enchanté : & certes s'il prend les beautez & les vertus pour des enchantemens, il a raison, veu qu'il n'y a rien qui charme tant les ames : mais s'il le prend d'vne mauuaise façon, & qu'elle pratique la Magie, il cognoist trop peu la sincerité & la simplicité de la fille. Cependant, comme il n'y a si petite playe qui ne serue d'exercice aux Chirurgiens, il n'y a si foible pretexte qui ne puisse donner vn grand employ à la Iustice. Le Seigneur de

Fleurenual a de grandes habitudes par droict de voyſinage, auecque le Seigneur du lieu où Caſtule faict ſa demeure, il le rend ſuſceptible de ſon opinion, & partiſan de ſes intereſts. Vn Iuge de village eſt bien toſt gaigné, la plus part ſont eſclaues des Seigneurs qui leur donnent leurs offices, & en l'exercice de leurs charges, ils ne ſont que les executeurs des volontez, ou pluſtoſt des paſſions des Gentils-hommes. Sur vne requeſte preſentee à la ſourdine, & ſous couleur d'informer plus amplement, Caſtule ſans eſtre oüye eſt priſe au corps, & ſans autre procedure enfoncee dedans vne priſon. C'eſt donc ainſi que l'innocence gemira ſous les fers, tandis que les criminels iront en liberté parmy le monde, puiſque la prouidence du Ciel l'ordonne de la ſorte: c'eſt à nous d'adorer ſa conduite, non pas à en murmurer. Cependant voicy vn pas glissant, si l'on considere que Zotique faict des folies, & que Castule en porte la peine, on enferme la sage, & le furieux est laissé en la liberté de ses desirs, la censure pardonne aux corbeaux, & s'attache aux colombes. Et puis dites que l'innocence est vne muraille d'airain, & vn fort bouclier contre toutes les malices du siecle, puisque vous voyez que le pauure est affligé, tandis que le meschant esleue sa teste glorieuse. Neantmoins tant que nous verrons les Iosephs, les Susannes, les Daniels dans les prisons, & les honorables issuës de tant de peines, souuenons-nous de céte parole du diuin Châtre, qu'il faut attendre Dieu, se comporter courageusement, fortifier son ame contre les assauts des tribulations, & en soustenir le faix d'vn cœur inuincible. Le fer n'est iamais plus luisant que quand il sort de la fournaise, ny si clair que quand il sort de dessous les dents de la lime. Le Soleil n'esclatte point si viuement que quand il sort de dessous vn nuage; le charbon qui a esté couuert de cendre en est plus ardant & plus vif: encore que l'innocence soit fort ombragee dans les obscuritez des prisons, elle en sort neantmoins auec vn triomphe tout rayonnant de gloire. Toute la coulpe de Castule estoit en la fausse opinion du seigneur de Fleurenual: cependant sa prison est diuersement interpretee par les iugemens du monde, chacun ayant droict d'en dire son aduis. Mais elle toucha iusques au vif Zotique & Anastase; mais combien differemment, certes il faut puiser cette difference dans la varieté, ou plustost dans la contrarieté de leur affection,

Infidelité.

& plus celle d'Anastase estoit sincere & honneste, plus cuisante devoit estre sa douleur. Il la presse neantmoins dans son cœur, & la voile d'vn modeste silence, ce qui la rend d'autant plus poignante, en la mesme façon que le feu redouble sa chaleur estant resserré dedans vne fournaise. Au lieu que Zotique tonne, esclatte, menace, faict beaucoup de rumeur; mais enfin il imite la mer, qui apres beaucoup d'orage & de tempeste ne laisse qu'vn peu d'escume sur ses riues. Anastase fait moins de bruit, mais plus de fruict: car voyant en particulier le Iuge qui l'auoit faict prendre, & luy remonstrant l'iniustice de sa procedure, ayant commencé ce procez par l'execution, pour suyure la passion d'vne opinion erronee plustost que l'equité, il ietta des craintes en sa conscience qui le faisoient repentir de son decret, & le faisoient penser aux moyens d'effacer cette faute, sans desobliger celuy qui la luy auoit fact commettre.

Certes le Sage a eu raison de dissuader à ceux qui redoutent la face des grands, & qui sont sujets à estre touchez de la faueur ou de la crainte, de ne prendre point d'office de Iudicature, depeur de commettre des actions scandaleuses & iniustes, plustost par foiblesse que par malice. Qui a iamais veu vn foible vaisseau agité en mesme temps sur la mer de deux contraires bourrasques, & n'attendant que l'heure de se voir renuerser & submerger dans les ondes: Il a veu ce Iuge entre les commandemens de son Seigneur, & de celuy de Fleurenual, & les menaces de Zotique, dont les moindres sont de le tailler en pieces, & d'en faire vne curée à ses chiens & à les oyseaux. A quoy si vous adiou-stez les remords de sa conscience, vous trouuerez en luy la verité de cette parole sacree, des combats au dehors, & des craintes au dedans. Comme il est plus aisé de commettre vne iniustice que de la soustenir, il est aussi plus facile de commettre vne faute en l'administratió de la Iustice, que de la corriger. Et les prisós sót cóme les nasses d'où l'on ne sort point si aisément que l'on y entre. Ce n'est pas sans raison que l'Escriture sacree menace les puissans d'estre puissáment tourmentez, parce qu'icy bas ils aurót commis de grandes tyrannies. A la cápagne, loin du Soleil de la souueraine justice du Prince, il se passe mille violences qui seroient rigoureusement chastiees, si elles venoient à la cognoissance des redoutables triennaux. Les petits gemissent sous l'oppression des grands, & bien qu'accablez de torts, ils n'osent pas seulement se plaindre en leurs souffrances. Cependant l'Eternel dict qu'il s'esleuera pour la misere des pauures, & le gemissement des oppressez. Cependant qu'Anastase sollicite à la sourdine la deliurance de Castule, & que le Iuge qui auoit si legerement decerné sa prise, ne trouue aucuns tesmoins en son information, qui l'accusent de l'ombre de ce noir & diabolique crime de Magie, dont elle est accusee par l'autheur de son emprisonnement, il dit tout haut qu'il la veut eslargir : & d'effet, preferât la descharge de sa côscience aux bonnes graces de son Seigneur, il signe son eslargissement : mais l'oyseau est pris, & les clefs de la cage estans entre les mains du maistre du fief c'est par voye de faict qu'elle est retenuë. A cela Zotique est resolu d'opposer la force puis qu'il est permis par toutes les loix de repousser vne violence par vne autre. Tandis qu'il se prepare à ce dessein, Anastase qui a l'œil à tout, veille si soigneusement qu'il descouure vn mauuais dessein par vne puante mesche. Zotique sous le manteau de la Iustice veut commettre vne action execrable, & resolu de retirer de prison cette fille, auecque l'assistance du Preuost des Mareschaux, gaigne si bien quelques Archers, qu'ils luy promettent, apres l'auoir mise en liberté, de la remettre en sa puissance; & imaginez-vous si en l'ardeur qui le consumoit, il n'eust pas alors cueilly de gré ou de force ce qu'il desiroit auecque tant d'inquietudes.

Anastase voyant que ce coup portoit à la ruine de l'honneur de celle qu'il cherissoit, ne pouuant s'y opposer par la force, tascha par prudence de destourner ce mal-heur. Il va droict au Preuost, qui n'auoit nulle part à ce pernicieux dessein, & l'ayant prié de contribuer son pouuoir à la deliurance de cette innocente prisonniere, le coniura de ne la tirer pas d'vne peine, pour la laisser en vne plus grande, & de n'estre pas moins protecteur de son honnesteté que de son innocence. Ce que le Preuost luy promist en parole d'homme d'honneur, & ce qu'il mit à effect, en la façon d'vn officier qui s'acquitte dignement de sa charge. Ce ne fut pas neantmoins sans difficulté, parce que le Seigneur qui retenoit Castule dans les prisons de son Chasteau, n'y vouloit pas souffrir la visite d'vn Preuost, & d'autre part il redoutoit de se rendre criminel par vne si manifeste rebellion à la Iustice. Pour

Infidelité.

éuiter l'vn & l'autre, il se resolut de la rendre de bon gré à la porte de sa maison. Mais ce fut icy où le Preuost eut à combattre l'infidelité de ceux de sa suitte, qui auoient promis à Zotique, dont ils auoient receu des presens, de luy faire tomber cette proye en sa puissance. Mais Dieu, protecteur de l'innocence & de la pureté, enuoya son ayde en l'opportunité & en la tribulation, parce que le nombre des Satellites corrompus se trouuant moindre que de ceux qui estoient exempts de ce monopole, ils ne peurent reduire leur promesse en execution. Alors se verifia en la personne de Zotique cette parole du diuin Chantre : le pecheur verra prosperer le train du iuste, & en entrera en vne chaude colere, il en grincera les dents & en seichera de despit; mais son desir iniuste s'esuanoüyra.

Le Preuost remit la fille saine & entiere entre les mains de son pere, qui estoit vn laboureur: mais ce bon homme redoutant les embusches & la violence de Zotique auoit par le conseil d'Anastase supplié vne grande Dame du voisinage de prendre sa fille en sa protection. Ce fut l'azyle sacré où se refugia cette Vierge, experimentant la verité de cette saincte parole, que celuy qui espere en l'ayde du Seigneur, y trouuera vne protection asseuree, & vne cité de refuge. Il le deliurera des pieges des chasseurs, & le cachera sous l'ombre de ses aisles : sa verité le couurira comme vn bouclier, & bouclier impenetrable aux traicts du sang de l'Enfer & du siecle : les mal-heurs ne l'accueilleront point, & les fleaux s'esloigneront de sa demeure, au contraire, il foulera aux pieds l'aspic & le basilic, & marchera

chera sur les testes des lyons, des dragons, & des pantheres. C'est maintenant que la fureur de Zotique deuient vne rage formee, parce que n'ayant plus aucun accez à Castule, ny esperance de la voir, beaucoup moins de l'auoir en sa puissance, il ne sçait quel remede appliquer à ses cuisantes bruslures. Il faut aduoüer que quand la passion commence à perdre l'esperance, elle donne d'estranges conuulsions à vn esprit. Cettuy-cy pert le respect qu'il deuoit porter à cette Dame honorable, chez qui Castule s'estoit mise à l'abry, & menace de mettre la maison à feu & à sang, si on ne luy permet la veuë & la conuersation de cette fille. Cette Dame se plainct au Seigneur de Fleurenual de l'insolence de son fils : ce pere, dont la seuerité estoit assez connuë, luy promet de le ranger à tel

E

poinct, qu'elle aura sujet de se contenter, & de perdre toute apprehension. Il fait arrester Zotique, & luy donne pour prison vne chambre de son Chasteau. Ce fut là que ce folastre eut tout loisir de cuuer son vin, & de prendre d'autres exercices que ceux du jeu des Dames & des festins. Il trouua que son pere estoit vn si rude joüeur, que ses piperies ne le peurent surprendre. Au lieu de la conuersation parmy les compagnies, le voila reduict à mascher son frein dans vne profonde solitude, & au lieu de la bonne chere, il n'a que l'eau des larmes, & le pain de douleur. Quelque repentance qu'il tesmoignast, le pere ne relascha rien de son austerité, iugeant auecque prudence, qu'il ne chantoit ce ramage que pour sortir de cage, mais qu'il changeroit bien tost de ton, s'il pouuoit reprendre la liberté de l'air. Durant cette prison, qui fut de trois ou quatre mois, il arriua à Castule vne fortune d'autant plus admirable que moins elle l'esperoit. Vne Damoiselle de Touraine, que nous appellerons Martiniane, mourut assez vieille fille, en pleine possession de ses biens & de ses droicts. Elle fit son testament, où elle declara qu'elle auoit du viuant de son pere, contracté vn mariage clandestin auec vn Cadet de Bretagne, ieune Gentil-homme fort accomply, mais pauure, & dont elle auoit eu Castule qu'elle auoit faite enleuer hors du pays par vn homme affidés & esleuer par vn paysan du Perche. Que son mary estant mort à la guerre de Bretagne, qui fut la closture de celle de la Ligue, &comme la derniere teste de l'Hydre qu'abbattit la main valeureuse du Grand HENRY, & mesme de-

E ij

puis la mort de son pere retenuë par la honte, elle n'auoit osé declarer cette verité. Marquant doncques toutes les circonstances necessaires pour recognoistre la fille, elle la declara son heritiere, & à son deffaut elle donnoit tous ses biens à vn Hostel-Dieu. Elle fit executeur de son testament vn Ecclesiastique de ses parens, homme de bonne vie, & de grande auctorité. Il vint expressement au Perche, pour recognoistre auecque des yeux non empruntez, les enseignes de la recognoissance de la fille. Il s'addressa en la maison du bon laboureur qui auoit tousjours esté tenu pour le pere de Castule. Il aduoüa qu'en tel temps vn homme de telle sorte luy remit entre les mains vne petite fille de tel aage, vestuë de telle façon, auec de telles marques (monstrant des bracelets d'or auec de certains chiffres) il adiousta qu'il auoit receu vne bonne somme d'argent pour l'esleuer, auecque promesse d'vne plus grande s'il la conseruoit soigneusement. Tout cecy se trouua conforme à ce que Martiniane auoit dict en mourant, & mesme declaré par son testament. Delà il fut au chasteau où Castule faisoit sa residence, & il trouua sur son visage tant de traits de ressemblance à celuy de la Damoiselle trespassee, qu'il ne douta plus de la verité qui luy donnoit dans les yeux. Il la reçoit donc comme sa pupille, & apres auoir abondamment recompensé le laboureur qui l'auoit si long temps nourrie, il se prepare pour la mener en Touraine prendre possession du bel heritage qui luy estoit escheu, & que l'on tenoit arriuer à la valeur de vingt mille escus. Cette merueille estant diuulguee, & paruenuë à la cognoissance de Zotique & de son pere, ce fut pour lors que les tayes leur tombent des yeux, & que celuy-cy commença à souhaitter Castule pour belle-fille, & Zotique à la desirer pour espouse.

Mais soit que cette nouuelle fortune enflast le courage de cette genereuse fille, soit qu'elle eust vne iuste indignation contre le pere qui l'auoit faite emprisonner comme Magicienne, & contre le fils qui l'auoit sollicitee auecque tant d'insolence, & attenté tant de fois & si impudemment à son honneur, elle ne voulut iamais entendre à cette recherche. Ce fut lors que Zotique se reconciliant auec Anastase, le coniura d'employer son credit vers Castule, pour luy rendre agreable sa poursuitte: & certes ce fidele seruiteur ne manqua pas à ce deuoir, & autát desireux de l'aduancement de

Castule que du bien de Zotique, il tascha de luy persuader d'entendre à cette alliance, luy representant l'ancienne Noblesse, & les grands biens de la maison de Fleurenual, & outre tout cela les extremes affections que Zotique auoit pour elle, dont elle ne pouuoit attendre que tout bon traittement. Mais tant s'en-faut qu'il auançast rien en ce qu'il pretendoit, qu'au contraire Castule n'auoit rien de si frequent en la bouche, que la detestation des piperies & des autres deffauts qui diffamoient la reputation de Zotique. Et comme il ne trouua pas ce qu'il cherchoit, il rencontra sans y penser ce qui estoit bien esloigné de sa recherche. Car tant s'en-faut que les biens eussent changé le cœur de Castule, & luy eussent fait oublier les promesses qu'elle luy auoit faictes de l'aymer inuiolablement, qu'au contraire prenant vne couleur vn peu haute, & auec vn ton de voix qui tesmoignoit l'onction de son ame, elle luy dict. Et quoy! Anastase, depuis que la bonne fortune me rit, que trouuez-vous en moy d'indigne & de desagreable? Les biens ont-ils changé mon visage ou mes mœurs? Prenez vous la parole d'vne fille, pour le mouuement d'vne fueille? & vous qui m'auez autrefois tant blasmé les faux sermens de Zotique, me voulez-vous rendre complice de sa faute? Ceux que ie vous ay faicts d'vne inuiolable amitié sont-ils esuanoüis de vostre memoire? pourquoy vous mettez-vous en oubly, impitoyable à vous mesme, pour embrasser le party d'vn traistre qui m'a causé mille maux? Qu'ay-ie peu faire qui ait tant despleu à vos yeux, que ie ne

Infidelité.

vous sois plus rien ? vrayement à ce que ie voy, l'inconstance n'est point vn blasme que l'on donne à plaisir à l'humeur des hommes, puisque c'est leur naturel ? Et vous Anastase, de qui i'estimois la foy estre vn rocher, serez-vous au rang des autres ? De moy ie suis tousiours la mesme pour vous, & pour auoir changé de condition, ie n'ay point pris vne autre volonté. I'ay si viuement graué en l'ame le souuenir de tant & de si signalees obligations dont ie vous suis redeuable, que ie ne vous regarde pas tant comme vn homme, que comme vn Ange tutelaire, puisque vous auez esté & mon liberateur, & le gardien de mon integrité, me preseruant & des embusches & des violences du barbare Zotique.

Elle vouloit en dire dauantage, quand Anastase se mettant à genoux, & luy prenant la main, qu'il arrouſa de ſes larmes. Madamoiſelle, luy dit-il, auec vne voix tremblante & entre-couppee de frayeurs & de ſanglots, de quelque part que procede ce diſcours, il eſt capable de me faire mourir ſur le champ, ou de regret, ou de ioye: de l'vn, s'il eſt feint: de l'autre, s'il eſt veritable. Si c'eſt le premier, l'eſſay eſt bien violent: ſi le ſecond, ie vous aduoüe que comme les foibles cerueaux ne peuuent pas ſupporter beaucoup de vin, auſſi mon eſprit n'eſt point aſſez fort pour ſouſtenir vne ſi grande felicité. Le changement de voſtre fortune m'ayant fait perdre l'eſpoir d'arriuer à voſtre bien-veillance, ne m'auoit pas oſté l'inuiolable deſir que i'ay de voſtre bien: & pource que ie voyois maintenant quelque égalité entre vous & Zotique, i'auois ſouhaitté de vous voir Maiſtreſſe de cette maiſon, pour vſer mes iours au rang de vos ſuiets & domeſtiques ; mon ambition ſe bornoit là ; mais puiſque vous l'eſleuez iuſques à vous par vne bonté ſans exemple, ie ſerois indigne d'eſtre eſclairé de la lumiere de vos yeux, ſi les broüillards de l'obſcurité de ma naiſſance ne s'eſclairciſſoiét ſous des regards ſi fauorables, & quand ie ne ſerois qu'vne debile vapeur, ſi ie ne m'eſleuois iuſques où il plaiſt aux rayós de voſtre grace de me porter. Mais eſt-il bien poſſible que tant de conſtance ſe trouue en vous & que dans vn ſi grand changement d'eſtat, vous n'ayez point fait eſtat du changement, & que les biens n'ayent rien alteré en la candeur de vos affections ? O ame au deſſus du commun, & qui monſtrez au monde que tout ce qu'il appelle grandeur est au dessous de vos pensees. Il eust suiuy plus long temps cette pointe, si l'excez de sa joye ne luy eust faict perdre l'haleine, & de là ne l'eust porté dans l'esuanoüissement. Et certes comme les grandes douleurs sont muettes, aussi le sont les excessiues allegresses. Il n'y a que les mediocres qui laissent l'vsage des sens ou de la parole, parce qu'elles se peuuent ressentir & exprimer, au lieu que les autres estonnent l'esprit & le sentiment. Quand Castule peut-estre arrousant son visage de l'eau de ses larmes, l'eut fait reuenir de sa pamoison, elle luy confirma tout ce qu'elle luy auoit dict, & luy fit de nouuelles protestations d'amitié; mais d'amitié tendante au mariage. Si Anastase n'eust esté bié prudent, sans doute se laissant aller sur les aisles des vents, son esprit eust fait essor dans quelque vanité, qui luy eust esté aussi ruineuse que le sort d'Icare. Mais il imita les Pilotes aduisez qui calent le voile à moitié quand le vent est trop fort, de peur que le vaisseau ne prenne le fil & ne se renuerse. Il ne falloit pas que le nouueau tuteur eust le vent de cet amour, il falloit qu'auparauant Castule allast en Touraine, & se mist en possession des biens qui luy estoient escheus par le testament de sa mere, & apres son establissement elle promit qu'elle appelleroit Anastase pour luy donner, en la possession de ses biens & de ses beautez, la recompense de sa fidelité & de son honnesteté. Il fut faict ainsi. Cet astre nouueau ne parut pas plustost sur l'horison de la Touraine, que ses rayons donnerent dans les yeux de plusieurs Astrologues, ie veux dire de beaucoup de poursuyuans, qui eussent bien voulu l'auoir pour l'afcendát de la naiſſance de leur fortune. Mais l'horoſcope le deſtinoit à Anaſtaſe, à qui elle donna des moyens ſous main pour ſe mettre en equippage de Getil-homme, & ayant gaigné ce poinct ſur l'eſprit de ſon tuteur de la laiſſer, pour le regard des partis qui la recherchoient, en la liberté de ſon choix, puiſque rien ne doit eſtre plus libre que le mariage. Elle donna ſa voix à Anaſtaſe qui ſe vit preferé à beaucoup de Tourengeaux qui ne virent pas ſans enuie la bonne fortune de cet eſtranger.

Quand le tuteur ſceut les ineſtimables obligations que luy auoit ſa pupille, au lieu de ſe faſcher de l'inegalité de ce parry, il loüa la prudence & la iuſtice de cette fille, qui auoit crû ne pouuoir plus dignement recognoiſtre celuy qui

Infidelité.

l'auoit conseruee parmy tant de hasards, qu'en se donnant elle-mesme à luy. De quelle oreille Zotique entendit la nouuelle de ce mariage, i'en laisse le iugement à celuy qui se representera la rage de son amour, conuertie en celle de la colere. Le téps neantmoins, souuerain Medecin des playes de l'ame, modera toutes ses aigreurs, & son pere l'ayant marié, il perdit dans cette nouuelle alliance le souuenir de ses flámes precedentes. Cependant Anastase, de seruiteur fidele estant deuenu maistre, se pouuoit dire à bon droit Artisan de sa bonne fortune; mais Artisan par les moyens de la Vertu. Dont il se rendit partisan si ferme qu'enfin Dieu, qui est le Dieu des Vertus, le tira du milieu de la boüe pour le couronner de gloire & d'honneur, & luy donner vn nom parmy les Nobles de la terre, &

pour mettre des clouds à la rouë de sa fortune, dans la possession des beautez de Castule, il eut des enfans images de la mere, qui furent les arcs-boutans de son establissement. Ainsi sera beny l'homme qui craint Dieu; car il mangera heureusement le trauail de ses mains, sa femme sera cóme vn pampre fertile en beaux raisins, & ses enfans semblables aux plants des oliuiers qui portent des fruicts en leur saison, il verra les biens de Ierusalem, c'est à dire, il mangera son pain en paix tous les iours de sa vie. A dire la verité, il fait bon tenir le party de la vertu : car encore que sa voye soit enuirónee d'espines, elle aboutit tousiours dans les roses, & tost ou tard la fortune est contrainte de baisser l'estendard deuant elle, & se confesser vaincuë. Le soleil peut estre offusqué par les nuages ; mais il n'en est

iamais

iamais esteinct. Le desastre peut trauerser, ou plustost exercer sa vertu, iamais l'estoufer: elle ressemble à la vigne qui profite par ses retranchemens, & plus elle est battuë, plus elle est abbattuë. La principale remarque de cette Histoire est à mon iugement celle de l'Honorable Infidelité d'Anastase, qui ne s'estant entretenuë pour Zotique qu'autant qu'il eut en sa recherche l'honneur deuant les yeux, il se reuolta aussitost qu'il s'apperceut que la malice auoit renuersé le cœur de ce Gentil-homme, & que ses desseins n'estoient pas legitimes. Que si ceux-là sont blasmables qui sont fideles aux meschantes entreprises, se rendans complices du mal d'autruy; cette Infidelité ne peut estre qu'honorable, qui fait banqueroute aux mauuais desseins.

F

LA PHARISIENNE.

RELATION II.

GARDEZ-VOVS du leuain des Pharisiens, qui est l'Hypocrisie, dict l'Eternelle Verité. Gardez-vous sur tous de ceux qui veulent paroistre meilleurs qu'ils ne sont, qui font des bachanales ordinaires, & contre-font les sobres, & qui cachent l'incontinence sous vne feinte modestie. Voy l'Hypocrite, dit nostre Caton François, auecque sa mine triste, &

seuere, on le prendroit pour quelque graue Censeur, & pour vn exemplaire de vertu. De iour il tient sa contenance en regle; mais la nuict il va desguisé à toute sorte de desbauches. C'est vn cigne qui a le plumage blanc, & la chair noire, il n'a que l'apparence de bonté, & non pas l'effect. Il veut paroistre religieux iusques à la superstition, & cependant il a les pensees impies, & il n'y a rien si sainct qu'il ne profane par ses sacrileges. A ces façons de faire vous diriez qu'il fait conscience des moindres deffauts, & cependant, le fol qu'il est, il dict en son cœur, qu'il n'y a point de Dieu, ce qui se manifeste à la fin par la descouuerte de ses mœurs corrompuës & abominables. Il ressemble à ces Pharisiens qui n'osoient toucher vn mort de peur de se polluer, & qui ne faisoient point estat de commettre des adulteres & des rapines, à raison de quoy ils font appellez generation adultere & peruerse. Ils conseruoient la puce, & aualloient le chameau : exacts en apparence en l'obseruance des plus petites ceremonies, & desreglez en leurs façons de faire aux choses plus importantes. C'estoient ces gens là qui ne vouloient pas entrer au Pretoire de Pilate qui estoit Gentil, pour ne communiquer auecque les idolatres, & qui cependant crioient que l'on crucifiast le Fils de Dieu. Vous allez voir vn'Image de tout cecy en l'Histoire que ie vay déduire, où vous remarquerez vne femme Hypocrite, que ie puis appeller la Nouuelle Pharisienne, puis qu'elle a tant de rapport auecque le Pharisien de l'Euangile, dont il faut que ie vous die trois paroles, auant que ie touche le principal de cette Relation.

Le Sauueur du monde ayant esté inuité à manger en la maison d'vn Pharisien, comme il estoit à table voicy entrer vne femme, que ses fautes publiques rendoient assez cogneue dans la cité de Hierusalem, & à qui sa vie desbordee auoit acquis le nom de pecheresse; mais ce n'estoit plus cette belle pecheresse, dont les yeux de basilic tuoient tant d'ames de leurs regards, qui estoiét autant de dards enflammez, dont elle reduisoit les cœurs en cendre. La penitence l'auoit tellemét changee, que ces fournaises estoient deuenuës des fontaines, si bien que ces mauuais feux estoient esteincts par les larmes qui couloient sans cesse de ses prunelles. Combien differente de ce qu'elle auoit esté, lors que paree tous les iours pour de nouuelles conquestes, elle esleuoit de continuels trophees à sa vanité, par la victoire de plusieurs esclaues. Le repentir ayant mis vn sainct desordre en ses habits, & vne heureuse confusion dans son ame, elle vient toute descheuelee, & n'osant par vne modeste vergoigne paroistre deuant le visage du Redempteur, elle se tient en arriere, & se jettant à ses pieds elle les baigne de ses pleurs, les essuye de ses cheueux, les arrose de ses parfums, & par ses souspirs & ses sanglots, implore son eternelle misericorde. Combien differentes sont les pensees du Sauueur & de son hoste sur cette femme, tout autant que les voyes de Dieu sont diuerses de celles des hommes. Nos pensees ne sont pas les vostres, dict l'Eternel parlant aux pecheurs par l'organe d'vn de ses Prophetes. Mes pensees sont des pensees de paix & non d'affliction, des pensees de douceur, & non de rigueur: des pensees de misericorde, & non de murmure: des pensees de sanctification, & non de scandale. Voyez vous nostre Seigneur qui est toute memoire, auoir oublié les pechez de cette penitente, & les auoir iettez dans la mer? & ne la considerant qu'en sa condition presente, ne se souuient plus de la passee: & l'Hypocrite Pharisien qui ne l'auoit inuité que par malice, & pour tascher de le surprendre en ses paroles, murmure en son cœur, & le desaduouë pour Prophete, disant en son interieur; Si cet homme auoit le don de cognoistre les choses cachees, comme ne deuineroit-il les fautes publiques de cette femme, il n'y a que les aueugles qui ne les ayent point veuës, il n'y a que les estrangers qui les ignorent, & cependant il souffre que les levres polluës de cette pecheresse touchent ses

F iiij

pieds, que ses larmes les lauent, que ses cheueux les enuironnent, & il endure d'estre embaumé de ses parfums. Mais celuy qui sonde les reins, à qui rien n'est caché, à qui les plus occultes pensees sont manifestees, prenant en main la cause de cette repentie, fait voir que sa penitence aussi publique que son peché surpasse de bien loin la feinte innocence de cet Hypocrite, & qu'elle a beaucoup plus d'amour celeste, que cet homme qui contrefaict le zelé & le sainct. Il commence par ceste cause à faire l'office d'Aduocat, qu'il exerce continuellement au ciel pour nous, parlant à son Pere en nostre faueur par les bouches de ses playes, & auecque la voix de son sang qui parle si haut, & voix qui est tousjours exaucee par la reuerence deuë à sa personne egale à celle de son Pere. Et parce que les Prophetes auoient dict de luy, qu'il ouuriroit sa bouche en Paraboles : il aduance celle des Talens, dont il se sert auec vne merueilleuse industrie, pour confondre le iugement temeraire de ce Pharisien, & pour luy monstrer qu'il faisoit plus d'estat des tesmoignages d'amour que luy rendoit cette penitente esploree, que de la bonne chere qu'il luy faisoit. Il est vray, luy dict-il, que tu m'as appellé en ta maison pour manger à table, mais tu ne me repais que de viandes materielles, & que ie prise peu ; mais celle-cy me donne son cœur à manger, mets delicat & friand, reserué à la bouche de Dieu. Tu ne m'as point donné de l'eau à lauer les mains, & celle-cy laue mes pieds de ses larmes, tu me donnes des seruietes, mais celle-cy en faict vne de ses cheueux, autrefois les pieges & les thresors de ses amans.

Tu as semé ta table de quelques fleurs ; mais celle-cy verse sur moy ses parfums plus precieux : bref, si elle possedoit tout le monde elle le sacrifieroit à mon seruice. L'excez de son amour me fait oublier celuy de ses fautes, parce que la charité couure, ou plustost efface, la multitude des pechez. Pourquoy faut-il que tes yeux, qui ne peuuent voir que les choses presentes, considerent en elle ce qui n'est plus? ce qui n'est plus, c'est le passé ; ce qui est, c'est la penitence. Ignores-tu que Dieu, qui destourne ses yeux de l'iniquité, & qui reiette les meschans de deuant sa face, ne mesprise point le cœur contrit & abbatu, que c'est luy qui ne veut point la mort du pecheur, mais sa conuersion & sa vie? Pourquoy appelle-tu pollüé ce que Dieu sanctifie? & qui sanctifie-t'il sinon les repentans ? Qui est icy bas exempt de coulpe, & qui n'ait besoin de la penitence & de la grace? Voy-tu les Anges qui ont gardé leur principauté, & conserué leur innocence originelle, n'ont que faire de penitence? mais l'homme qui est chair, qui a corrompu sa voye, qui s'est detraqué de son innocence premiere par la preuarication du peché, ne peut reuenir à cette innocence que par la penitence ; si bien que la penitence est l'innocence des hommes, comme l'innocence est la penitence des Anges. C'est la penitence qui rend aux prodigues la premiere robe & l'anneau de la liberté des enfans de Dieu. C'est elle qui dans vn bain d'yssope amere, rend les pecheurs blancs comme la neige, qui estoient auparauant plus noirs que le charbon. C'est elle qui change les corbeaux noirs en des colombes blanches, lauees dedans le laict, & qui voltigent sur les pleins courans des eaux de la grace. C'est elle enfin qui rend les reprouuez esleus, & qui change des vases d'ignominie, en vaisseaux d'honneur & d'eslite. Telle fut la reprimande que le Sauueur du monde fit à l'Hypocrite Pharisien, & la saincte Apologie qu'il dressa pour la Magdelaine. Ce sujet tout Euangelique m'a transporté dans la chaire, & m'a fait laisser pour peu de temps le style d'Historien, pour celuy de Predicateur. I'espere neantmoins que ce ne sera point sans fruict, ny mesme sans necessité, puisque nous allons voir vne coppie de cet original, en la Relation de nostre nouuelle Pharisienne. Car vous allez voir le mesme esprit, mesme murmure, & la mesme conduite Pharisaïque en vne femme, dont Dieu manifesta l'iniquité, pour confondre l'hypocrisie.

La Cité de Veronne, seconde de l'Estat de sainct Marc, & que les Venitiens ont usurpee sur les Princes de l'Escale, se peut vanter, pour la belle varieté de sa situation, la force de ses bouleuards, & la felicité de son territoire, d'estre l'vn des agreables sejours d'Italie. Là choisit sa retraitte vne fameuse Courtisane de Venise, appellee Agathine : Apres auoir usé ses plus beaux iours dans cette voluptueuse Cité, qui porte le nom de Venus, estant neée dans la mer, aussi bien que les Poëtes content de la naissance de cette Deesse. Là comme vne autre Phryné elle esleua des trophees à sa beauté par le nombre de ses Esclaues, & de l'intemperance des nobles Venitiens & des Estrangers qui la visitoient comme vn miracle de l'œil ; Elle amassa des richesses imméses, comme elle gagnoit ce qu'elle vouloit à cet infame trafic, elle despensoit aussi liberalement, & si l'honneur consistoit en l'apparat exterieur, elle eust pû passer pour vne Dame d'importance. Parmy tant de maux que cette pecheresse causoit dedans le monde, elle auoit cette bonne qualité d'estre misericordieuse, & outre l'inclination naturelle qu'elle auoit à la pitié sur la necessité des pauures; elle y estoit portee, parce qu'elle auoit appris d'vn docte Predicateur, que comme le cœur impitoyable faict ordinairement vne mauuaise fin, aussi celuy-là se dispose à vne bonne, qui se porte volontiers aux œuures de charité. Encore que Dieu haïsse les sacrifices des bestes desrobees, & les prieres des pecheurs luy soient plustost des puanteurs que des parfums; il est à croire neantmoins que comme sa justice ne laisse aucune faute sans chastiment, elle ne permet qu'vne bonne action soit sans quelque recompense. Ie ne dy pas que sa grace soit donnee en suitte des bonnes œuures : car elle ne seroit pas grace si elle n'estoit gratuite : & puis qu'a-t'il que faire de nos biens, luy à qui le ciel & la terre appartiennent, & qui a des mammelles surabondantes en laict de bonté ? Mais que les bonnes œuures faictes en estat de peché ne disposent en quelque façon à celuy de la grace, c'est vne opinion, comme ie pense, qui n'est pas reiettee des plus seueres Theologiens. De quelque façon que ce soit, les aumosnes que cette femme cacha dans le sein des pauures, prierent Dieu pour elle, & de perduë qu'elle estoit, elle deuint par la repentance oüaille & dragme trouuee. Elle eust bien desiré par vne

entiere conuersion se ietter dans les Repenties : mais soit quelque secrette infirmité, ou soit que le voile de sa volonté ne fust pas assez grand, tant y a que le vent de la grace ne la portant pas dans la pratique des conseils, elle demeura dans l'obseruance de la Loy de Dieu, & puis qu'il luy falloit vne muraille ou vn mary qui luy seruissent de bouleuard, pour ne se laisser plus surprendre aux embusches du monde, n'ayant point l'esprit du Cloistre, ses richesses luy acquirent bien tost vn mary, qu'elle choisit entre plusieurs, pour luy consigner son corps, ses biens, & la conduitte de sa vie. Depuis qu'elle fut engagee sous le joug d'Hymen, elle vescut auecque tant de modestie, d'honneur & de retenuë, qu'elle rendit admirable en elle la science des voyes de Dieu, dont la droicte auoit
faict

faict vn changement si notable en elle, & vne vertu si puissante. Quand elle eust esté toute sa vie nourrie dans vne honneste famille, elle n'eust peu viure auocque plus de continence. Et tout ainsi que l'on tient que les cheuaux qui ont esté retirez de la gueule du loup sont tousiours ombrageux. Elle aussi, que Dieu par son infinie misericorde, auoit enleuee des portes de l'Enfer, & de la gorge du Lyon rugissant, se rendit tellement deffiante de ses forces, qu'elle fuyoit l'abbord de toutes sortes d'hommes, excepté de son mary, pratiquant en cela cette fuitte salutaire que tous les spirituels conseillent, pour éuiter les traicts enflammez de la conuoitise du sens. On dict que les fruicts taïez & catis ne se peuuēt conseruer si on ne les faict confire: il est aussi bien mal-aisé qu'vne ame qui a esté

G

vne fois dans vn mauuais train de vie puisse maintenir longuement la grace, & perseuerer au bien si elle ne se range à la pieté, qui est le vray miel & le vray sucre de la vie. C'est ce que fit Agathine, se rangeant à vne telle deuotion, que sans vouloir paroistre, elle estoit en effect vne vraye Magdeleine. L'ostentation, ennemie de la vraye vertu, ne luy plaisoit pas : & bien qu'elle se comportast auec vne grande modestie, c'estoit neantmoins sans affectation ; & bien qu'elle fist en secret de grandes mortifications, elle ne se comportoit au dehors & en ses habits que comme vne honneste femme, qui n'a des yeux ny des vœux que pour son mary.

Elle se rangea sous la direction spirituelle d'vn Pere de l'Ordre des seruiteurs de la Vierge, qui estoit fort estimé pour sa probité & sa suffisance: & cettui-cy comme vn bon Pasteur, desireux du salut de cette brebis, autre-fois esgaree, l'aydoit de ses conseils, la fortifioit de ses consolations, & la menoit dans les voyes de Dieu, par les sentiers qu'il iugeoit les plus propres à la condition de sa vie. Les deux mammelles de la vraye & solide deuotion, sont la frequentation des deux Sacremens, de Penitence, & d'Eucharistie, & la practique des deuoirs de misericorde. Selon son aduis Agathine regla ses Confessions & Communions, & pour les actions de charité, si elle y estoit portee lors qu'elle estoit vn tison d'Enfer, pensez combien plus cordialement & plus purement elle les exerçoit, depuis que la grace l'eut retiree de cet abysme de misere & de honte, où elle auoit esté si long temps enseuelie. Les voyageurs qui partent tard hastent ordinairement le pas pour arriuer au giste, auant que la nuict les accueille. Agatine voulant reparer les fautes de ses iours passez, dont le souuenir estoit tousjours deuát ses yeux, auec vne grande amertume de son crime, s'auançoit à grands pas vers la perfection, & taschoit de racheter ses pechez par aumosnes & par la misericorde, qu'elle exerçoit enuers les necessiteux, sçachant que ceux-là obtiendront misericorde en l'autre vie, qui l'auront pratiquee en celle-cy. En somme, aydee du vent de la grace, elle faisoit des montees en son cœur en cette vallee de larmes, & sous la benediction diuine elle alloit de vertu en vertu pour arriuer en la celeste Syon.

En ce mesme temps estoit entre les filles spirituelles du Pere Seruite, que nous appellerons Iulien, une Dame de qualité, nommee Taciane, qui auoit par la ville vne grande reputation d'honnesteté & de pieté. Vne saincte n'eust pû estre plus modeste en ses habits & en ses contenances; elle paroissoit vne vraye image de modestie, rien de si froid en apparence. Solitaire, taciturne, farouche, difficile à accoster; seuere en sa façon, graue en son port: bref, tout son exterieur ne respiroit qu'austerité & mortification. Mais comme vous entendrez, c'estoit vne chastaigne rude & poignante par le dehors, mais douce & delicate au dedans; rigide aux autres qu'elle censuroit à tous propos, & trop indulgente à elle-mesme. Certes il est aussi aisé de tromper l'homme, que difficile, ou plustost impossible, de tromper Dieu. Elle en imposa tellement à son Confesseur, que non seulement il la tenoit, mais il la publioit pour vne saincte, & la monstroit à ses autres Penitentes, comme vn patron de parfaicte vertu. Elle luy faisoit croire qu'elle estoit tant addonnee aux mortifications du corps, & elle l'importunoit tous les iours de luy permettre l'vsage des plus rudes haires, & les plus dures disciplines, que ce bon homme estoit quelquefois contrainct de la tancer d'vn zele indiscret, & de moderer ses feintes austeritez. Que si quelquefois il luy en permettoit quelques-vnes aux iours plus solemnels de la penitence, elle faisoit comme ces malades qui mettent l'ordonnance du Medecin sous leur cheuet, ou qui laissent dans le gobelet le breuuage que leur a préparé l'Apothicaire. N'estoit-ce pas là vne humeur Pharisaïque? à son gré les autres ne faisoient iamais d'assez rudes penitences, & elle n'eust osé toucher du bout du doigt les fardeaux dont elle conseilloit aux autres de se charger. Elle ne parloit que de ieusne, & n'en faisoit point; elle loüoit l'oraison, & ne la pratiquoit pas: que si elle faisoit quelque œuure de misericorde, c'estoit apres auoir sonné de la trompette, pour inuiter tout le monde à la regarder, aussi receut-elle enfin le salaire deu à sa vaine hypocrisie. Mais vn des traicts plus remarquables de sa ressemblance au Pharisien Euangelique parut, lors qu'Agatine commença à se ranger sous la conduite du Pere Iulien. Car cette saincte sucree fit semblant d'estre frappee de scandale de voir que ce bon Religieux parlast si souuent à cette femme, qui auoit esté pecheresse en la grande Niniue du Golfe Adriatique. Ne vous semble t'il point d'oüyr ces vieux Pharisiens, qui trouuoient estrange que nostre Seigneur entrast en conuersation auecque les pecheurs & les Publicains. Ie ne puis sçauoir que par coiecture les iugemés temeraires que faisoit cett' hypocrite de nostre veritable couertie: il n'appartiét qu'à Dieu de sonder les cœurs, & cognoistre les pensees. Seulement i'apprends de la Relation, qu'elle fit là dessus de charitables remonstrances au Pere Iulien, l'exhortant à quitter la direction de cett' ame, qu'il falloit mettre entre les choses perduës, sans songer que le Sauueur estoit venu racheter les pecheurs, non les iustes, & que le bon Pasteur a plus de soin de la brebis esgaree, que de cent autres qui sont enfermees dedans son parc, & que le Medecin est plus necessaire aux malades, qu'à ceux qui sont en santé. Elle adioustoit, pour destourner le Pere de la continuation de cette conduite, que cela faisoit ombre à sa reputation, que qui ayme le peril, y perit; que qui touche la poix, se salit les mains; que l'on se noircit auprès d'vn sac de charbon, & qu'on rapporte tousiours quelque mauuaise odeur d'vne cuisine. Que l'abord d'vne Courtisane est si infect, qu'encore que l'on ne fasse aucun mal, on laisse tousiours dans les esprits quelque impression dangereuse, que leurs propos sont semblables à la picqueure de la Dypsade, dont la playe est imperceptible, & le venin sans remede. Qu'il auroit plus d'honneur de la renuoyer que de la conuertir, aussi bien que cette sorte de personnes infames doiuent estre mises, sinon parmy les incurables, au moins encore les incorrigibles. Auecque de séblables discours Taciane essayoit de destourner le Pere Iulien d'assister de ses conseils la penitente Agatine. Mais le bon Religieux ne manquoit pas de reparties, en luy disant, qu'il ne seroit pas disciple de IESVS-CHRIST, & qu'il ne suyuroit pas ses traces, si à son exemple il ne taschoit comme Eliezer à Isaac, de luy amener des espouses; les vnes blanches de pureté, les autres noires de penitence; mais toutes belles à ses yeux: que le sang de l'Agneau auoit esté respandu pour le lauement des personnes souïllees, qu'il estoit venu au monde pour sauuer les pecheurs, à raison dequoy il estoit appellé l'Agneau de Dieu, qui oste les pechez du monde, que ce doux Redempteur n'ayant point rebuté les Cananees, les Samaritaines, les Zachees, les Mathieux, les Magdelaines, donnoit exemple à ceux qu'il appelloit au seruice des ames, de se rendre tour à tour pour les gaigner à Dieu. Laissez venir à moy les petits, disoit ce grand Sauueur: & quels sont ces petits, sinon ceux que la recognoissance de leurs fautes humilie iusques à l'aneantissement, & qui disent auec ce grand Roy, qui de grand pecheur deuint vn grand penitent ; Seigneur, voyez mon humilité, & me faictes misericorde. Et encore, Mon ame s'est attachee au paué : viuifiez-moy, Seigneur, selon vostre parole. Et derechef, Mon estre est vn vray rien deuant vous, ô grand Estre des Estres! & qui ne sçait que tout homme viuant n'est qu'vne vanité vniuerselle: & d'vn autre ton ; O Seigneur, ie suis vn ver de terre, & non pas vn homme, l'opprobre du monde, & la mocquerie du peuple. Ou bien, qui disent auecque le Publicain : Seigneur, soyez propice à ce pecheur miserable : ou auec la Cananee; Oüy, Seigneur, ie suis vne pauure Chienne, faictes-moy participante des miettes qui tombent de la table de vostre bonté. Venez à moy, dict le fils de Dieu, vous tous qui estes trauaillez & surchargez, & ie vous soulageray; prenez vostre joug sur vos espaules, & apprenez de moy que ie suis doux & humble de cœur, & vous trouuerez le repos de vos ames : car mon joug est suaue, & mon fardeau leger. Voyez-vous, disoit là dessus le Pere Iulien à la presomptueuse Taciane, qui sont ces trauaillez, sinon ceux qui lassez au chemin d'iniquité, cherchent par leur conuersion leur repos en la grace, pareils à ces cerfs pourchassez d'vne meute affamee, qui recreuz & alterez cherchent les ombrages & les fontaines? Ce sont ceux-là qui trauaillent en vain, c'est à dire pour la vanité des choses humaines qui passent comme l'ombre. Qui sont ceux qui sont sur-chargez, sinon les pecheurs, qui multiplient l'iniquité, en sorte qu'elle leur devient vn fardeau insupportable? Certes ce sont ceux là que le Maistre veut soulager, exhortans ceux qui le veulent imiter de faire le mesme, promettant de sauuer l'ame de celuy qui cooperera au salut de celle de son frere. Il leur conseille de prendre le joug sur leurs espaules, de luy r'amener ces oüailles esgarees, de bander leurs playes, de consoler leurs esprits, de les addresser au bon chemin, de les fortifier en leurs foiblesses, de leur monstrer le bien, afin qu'elles l'embrassent; de leur faire voir la laideur du mal, afin qu'elles l'euitent; les embusches du diable, afin qu'elles s'en destournent. Pour les pecheurs, il les aduertit de se charger du ioug de penitence, qu'il leur rendra doux par l'huile de sa douceur & de sa consolation. Il aduertit & les penitens & leurs conducteurs, d'apprendre de luy la debonnaireté & l'humilité, si les vns & les autres veulent auoir la paix, & trouuer leurs fardeaux legers, & leurs jougs suaues. C'est ainsi que par la parole diuine ce sainct Religieux, à qui Dieu auoit donné le zele du salut de l'ame d'Agatine, rembarroit les propos humains de la malicieuse Taciane, continuant tousiours ses pieux deuoirs enuers cette pauure penitente. Mais Taciane renduë opiniastre par ces repliques, plustost que vaincuë, tesmoignoit de tels mescontentemens de cela, qu'il sembloit qu'elle vouluft quitter la conduitte du Pere Iulien, s'il n'abandonnoit celle d'A-

La Pharisienne.

gatine. Peut-estre s'imaginoit-elle que les Courtisanes ressembloient à la Torpille: on dict que ce poisson pris à la ligne enuoye par le filé vn tel engourdissement au bras du pescheur, que laissant aller la ligne dans la mer, la Torpille se sauue de la sorte.

Les Peres spirituels sont appellez en l'Escriture Pescheurs d'ames, & qui sçait si Taciane ne pensoit point que par la communication que le Pere Iulien auoit auec Agatine, quelque contagieux engourdissement ne se pourroit point glisser en son ame, au moins se figuroit-elle qu'il y alloit aucunement de son honneur, de parler à vn Religieux à qui parloit vne Courtisane, encore qu'elle fust repentie. Quelque asseurance que le Pere luy donnast de la veritable conuersion de cette ame, elle ne la pouuoit regarder, &

aussi-tost qu'elle la voyoit arriuer à l'Eglise & approcher du Confessionnal, elle s'enfuyoit d'vn autre costé. Ie luy eusse volontiers crié, que faites-vous Taciane, le charbon d'Agatine est esteinct, ne craignez plus sa contagion, & quand elle seroit encore attainte de son ancienne maladie, elle est de telle nature, qu'elle ne s'attache qu'à celles qui la veulent receuoir. Mais comme ce fust-elle renduë à ces simples raisons, si de plus graues qui luy furent representees par le Pere Iulien ne la toucherent point ? Le bon homme voyant cette sottise, pour l'en corriger luy disoit vn iour: Quoy ! Madame, estes-vous plus saincte que le Sauueur, qui ne rebuta pas la Magdelaine quand elle baisa ses pieds, & les arrosa de ses larmes ? ie vous asseure que cette pecheresse repentie est preste d'en faire re autant aux voſtres ſi vous le voulez endurer, & meſme de les eſſuyer de ſes cheueux. Pourquoy la fuyez-vous, c'eſt vne ame en grace, c'eſt vne ame rachetee & lauee du ſang du Fils de Dieu, c'eſt vne ame capable de la vie eternelle, heritiere de Dieu, coheritiere de Ieſus-Chriſt? Par ce dédain vous offencez la Magdelaine, Dauid, ſainct Auguſtin, ſainct Paul, & tout autant qu'il y a de ſaincts Penitens dedans le Ciel. Et quoy! eſtes-vous innocente? & quand vous le ſeriez autant que la Reyne des Vierges, la diuine Marie Mere du Redempteur, cette innocente Marie a t'elle deſdaigné la conuerſation de la Penitente Marie, qui eſtoit ſi proche d'elle au pied de la Croix, quand le Sauueur y endura pour nous, & rendit du ſang à cette pechereſſe repentie, par les larmes qu'elle auoit autrefois reſ-

H

panduës sur ses pieds. C'est bien au lieu d'accueillir les errans & de leur monstrer le bon chemin, & en quel desespoir seroient reduites ces conuerties, si elles estoient detestees de tous les autres comme de vous. C'est au temps de leur mauuaise conuersation qu'il les faut éuiter comme des personnes excommuniees, & ne leur dire pas seulement bon iour, quand on les rencontre, puis qu'elles sont alors destinees à vne eternelle nuict. Mais il y a vingt-quatre heures au iour, & à chaque moment que le pecheur se conuertira, il viura de la vie de la grace, & si vn pecheur conuerty est en la grace de Dieu, pourquoy seroit-t'il en la disgrace des hommes? Non, non Madame, il ne faut iamais hayr le pecheur, non pas le peché, c'est Dieu seul qui peut hayr le peché, &

le pécheur tout ensemble, encore ne hait-t'il l'vn qu'à cause de l'autre, & aussi tost que la coulpe cesse il ayme le coulpable, comme s'il estoit innocent, & ne se ressouuient plus de son iniquité. Ne vous souuenez-vous point que quand vne Courtisane se veut ietter dans les Conuerties, les plus grandes Dames de la Cité font à l'enuy à qui l'assistera, & sa plus signalee bien-faictrice est celle qui luy sert de marraine, & qui la conduit en ce sainct lieu destiné à la receuoir. Que si celle-cy n'ayant pas eu vne vocation si puissante, est deuenuë dans le sainct estat du mariage ordonné de Dieu, pour remede à ceux qui n'ont pas le don de continence, pourquoy la fuyrez-vous? estimez-vous qu'en la condition des mariez elle ne puisse pas aussi bien faire penitence & auancer son salut auecque crainte &

tremblement. Certes vous feriez tort à vous mesme d'auoir cette pensee, puisque vous estes en ce mesme estat, & aspirez à la mesme gloire. Ny pour toutes ces remonstrances l'obstination de Taciane ne se rendoit point, mais comme si à la fuitte d'Agatine la hayne eust succedé, elle ne se contentoit plus d'euiter sa rencontre, elle se mit à en médire, & à descrier sa penitence, de la mesme façon que l'on detesteroit le peché. Agatine souffroit ces mespris & ces calomnies auec vne humilité & vne patience incroyable, & la recueilloit comme des roses, en detestation de ses pechez passez, & comme si elle eust eu à prix faict de ietter des charbons ardans au visage de Taciane. Vn pour elle luy dict : Non Madame, ce n'est point pour vous reprocher vos desdains & vos outrages que i'ose vous aborder, c'est plustost pour loüer vostre iugement, & honorer vostre prudence. Ie suis le rebut & la balieure du monde, vn pot pourry d'ordure & d'iniquité, ie merite d'estre detestee comme l'enfer, puisque i'ay tant commis de crimes dignes des eternelles flammes, i'en suis vn tison, si Dieu n'estend sur moy ses grandes misericordes. Ie suis vn sel affady, ie ne merite rien que d'estre iettee hors de l'Eglise, & dans la ruë d'estre foulee des pieds des passans. Ie cognoy mes fautes, & mes pechez sont tousjours presens en ma memoire : ma mere m'auoit conceuë en iniquité, & m'y auoit esleuee; i'y ay esté nourrie, ie m'y suis habituee; i'en auois faict nature, si la grace ne m'eust retiree de cet abysme, ne m'eust donné vn cœur nouueau & renouuellé en mes entrailles l'esprit de droicture. J'ay passé la fleur de ma vie dans les abominations, c'est pourquoy ie ne vaux rien, sinon d'estre detestee de tout le monde. Ce peu de beauté que la Nature auoit imprimee en mon visage, n'a seruy que de piege à la ieunesse, d'achopement aux vieillards, d'illusion des yeux, de tyrannie pour les cœurs, d'escueil où plusieurs ames ont faict de tristes naufrages, que mal-heureux est ce bien qui cause tant de maux. Madame, vous ne penserez ny ne direz iamais tant de mal qu'il y en a eu en moy, mais ie puis dire, (& la gloire en soit à Dieu seul, dont la grace me rend ce que ie suis) que depuis l'heureux iour qu'Hymen m'attacha à vn seul homme, ce seul obiect a arresté tous mes sens, & ie luy ay esté autant fidele pour l'amour de Dieu, qu'auparauant i'ay esté infidele à Dieu & aux hommes.

S'il loge donc quelque pitié en vostre belle ame, que tout le monde regarde comme vn miroir de pieté, & pour vn exemplaire de perfection, que cette chetiue pecheresse soit le sujet de vostre mespris tant qu'il vous plaira; mais qu'elle ne le soit pas de vostre hayne: car en cecy Dieu seroit offencé, & ie veux croire que vous l'aymez trop, pour haïr en moy son courage, encore suis-ie l'œuure de ses mains, quant à la nature, & celle de ses misericordes quant à la grace. Faudroit-il que ie fusse si mal-heureuse que d'auoir esté autrefois vne pierre d'achopement aux hommes par l'amour, & de l'estre à present des Dames par la hayne ? Madame, ie ne seray iamais si presomptueuse de vous voir chez vous, ny de soüiller de mon abord ny de ma conuersation vne Dame de vostre qualité & de vostre reputation : mais il me fasche de voir qu'à l'Eglise, maison d'oraison, maison de Dieu, maison de reconciliation, de charité, d'vnion, ie suis cause d'vn scandale, & qu'à vostre exemple chacun me fuye, comme si i'estois excommuniee. Souuenez-vous, Madame, que l'Eglise est vn champ, où l'yuraye est meslee auec le froment, vn parc où le mouton est enfermé auecque la chevre, vn filé où les bons & les mauuais poissons sont enclos, vne prairie où paissent les animaux mundes auecque les immundes. Souuenez-vous que nous y sommes prosternez deuant celuy qui fait luire son soleil sur les bons & les meschans, & qui nous deffend la distinction des personnes. Dieu nous commande d'aymer nos ennemis, encore ne suis-ie pas vostre ennemie, i'ay offencé Dieu, il est vray, mais ie ne croy pas de vous auoir iamais offencee. Tout ce qui me fasche en cecy, est la crainte que i'ay que Dieu ne soit offencé en cette dureté de cœur, que vous tesmoignez contre moy. Si ce n'est que pour m'humilier ou pour exercer ma patience : dittes-le moy ie vous en supplie, Madame, & me voila en paix, & ie beniray Dieu qui vous ait inspiré l'esprit de mortification pour moy, ie suis toute preparee aux fleaux dont Dieu me visitera par vostre main, ie baiseray les verges qui me disciplineront, & vostre langue me sera en benediction quand elle publiera mes offences, pour le seul dessein de les faire abhorrer de tout le monde, autant que ie les deteste. Mais Madame, gardez que ce zele ne passe outre. Faites que la discretion le conduise, & sur tout gardez qu'il ne vous fasse prendre le change, &

que sous le pretexte de hayr le peché, il ne vous porte à hayr la pecheresse. Pour les entrailles de cette commune misericorde, en qui nous esperons: prenez garde à cet escueil; car il arriue souuent que nous sommes trompez sous l'apparence du bien, & que pour conseruer la blancheur de la chasteté & de la renommee, nous noircissons la dilection & la charité. Agatine eust poursuiuy d'auantage cette poincte en l'excez & en la faueur de son esprit, si la desdaigneuse & peu charitable Taciane ne l'eust laissee là, comme craignant de souïller ses oreilles, en oyant des propos qui sortoient d'vne bouche qu'elle estimoit prophane.

O Seigneur, iusques à quant souffrirez-vous que cette Hypocrite triomphe de l'opinion du monde, auecque tant d'orgueil & de vanité?

Quand sera-ce que vous viendrez, & que vous descendrez en iugement auec elle, pour la reprendre de cela mesme qu'elle deteste en autruy auec tant de fast? Quand sera-ce que vous ferez perir ceux qui comme elle s'esloignent de vous, & que vous perdrez celle qui commet des adulteres deuant vous auec tant d'impudence? Quand sera-ce que vous reuelerez le secret des tenebres, que vous manifesterez les conseils des cœurs, & que vostre iustice sera loüee en toutes les œuures bonnes ou mauuaises, pour la recompense ou la peine que vous leur ordonnerez? Certes les meules de Dieu tournét lentement; mais elles écrasent bien menu. I'ay veu le peruers en passant, dict le Psalmiste, & ie l'ay veu esleué comme les cedres du Liban, en repassant ie l'ay voulu reuoir & il n'estoit plus. L'hypocrisie est vn vray fard, qui embellit pour peu de temps, mais aussitost il tombe du visage, & il rend ridicule la personne qui s'en estoit paree. Il est souuent arriué, & Dieu l'a ainsi permis, que des personnes soient tombees en des fautes qu'elles auoient trop asprement reprises en autruy. Et à n'en point mentir, toute verité qui n'est pas charitable procede d'vne charité qui n'est pas veritable. C'est bien fait de reprendre aigrement la des-honnesteté; mais il faut que ce soit sans presomption, & de telle façon que celuy qui reprend, pense qu'il est enuironné d'infirmité, & qu'il peut y succomber. Sainct Pierre proteste de ne renoncer iamais son Maistre, non pas pour mille morts; & voila que soudain, sans estre seulement menacé de mort, il tombe en la faute qu'il vient de detester. Repren, dict le grand Apostre, coniure, reproche, mais auec patience, douceur & raison ; peut-estre que si Taciáne eust eu compassion d'Agatine, Dieu eust eu pitié d'elle ; mais iugement sans misericorde à celuy qui ne l'aura pas faite, & de telle mesure serons-nous mesurez, dont nous aurons mesuré les autres. Celuy qui est misericordieux se dispose à vn iugement qui luy sera fauorable, & il ne sera point confondu eternellement. Mais il est temps que le masque de Taciane se leue, ses pechez sont arriuez à leur comble, Dieu a tendu son arc, & preparé ses fleches, ses fleches ardantes, mais ses fleches de mort, mais d'vne mort soudaine & impreueuë qui l'esuentera comme vn tourbillon : si bien que l'on pourra dire d'elle, ce que l'Escriture dit de ces perdus; Ils ont passé leurs iours en delices, & en vn moment les voila descendus aux Enfers. Mais coulant legerement sur ce mauuais pas, de mesme que ceux qui se hastent de passer dessus les cloaques.

Cette meschante Pharisienne, apres auoir abusé des Sacremens de Confession & de Communion par plusieurs sacrileges, s'en seruant comme de fueilles pour donner vne bonne couleur à vne mauuaise vie, & faire prendre pour pierre fine vne hapelourde, profana encor' celuy du Mariage, pollüant le lict qui doit estre sans tache, & faussant laschement la foy qu'elle auoit promise à son mary. C'estoit vn bon vieillard fort riche, appellé Vital, qui l'auoit prise sans autre dot que sa beauté, croyant qu'elle fust accompagnee de quelque vertu. Car cette fausse femelle sçauoit si dextrement contrefaire la deuote, que l'on eust dict qu'elle n'auoit autre conuersation que dedans le Ciel, cependant elle ressembloit au Giresol qui a bien la teste vers le soleil, mais dont les racines sont en terre, & au Milan que ses aisles esleuent haut dans l'air; mais ses yeux sont retournez en bas, pour voir s'il n'y descouurira point quelque proye. Le bon Vital croyant auoir vne femme toute saincte, y auoit toute confiance, & en luy remettant tout le soin de son mesnage, la laissoit despenser à son gré en habits, en paremens, en bonne chere, en tout; Et tant il estoit coëffé de son amour, encore qu'elle dissipast tout, il la tenoit pour vne bonne mesnagere. La simplicité ordinaire de ses vestemens luy plaisoit, que si elle se paroit quelquefois c'estoit auecque tant de protestations, que ce n'estoit que pour plaire à ses yeux & que tous ces ornemens luy estoient en horreur, comme si elle eust esté vne autre Esther, que ce bon homme estoit estourdy de tant de paroles. Traistresse, femme d'autant plus trompeuse qu'elle estoit caressante, & qui peut estre comme vn Iudas, marquoit sa trahison par des baisers. Tant y a, que cette vilaine (chose honteuse à escrire; mais plus indigne à commettre) s'abandonnoit à son propre Cocher, couurant ce vilain feu de la cendre d'vne mortification & d'vne pieté exterieure. Mais comme il est mal-aisé de cacher du feu dans son sein sans en ressentir l'ardeur, & sans en manifester quelque chose par la fumee ou les estincelles, ce train execrable ne peut pas tousjours estre si caché qu'il ne se descouurist. Soit que le bon homme Vital en apperceust quelque mesche, soit qu'il en fust aduerty par quelque

quelque domestique soigneux de son honneur, il se resolut de vanger à la trompette, l'offence qui luy estoit faite à la sourdine & de rejeter la honte sur le visage de cette Hypocrite qui le trahissoit de la sorte. Pour abbreger le dernier acte de cette funeste Relation, il feinct vn voyage à la campagne, & s'estant rendu à sa maison sur le soir, il ne manqua pas de surprendre Taciane auecque Lucio son infame adultere; & parce qu'vne commune mort ne luy sembloit pas suffisante de le satisfaire ny d'assouuir son humeur, qu'il ne faut que nommer Italienne pour dire vindicatiue, apres auoir faict sentir à l'vn & à l'autre les tourmens les plus exquis du fer & du feu qu'il peut inuenter, pour leur faire rendre le dernier souspir, il contraignit sa femme de tirer les pieds de Lucio qu'il auoit faict pendre au plancher, afin qu'elle eſtranglaſt de ſes mains celuy qu'elle auoit recueilly entre ſes bras: apres il attacha Taciane à vn licol aupres de ſon ruffien, & contraignit la ſeruante qui auoit aydé à ce mal-heureux comerce, à rendre le meſme office à ſa Maiſtreſſe, & puis il poignarda céte fille, comme miniſtre de toute cette meſchanceté.

Cette execution ſanglante eſtant acheuee, tout le reſte de la nuict il raſſaſia ſes yeux courroucez de ce furieux ſpectacle, pareil à cet Empereur ancien qui faiſoit mourir ceux qu'il auoit condamnez comme-criminels durant ſes repas, pour repaiſtre ſa veuë de ſang, & meſme qu'il empliſſoit ſon ventre de chair. Le lendemain, ſans ſortir de la ville, & meſme ſans s'eſtonner, il fit venir la juſtice, à qui il preſenta cette execution toute faite. Il ſçauoit que les loix ciuiles le mettoient à l'abry de toute peine, & que la iuste douleur d'vn mary si outrageusement offencé est excusee, si preuenant les formalitez de la Iustice, il se rend sur le champ bourreau des criminels. Ainsi mourut nostre adultere Hypocrite, nostre nouuelle Pharisienne, de cette mort des pecheurs, que le Prophete appelle tres-mauuaise. Or en vn moment toute cette reputation de pieté & d'honnesteté qu'elle s'estoit faussement acquise par ses mines exterieures fut renuersee, & tout ainsi qu'vne lampe de mauuaise huile en s'esteignant, elle laissa vne si puante odeur de son nom que le souuenir en est execrable. O Dieu des vengeances, vos iugemens qui sont des abysmes sans fards, sont extremement redoutables. Bien-heureux celuy qui les preuient par vne ingenuë confes-

I ij

sion de ses fautes, & vne salutaire penitence. Si le iuste, dittes-vous par vn de vos Propheres, s'escarte du sentier de la justice, il mourra de mort, & ie ne me souuiédray plus de toutes ses iustices. Mais si l'impie se couertit & se retire de sa mauuaise voye de viure, il viura, & ie mettray en oubly toutes ses iniquitez. Ie ne m'areste point à representer l'estonnement du Pere Iulien sur la fin tragique de Taciane, & combien il souspira sur la perte assez probable de cett'ame, qui auoit par ses sacrileges foulé aux pieds le sang du Testament : & prouoqué l'ire de Dieu qui auoit enfin esclatté sur sa teste. Cet exemple iettta vn effroy general dans toute la Cité, mais Agatine au lieu de se resiouyr de cette ioye que ressentent les plus iustes quand ils voyent la vengeance, en lauant leurs mains dans le sang des pecheurs, prit occasion de s'en humilier d'auantage, & d'enfoncer bien auant la crainte de Dieu dans son cœur. Helas, disoit-elle, si de telles foudres tombent sur le bois verd, que sera-ce du sec? Cette Dame, qui viuoit l'honneur sur le front, & qui peut-estre n'a peché que par deffaut, encore à cachettes, a esté si rigoureusement & honteusement traittee. O bras du Treshaut, que vous estes pesant sur le col des pecheurs! Que sera-ce de moy miserable qui ay peché tant de fois, & si long temps, & si publiquement, & si scandaleusement contre le Ciel & contre Dieu? Troublee de ces pensees, qui dissipoient & tourmentoient son cœur, elle eut recours au Pere Iulien pour estre consolee. Et il luy remonstra qu'elle auoit tort de vouloir mesurer & comparer ses offences à l'infinie misericorde d'vn Dieu qui en pouuoit plus deffaire & pardonner, qu'elle n'en pouuoit commettre. Que Dauid comparoit le nombre des siennes, à celuy des cheueux de sa teste; & toutefois qu'il n'auoit pas desesperé de leur remission. Que ce n'estoit pas à la prudence humaine à sonder; mais à adorer la prouidence de l'Eternel. Que Iudas, qui auoit esté mis au rang des Apostres, & auoit fait des miracles en cette qualité, estoit mort d'vne façon infame & desespereé, au mesme temps que le bon brigand qui auoit passé sa vie parmy les voleurs, & commis vne infinité de lareins, passoit de la Croix au Paradis, que le Fils de Dieu luy promit dés le iour mesme de sa souffrance. Qu'il ne se falloit pas estonner si les estoilles tomboient du Ciel, c'est à dire, si les personnes qui paroissent les plus deuotes, tombent en de grandes imperfections, puisque les Anges rebelles estoient bien tresbuchez du Ciel, & nos premiers parens décheuz par leur preuarication, de leur iustice & innocence originelle. Que c'estoit à faire à ceux qui estoient debout de prendre garde à ne tomber pas, & à ceux qui estoient tombez de se releuer promptement, depeur de prendre racine dans le vice, & d'en changer l'habitude en nature. Que les meilleurs deuoient tousiours craindre, & les plus meschans ne desesperer iamais. Auec de semblables raisons le Pere Iulien remit peu à peu l'esprit effrayé d'Agatine, qui depuis alla tousiours de bien en mieux, & perseuerant en vne bonne vie, comme il est à croire, arriua à l'incomparable felicité d'vne bonne mort.

LES INTENTIONS FRVSTREES.

RELATION III.

Il me suffira de nommer la Prouince de Champagne, & de dire que ce fut en l'vne de ses principales villes qu'vne Dame vefue, que nous appellerons Priscille, chargee de quatre enfans, deux masles, & deux femelles, taschoit de les esleuer aux bonnes mœurs, & en la crainte de

Les intentions frustrees. 137

Dieu. Encore qu'elle fust demeuree assez ieune sans mary, & en tel aage que le conseil de l'Apostre luy eust non seulement permis, mais ordonné de se remarier; elle voulut neantmoins perseuerer en son vefuage, & demeurer vrayement vefue, c'est à dire, fuyant les delices & les occasions d'estre recherchee. Mais comme le commun desir des parens est d'auancer leurs familles, & d'esleuer leurs enfans en honneur. Celle-cy ne pouuant rien faire pour les siens, que de leur conseruer ce qu'ils auoient, & par son espargne leur faire sentir les fruicts de sa tutelle, s'auisa par vne prudence humaine, assez frequente dans les familles, d'en destiner deux à l'Eglise, pour rendre les deux autres plus grands, plus riches, & plus auancez dans le monde. Mais tout ainsi que la fin, qui est la derniere en l'execution, est la premiere en l'intention : aussi l'intention, qui est la premiere en la pensee, est la derniere en l'effect, & entre le penser & le faire il y a vne grande distance. Les dispositions diuines ne s'accordent pas tousiours auecque les propositions humaines, d'autant que l'Occident n'est pas plus esloigné de l'Orient, que les voyes de Dieu le sont de celle des hommes. Le Seigneur, dict le Psalmiste, dissipe les conseils des mondains, & reiette les pensees des peuples. C'est luy qui recognoist de loing les desseins des cœurs, & qui iuge de leur vanité & de leur ineptie. Cette bonne femme Priscille se laissoit aller en cela à l'aduis de ceux de sa parenté, & principalement d'vn homme de justice & d'auctorité, qui estoit subrogé à la tutele de ses enfans. Voila quels sont les desseins du sujet, dont les

Les intentions frustrees. 139

balances ont vn poids, & vn poids, mais balances mensongeres & sans egalité, parce qu'elles font l'esleuation & la richesse des vns, par l'abbaissement & la pauureté des autres. Le bien de ces mineurs estoit remarquable, & n'y auoit aucun qui ne peust auoir à sa part vingt-mille escus sans le droit de l'aisné, qui alloit bien plus outre (ie parle de cecy comme en sçachant les particularitez.) Le cadet est donc destiné pour estre ou Moyne, ou Cheualier de Malte, on n'attend que l'aage pour luy donner le Froc ou la Croix, La Cadette est mise dans vn Monastere, pour estre esleuee parmy ces petites filles que l'on y met, à dessein de la faire Religieuse. Sur l'esperance qu'elle ne contredira point à cette intention de ses parens, l'on promet vne grosse dote à l'aisnee, qui se rend aussi-tost l'obiect des desirs de plusieurs poursuyuans. Comme il n'est point de si grande beauté à qui le fard n'adiouste tousiours quelque plus grande grace: aussi noble, belle & vertueuse que soit vne fille, la riche dote augmente tousiours le desir de la posseder. Entre beaucoup de rechercheurs vn party fort aduantageux se presente pour l'aisnee: & parce que le Cadet & la Cadette, que l'on destinoit au Cloistre, estoient encore en des aages esloignez non de la profession seulement, mais de la vesture, on n'osa luy donner en mariage que les vingt mille escus qui luy estoient acquis & asseurez, & son poursuyuant la prit, sur l'esperance infaillible qu'on luy donna de semblables sommes, qu'il tireroit de la succession de ces deux victimes, que l'on vouloit sacrifier à la grandeur des deux aisnez. On veut ietter le

Cadet dans vn Cloistre ; mais il a l'humeur bien brillante, le froc est trop empeschant, il ayme mieux vne espee. La Croix de Malte ne luy desplaist pas tant, mais il ne sçait pas encore bien ce qu'il doit choisir, tandis qu'il y pensera ses parens prendront patience. Venons à la Cadette, qui est le principal suiet de cette Relation. Elle n'a pas tant de resistance, & puis quel sens peut auoir vne fille de dix ou vnze ans ? On la met dans vn Monastere où estoit Abbesse vne Dame d'vne noble famille de Picardie, on l'esleue à la pieté, & au dessein d'en faire vne bonne Religieuse. L'on promet dix mille francs, partie à sa vesture, partie à sa profession, c'estoit vn morceau qui n'estoit point à reietter pour vne communauté. Mais enfin les interests de la terre se trouuerent plus forts que ceux du Ciel, & la chair & le sang reuelerent vne pensee, qui fit voir que plus de gens cherchent le bien de leur maison, que celuy de la maison de Dieu. Cette bonne Abbesse (vertueuse certes, mais qui l'eust esté encore d'auantage, si l'amour des siens n'eust point dominé son esprit) estoit assez souuent visitée d'vn de ses freres, Cadet de sa maison, beau & ieune Gentil-homme; mais enfin Cadet, c'est à dire leger à la pince, & qui n'auoit autre chose vaillāt, sinon qu'il estoit bien vaillant. Il faut aduoüer que la condition des Cadets de maison est deplorable, en ce qu'ils ont autant de courage que les aisnez, comme nez de mesme sang, & esleuez auecque mesme soin & grandeur; mais les fondemens leur manquent, & ils n'ont pas dequoy soustenir cette generosité qui leur est naturelle. Aussi voit-on que pour paruenir à quelques richesses, il n'y a sorte de hazards où ils ne se precipitent, ny sorte de moyens qu'ils ne tentent pour auoir dequoy. Il ietta les yeux sur cette fille que l'on auoit mise dedans ce Monastere : sa sœur, outre qu'elle estoit assez agreable, vingt mille escus de dotte rehaussoient autant les traicts de son visage, que le courage du Cadet. Il faict des desseins sur ce party, & les communique à sa sœur qui les approuue, & qui s'en rend partisane. Il voit cette fille quand il veut, auecque la permission de sa sœur : en somme, la sœur & le frere sont deux ou trois ans à marteler ce ieune esprit pour le tailler à leur mode, & le mettre en œuure selon leur intention. Cependant, soit par quelque antipathie naturelle, soit par l'apprehension que cette fille, que nous appellerons Marcionille, a de desplaire à ses parens, elle ne peut fermement asseoir ses affections sur Salue, frere de l'Abbesse. Elle sçait qu'on la destine au Cloistre, &, tant il est malaisé de faire perdre à vn vase le goust de la premiere liqueur dont on l'a imbu, elle ne peut effacer de son esprit les impressions premieres qu'on y auoit mises, d'estre Religieuse. Cependant elle se voit entre l'enclume & le marteau : toutes les lettres que sa mere luy escrit, sont autant d'exhortations qu'elle luy faict, de se disposer au voile, & autant de Panegyriques de l'estat Religieux, attachez aux descriptions des miseres du monde. Cependant son Abbesse luy faict vne leçon fort religieuse des felicitez du mariage, & des plaisirs du siecle, luy representant les contentemens qu'elle aura auec son frere, beau Gentil-homme, & qui l'honorera & aymera à l'infiny.

l'infiny. Helas ! qu'eust peu faire ce ieune esprit agité de si differentes bouffees. Cette Abbesse, qui estouffoit ainsi l'esprit de la vocation Religieuse dans ce ieune cœur, luy faisoit escrire des lettres à Priscille conformes à son desir, où elle mandoit à sa mere qu'elle ne se sentoit nullement portee à la vie Claustrale, & qu'elle ne vouloit point se charger d'vn joug qu'elle ne croyoit pas pouuoir porter auec honneur & perseuerance, qu'il falloit vne particuliere vocation pour cela, qu'elle ne la sentoit point en soy, & qu'elle aymoit mieux ne voüer point, qu'après ne garder pas sa promesse. L'Abbesse accompagnoit ces lettres là, qu'elle auoit dictees, des siennes propres, conseillant à Priscille de retirer sa fille dedans le monde, parce qu'elle n'estoit nullement propre à estre Religieuſe en quelque ordre que ce fuſt, qu'il valloit mieux qu'elle fiſt ſon ſalut dans le mariage, que de perdre ſon ame ſous vn voile, que les conſeils ne pouuoient pas eſtre embraſſez de tous, & qu'il ne falloit contraindre perſonne à s'y ranger contre ſon gré, qu'elle auoit faict tout ce qu'elle auoit pû pour luy inſpirer cette vocation : mais qu'en vain trauaille-t'on à cet edifice là, ſi Dieu n'y met la main, & tout plein d'autres belles raiſons, auſſi ſpecieuſes en apparence, qu'eſloignees de la verité en effect. Cependant le temps de prendre le voile de Nouice approche, Priſcille veut auoir la derniere reſolution de ſa fille, l'Abbeſſe reſpond pour elle, ou ſi elle reſpond, c'eſt par l'organe de l'Abbeſſe.

Enfin, vn iour cette fille, eſloignee d'affection de Salue, & preſſee de son premier desir, qui estoit d'estre Religieuse, & iugeant bien que si elle demeuroit en ce Monastere, l'Abbesse dont elle auroit frustré l'intention, ne la traitteroit iamais bien : d'ailleurs, preuoyant que retournant en la maison de sa mere, elle y seroit mal-menee, se resolut d'escrire amplement à Priscille, & de luy descouurir filialement, comme à sa bonne mere, les vrays sentimens de son ame, & tous les replis de son esprit, la suppliant, si elle aymoit son repos, de la mettre Religieuse en quelqu'autre Monastere, & desauoüant toutes les lettres que l'Abbesse luy auoit fait escrire, pour arriuer au but qu'elle auoit proietté, qui estoit de luy faire espouser Salue. Par cette lettre Priscille descouurit qu'il y auoit de la contradiction en la Cité, & reconnut à clair les artifices dont on s'estoit seruy pour gagner l'esprit de sa fille, & la porter à vn dessein fort esloigné de son intention. Elle en confere auec Isidore son tuteur subrogé, qui aduisé comme vn homme d'affaires, fit vne contre-mine à celle de l'Abbesse & de Salue, pour reduire leurs desseins en fumee: mais enfin, & son conseil, & celuy de Priscille, & les intentions de l'Abbesse & de Salue iront à la renuerse; car il n'est point de cóseil cótre le Seigneur, Priscille va pour retirer sa fille du Monastere. L'aduis d'Isidore estoit de dire, qu'elle la remenoit en sa maison, pour la loger dans le siecle à quelque bon party: mais comme les femmes ne peuuent retenir vn secret, beaucoup moins peuuent-elles taire ce qu'on leur deffend de dire : elle ne peut celer que l'on a estouffé en sa fille le desir d'estre Religieuse, mais qu'elle sçaura bien le faire renaistre

en la mettant en vn autre Monastere. Là dessus, de parole à autre, elles commencerent d'entrer l'Abbesse & elle en contestation, & enfin Priscille preschant sur les toicts
que l'autre auoit tramé à cachettes,
elle reuela tout le mystere de Salue,
& le ietta au visage de l'Abbesse, y
adioustant des paroles aigres & pic-
quantes, dont ma plume ne veut
pas noircir ce papier, Voila toute la
cabale descouuerte, la pauure Marcionille en la plus grande confusion
que l'on puisse imaginer, se voyant
comme le but ou le signe de la contradiction des langues de sa mere
& de l'Abbesse. Ce fer rouge de colere se bat sur son dos, son desplaisir
se peut mieux imaginer que dé-
peindre.

Salue qui estoit au dehors aduerty de ce tintamarre, est en des agonies extremes voyant sa trame des-

couuerte, & sa fusee tellement meslee, qu'il desesperoit de la pouuoir desbroüiller: Il va penser que si la fille sort vne fois des mains de sa sœur, il ne la pourra plus aborder ny conquerir son esprit, beaucoup moins les bonnes graces des parens qui le regarderont pluſtost comme vn seducteur, que come vn amant: au reste il n'a rien que sa cappe & son espee, & Priscille & Isidore ne sont pas gens pour donner, l'vne sa fille, l'autre sa pupille, à vn Cadet, qui n'a pour partage que l'esperance. Il voit sa sœur, & luy persuade de retenir Marcionille de gré ou de force, l'Abbesse crût son aduis, & Priscille eut beau crier, il fallut qu'elle s'en retournaſt pour cette fois sans sa fille. Auſſitost elle faict ses plaintes à la Iustice, elle presente requeste pour remonstrer la violence qui luy est faicte. L'Abbesse

Les intentions frustrees. 151

respond, qu'au contraire elle veut empescher que l'on ne violente la volonté de cette fille, qu'elle n'a nul desir d'estre Religieuse, si ce n'est pour complaire à sa mere, ou pour la crainte d'en estre mal traittee. Que si elle veut estre Religieuse, elle la receura selon la conuention qui en a esté faicte : bref, pour ne faire icy l'extraict d'vn procez, au lieu de tracer vne Histoire, on ne peut iamais arracher cette fille de ce Conuent que par l'authorité de la Iustice, qui ordonna qu'elle seroit remise, non entre les mains de sa mere, ny dans vne autre Religion, mais en sequestre chez Isidore son parent & tuteur subrogé, afin qu'en toute liberté elle peust declarer quel estoit son choix, touchant le genre de vie qu'elle vouloit mener. Comme elle est parmy les enfans d'Isidore, esleuee auec beau-

K iiij

coup de douceur & de suauité, il y hantoit vn ieune homme, fils d'vn des grands amis d'Isidore, qui en consideration & de son pere & de son propre merite, y estoit le tres-bien venu. Par ie ne sçay quelle rencontre d'humeurs que les Philosophes appellent sympathie, il se forma vne telle correspondance entre luy & Marcionille, qu'en peu de temps leur amour fut à tel poinct, qu'il ne se pouuoit rien adiouster à sa perfection, que la consommation du mariage.

Comme ils cheminoient simplement en leur procedé, on s'apperceut aussitost de cette affection, Priscille tascha d'en diuertir Marcionille ; mais elle auoit pris de telles racines en son esprit, que tout ce qu'il y auoit eu de pensees pour le Cloistre en estoit esuanoüy. Isidore aduerty de cela, & bien aise d'obliger son amy par cette alliance, remonstre à Priscille que c'est aller contre la raison & la nature de presser ainsi des enfans de se ietter dans les Monasteres pour rendre les autres plus riches, qu'il vaut mieux qu'elle entende à ce mariage, que de violenter l'esprit de sa fille. Cette mere, dont le sang ne pouuoit mentir, se rangea à ce party, & dans peu de iours, quelques oppositions, menees & boutades que fist Salue, Marcionille vint en la possessió d'Eugenian, entre les bras de qui elle passe maintenant vne vie heureuse & contente. Les desirs qu'elle auoit eus d'estre voilee, auoient esté plustost de foibles eslans, que des volontez absoluës, & des inclinations que la persuasion d'autruy & la foiblesse de son aage auoient faict naistre, que des desseins formez auec vn iugement meur & rassis. Ainsi l'Abbeſſe ſe vid fruſtree d'vn bon morceau, Salue d'vn meilleur. Le premier deſſein de la mere fut entierement aneanty, qui eſtoit de rendre cette fille Religieuſe, le premier conſeil d'Iſidore fut changé, & luy qui celuy donné aduis de la voiler, donna celuy de la marier. Eugenian ſe rendit ſi agreable au frere aiſné de Marcionille, qu'il l'ayma mieux pour beau-frere, que de iouyr de l'heritage de ſa ſœur. Le cadet voyant ſa ſœur hors du Cloiſtre n'y voulut pas entrer, ny meſme charger la Croix de Malte, diſant que ſon aiſné a dequoy ſe veſtir, ſans qu'il ſe deſpoüille pour luy donner ſes habits. Il n'y a que celuy qui a eſpouſé l'aiſnee, dont le murmure faſche vn peu, il apprendra à ne s'attendre plus à l'eſcuelle d'autruy quand il voudra diſner ; ainſi voila bien les intentions fruſtrees.

Il n'y a que Marcionille dont Dieu a tiré les pieds des filets qu'on luy tendoit, la deliurant des pieges des chasseurs, & de la parole aspre. Ie puis dire qu'elle est aussi honorablement pourueuë que son aisnee, & que c'est à elle de dire auecque le Psalmiste; O Seigneur, vous auez tenu ma main droicte, vous m'auez conduitte en vostre volonté; c'est à vous à parfaire vostre œuure en moy, en me receuant vn iour en vostre gloire.

LE DVELLISTE MALHEVREVX.

RELATION IIII.

A rage des duels dont les fendans de noſtre Nation ſe font des Couronnes, rend la France diffamée parmy les Eſtrangers. Et, à n'en point mentir, l'aueuglement y eſt ſi manifeſte, que c'eſt faire le fol auec la raiſon, que de ſouſtenir qu'il y en

ait en cette sorte de combats singuliers, qui ne procede que d'vne fureur desesperee.

Cependant nos Braues, qui tirent leur gloire de leur confusion, se font tous blancs de leurs espees, & cherchans vn faux honneur dans vne fausse valeur. Vne guerre publique leur manquant pour exercer leurs courages, ils s'en forgent des priuees en des querelles impertinentes, où ils tesmoignent que leur vaillance ne peut estre veritable, puisque toute vertu est fausse qui n'est accompagnee de iugement. Mais parce que ie n'entreprens pas de guerir par raison cette folie, qui en est incapable. Voyons si l'exemple, dont le lustre est si puissant, aura quelque effect; & dans les tristes succez d'vn Duelliste malheureux, faisons cognoistre que ceux-là fondent leur reputation sur la glace d'vne nuict, qui l'establissent sur le sort incertain des armes, dont l'euenement est si diuers & si peu asseuré. Sur la fin du regne du Grand Henry, Monarque d'vne valeur incomparable; mais dont la clemence estoit tousiours au dessus de la rigueur, & dont la misericorde surnageoit la Iustice: les duels arriuerent à vn tel desbordement, que la seuerité des Edicts se trouua trop foible pour estancher tant de sang, dont la France estoit soüillee. On remarquoit plus de Noblesse tuee dans ce funeste exercice des Gladiateurs de Sathan, durant la felicité de la paix, que dedans l'infortune des guerres ciuiles. Vn Gentil-homme n'estoit pas estimé à la Cour, qui comme vn Boucher n'en eust estendu plusieurs sur le carreau Pour s'esleuer sur le Theatre de la Renommee, il falloit qu'vn Courtisan se fist des degrez des corps de ses compagnons ; bref, c'estoit vne manie deplorable de voir que les querelles se fissent à plaisir, pour sçauoir battre le fer, & que l'on auoit du courage.

Arriua en ce temps-là à la Cour vn Cadet de grande maison, que nous appellerons Leonce, il estoit de cette Prouince qui esleue plus de Soldats qu'aucune autre de la France, & qui pour estre voysine de l'Espagne participe à son air, à sa vanité, & à ses rodomontades, tesmoin celuy qui disoit, que leur vnique vice estoit d'estre trop vaillans. Et cet autre qui disoit, que deux grands biens reuiendroient à la France du mouuement que firent les Princes au commencement du regne de nostre Iuste Loüys : le premier, que l'on pourroit porter du clinquant : l'autre, que les Duels ne seroient plus deffendus, deux choses de grãd profit à la Republique, au iugement de ce braue Gascon.

Nostre Leonce arriué à la Cour, ne cherchoit que les occasions de monstrer qu'il auoit bien les armes à la main, & que son espee ne tenoit point au fourreau. La premiere qu'il eut fut en qualité de second, où assistant vn de ses amis qui auoit vne querelle (car c'est vne maxime enragee qu'il ne faut pas seulement estre prest de se battre contre ceux qui nous font tort, mais encore contre nos propres amis, pour les querelles des autres.) Il eut affaire à vn Gentil-homme tout extenué d'vne fievre quarte, & dont l'accez approchoit à l'heure de leur combat, il en eut doncques bon marché, & en deux passees il le coucha sur le pré, & il perdit la fievre & la vie. Enflé de ce succez, il
prit

prit querelle en chef auec vn Seigneur de marque, & comme il se battoit auecque luy estant blessé en deux endroicts, sans que l'autre eust aucune atteinte, il se voyoit en vn notable desaduantage, lors que la fortune se rangeant de son costé fit rompre l'espee de son aduersaire au pointer de la sienne, qui se voyant hors de deffence luy cria, Leonce, ie ne croy pas que tu me vueilles oster la vie en l'estat où ie suis ; mais Leonce qui se sentoit blessé, & voyoit couler son sang, luy repliqua : Ie suis frappé il faut que ie me vange, & disant cela entre sur luy, le perce d'vne estocade tout au trauers du corps, & luy oste l'ame par ces deux playes. Les iugemens furent diuers sur ce duel, qui le blasmoit, qui le loüoit, qui l'excusoit, chacun en parla selon sa fantaisie. Comme il estoit de sang fort illustre

L

ses parens obtindrent sa grace du Roy, & le voila auancé de deux marches sur le Theatre de la Gloire des Duellistes. Mais la fortune, qui n'est constante qu'en ses changemens, ne luy monstrera pas tousjours si bon visage, au contraire elle faict souuent comme ces anciens qui couronnoient de festons les victimes qu'ils destinoient aux sacrifices, elle ne luy auoit presenté l'amorce de ces heureux succez, que pour le faire mordre à ses hameçons, & l'attraper dans ses filets. La teste plus bouffie de vanité qu'vn balon ne l'est de vent, il ne cherche que de la matiere pour exercer son espee, & non content des querelles qu'il veut forger, il s'offre pour second à tous ses amis, leur disant qu'il a vn bras fatal pour abbattre des hommes. Le mot du temps appelle Fanfarons ces Brauaches orgueilleux, qui font fur le Theatre du monde, le perfonnage du Capitaine de la Comedie. Et ordinairement Dieu, qui refifte aux fuperbes, & qui les humilie, permet que de fafcheux euenemens defenflent leur tumeur. Ceux qui fement du vent, dict la faincte parole, moiffonnent des tourbillons, & les efprits de tempeftes periffent ordinairement dans les orages. Leonce dans des querelles impertinentes, veut recueillir de la gloire, & il en tirera du deshonneur, & au lieu d'y acquerir le tiltre de vaillant, il y aura celuy de Fanfaron.

Eftant donc vn iour au Louure, vn Gentil-homme de moyen aage, qui eftoit officier en la maifon du Roy, & qui auoit fignalé fa valeur en beaucoup de bonnes occafions durant la guerre, regarda affez fixement ce nouueau venu. Leonce,

L ij

qui ne pouuoit supporter ces regards arrestez sur sa contenance assez en desordre, & peut-estre qui estoit en humeur de chercher noise, luy dict, Monsieur, que regardez vous autour de moy? Thersandre (c'est le nom du Gentil homme de chez le Roy) luy dict d'vn front hardy, ie ne regarde pas autour de vous, c'est vous que ie regarde : & pourquoy me regardez-vous, reprit Leonce? parce que i'ay des yeux en la teste, repliqua Thersandre, & que ie ne puis les ouurir sans apperceuoir ce qui est deuant eux, ie ne les ferme que quand ie dors, & ne les baisse pour personne. Mais il semble, reprit Leonce, que vous me regardiez à dessein. Mon dessein, repart Thersandre, quand ie regarde, c'est de regarder ; ie regarde bien le Roy, ie regarde les Princes & les belles Dames, ie regarde ce qui me plaist, & maintenant ie contemple vostre bonne mine. J'ay encore meilleure mine, respondit Leonce, quand i'ay l'espee à la main; ie le croy, repliqua Thersandre, sans le voir, & quand ie le verray ie ne le croiray plus. Comment, reprit Leonce, vous ne croirez point que i'aye bonne mine quand i'auray l'espee à la main? Ie ne le croiray pas parce que ie le verray, repliqua Thersandre, nous ne croyons que ce que nous ne voyons pas.

L'esprit de Leonce, qui estoit plus Gen-d'arme que Philosophe, ne conceut pas cette subtilité, il luy en fallut donner vne explication, & ordinairement ces esclaircissemens se font à la lueur de l'espee. Leonce qui estoit en humeur de se battre, n'en voulut point d'autre, & Thersandre, qui estoit homme de grand cœur, ne refusa pas le marché. Leonce luy marqua l'homme & le lieu par vn billet, l'aduisant de mener vn second, Thersandre pour n'esmouuoir l'affaire y alla seul, & comme le second de Leonce se plaignoit de ne sçauoir que faire; Monsieur, luy dict Thersandre, sur tout ie deteste les duels; mais sur tout le maudit vsage des seconds : car à quel propos rendre partisans de nos querelles ceux qui n'y ont pas esté presens ? c'est de gayeté de cœur que Leonce m'appelle, ie ne viens icy que pour satisfaire à l'opinion du monde, & à la rigoureuse loy de l'honneur. I'ay tant d'amis que ie n'ay peu lequel choisir, & puis qu'il n'y a que mes yeux seuls qui ont offencé Leonce, il ne faut que mes seules mains pour le contenter, vous serez tesmoin de nostre combat & de ma franchise de venir icy seul,

& sur vn simple billet, luy faire raison auecque l'espee, puis qu'il n'a pas voulu la receuoir par la parole. S'il vous fasche de ne rien faire, ie vous promets, s'il me laisse en vie, de vous donner tel exercice qu'il vous plaira. Sur ces mots le pourpoinct osté il se met en presence de Leonce, & l'ayant percé en deux ou trois lieux, le second croyant que c'estoit assez, Leonce ne se voulant pas rendre, Thersandre d'vn grand coup qu'il luy donna dans la cuisse, le porta par terre, & l'espee dans la gorge luy fit demander la vie & rendre les armes. Le second loüa le courage du braue Thersandre, & au lieu de s'attaquer à luy alla secourir son amy, qui sans cett'ayde eust rendu l'ame auec le sang : alors Thersandre dict à Leonce que s'il auoit bonne mine l'espee au costé, il l'auoit fort mauuaise en la posture où il le laissoit, & sans espee, luy conseillant de s'aller faire penser. Ces traicts de mocquerie ne furent gueres moins sensibles à Leonce que ses blesseures; mais il fallut courir au plus pressé: Thersandre le laissa, emportant ses armes pour trophee, & luy laissant la honte d'auoir esté vaincu. Depuis, il fut la fable de la Cour, & l'appelloit-on ordinairemét l'homme qui pensoit auoir si bonne mine l'espee à la main, & qui l'auoit si mauuaise en estant dessaisi. Vn ieune Prince se trouuant en vne compagnie où se rencontra Leonce, voulut prendre part à cette raillerie: ce presomptueux eut bien l'audace de luy tesmoigner qu'il eust bien desiré se ioindre à luy. Ce gentil Prince, d'vn sang qui ayme les couteaux, & qui ne refuse pas de contéter les braues hommes, prit ce marché que ce temeraire luy mit à

Le Duelliste malheureux. 169

la main; mais il fut empesché d'en venir à l'effect par ceux qui l'accompagnoient, dont il retint la fougue qui eust mis Leonce en pieces. Ce Prince auoit vn Cadet qui est la mesme valeur, cettuy cy dépité de l'outrecuidance de Leonce, luy marque dans vn billet le lieu où il l'attend, auec vn second & vne bonne espee. Leonce y va auec vn de ses amis, & apres auoir baisé les armes, & receu du Prince la permission de se mesurer auecque luy, ils font des passees l'vn sur l'autre, & le Prince auoit de l'aduantage : car n'ayant qu'vne legere atteinte le long du bras du poignard, il auoit tasté plus auant en deux endroicts le corps de Leonce.

Quand l'Escuyer du Prince ayant mis son homme hors de combat, s'en vint, selon la loy des Duels, pour enfiler Leonce, le Prince luy commanda de s'arrester. Ha ! mon maistre, luy cria l'Escuyer, permettez-moy que ie chastie la vanité de ce brutal, qui a bien osé se ioindre à vous. Si tu l'offences ie te tueray toy-mesme, dict le Prince, mon dessein est de le vaincre, non de le perdre. Le Prince vouloit acheuer luy seul la victoire qu'il auoit fort aduancee: mais l'Escuyer menaçant de percer Leonce de bande en bande s'il ne rendoit les armes, les luy fit ietter aux pieds du Prince, dont il se confessa vaincu. L'Escuyer l'appella cent fois Fan-faron, ce que le Prince trouua mauuais, qui n'aymoit pas à porter les vaincus au desespoir par l'insolence. Où s'ira cacher nostre brauache apres deux affronts si sanglans ? il paroist neantmoins tousiours, & comme s'il eust iuré sa honte & sa ruyne, il cherche de nouueaux suiets de rendre

Le Duelliste malheureux.

encor' só espee. Vn iour qu'il s'exerçoit aux fleurets en vne sale d'armes, vn soldat des gardes s'y rencontra, que l'on tenoit pour vn rude & adroict escrimeur. Leonce le voulut auoir en presence, & luy commandant de joüer au pis-faire, le soldat le traicta comme vn escolier, luy donnant des attaintes & des charges si brusques, qu'il n'y eut pas à rire pour tout le monde. Leonce indigné de cela : Compagnon, luy dict-il, ie croy que la lueur d'vne espee blanche te feroit bien perdre ton jeu. Monsieur, reprit le soldat, ce seroit pluftost l'esclat de voftre naissance & de voftre qualité qui m'esbloüiroit, que celuy de voftre espee. Non non, dict Leonce, si vn Prince s'est bien mesuré auecque moy, ie m'esgalleray bien auec vn simple soldat, vn de nos gens me seruira de second, pren vn de tes compagnons, & allons voir si tu as autant de courage que d'addresse. Monsieur, dict le soldat, ce que i'ay dict n'a esté que pour maintenir l'honneur que i'ay de porter vne espee pour le seruice du plus grand Roy de la terre, non pas pour vous mettre le marché à la main, ie suis vn pauure garçon de fortune, né de basse condition, qui n'ay vaillant que mes bras & mon espee, ie ne suis pas si temeraire que de me presenter deuant vn Seigneur de vostre qualité sans son exprez commandement, ie croy que ces protestations vous doiuent contenter, sinon, ie tiendray à beaucoup d'honneur de perdre la vie de vostre main, en deffendant la mienne. Ie ne veux pas tant de belles paroles, repliqua Leonce, mais des effects, fay ce que ie te dis, autrement ie te diffameray par tout comme vn poltron, & te feray oster les armes par ton Capitaine, comme indigne de les porter. Le soldat picqué iusques au vif reçoit cett' offre, va prendre vn de ses compagnons, se trouue au lieu du combat, où apres auoir percé Leonce comme vn crible, luy demandant tousiours s'il en auoit assez, à la fin Leonce sentant ses forces abbatuës par la perte de son sang se laissa tomber, aussitost le soldat alla vers son compagnon, qui auoit mis en mesme estat le valet de Leonce. Le soldat reuient à Leonce, luy demande pardon de sa mort, maudit le sort des armes, & le prie de l'excuser si pour sauuer sa vie il ne l'assiste d'auantage, il enuoye neantmoins au secours, huict iours apres Leonce mourut de ses playes, quelque assistance qu'il eust des Medecins & des Chirurgiens, & les soldats gaignerent la Flandre pour se sauuer des mains de la Iustice. Ainsi finit nostre mal-heureux Duelliste, qui trouua sa confusion en ce funeste exercice, que faussement & abusiuement ils appellent le lict d'honneur.

LE
FOL ESSAY.

RELATION V.

VISQVE nous en sommes sur les duels, sujet ordinaire des entretiens de la France, ie ne laisseray point tomber le pinceau de ma main, que ie ne vous fasse voir le tableau d'vn autre, arriué d'vne façon bien extrauagante. Andronic Seigneur de marque, s'estoit rendu si signalé à la Cour par cette sorte

d'exercice, qu'il estoit tenu pour vn miracle de valeur par ceux qui l'adoroient, & pour vn maistre affamé de sang humain par ceux qui estoient jaloux de sa gloire. Il s'estoit trouué en quinze combats, dont il estoit sorty tousiours auec aduantage; c'est beaucoup de fois tenter la fortune. A la fin ayant reduict sa gloire à ce poinct, que ses regards estoient redoutez comme ceux du Basilic, ou comme l'aspect des Cometes, il estoit craint de tant de gens, qu'il estoit aymé de peu. Plusieurs neantmoins qui le meprisoient en leur ame, le loüoient en leur bouche; & tel l'embrassoit, qui eust voulu le baiser mort. De ces feincts amis il en auoit quantité, les vrays estoient rares: Aussi, disoit-il, qu'il mettoit en trois rangs ceux qui l'aymoient, ou faisoient semblant de l'aymer: ceux qui l'aymoient veritablement
& ne

& ne le craignoient pas, & ceux-là estoient en petit nombre. Ceux qui le craignoient & faisoient semblant de l'aymer, qui estoient en grand nombre; & ceux qui l'aymoient & le craignoient tout ensemble. Plusieurs s'offroient à luy pour seconds pour n'auoir rien à démêler en chef auecque luy, d'autres recherchoient son amitié depeur qu'il ne les querelast, & comme il s'estimoit beaucoup plus que tous, il faisoit peu d'estat des autres. Neantmoins pour discerner ses vrays amis il auoit diuerses pierres de touche, & il leur manioit diuersement le pouls. Tantost il surprenoit les vns en les visitant sans les aduertir, & aux changemens de leurs visages il lisoit l'alteration de leurs ames. Il leur communiquoit des fausses querelles, pour voir s'ils s'offriroient pour l'y assister. Tantost il leur disoit des

M

propos desaduantageux qu'on luy auoit rapporté qu'ils auoient tenus de luy, & auſſitoſt ils entroient aux deſadueux & aux proteſtations de tirer raiſon de ces calomnies. Mais enfin les plus ſubtils ſont quelquefois ſurpris en leurs ruſes, & il ſe trouua mal de ſa ſubtilité. Vn Gentil-homme Prouençal, que nous appellerons Ferreol arriua à la Cour, auecque la reputation de s'eſtre battu en duel pluſieurs fois. Auſſitoſt la jalouſie s'empare de la ceruelle d'Andronic, qui croit eſtre le Phenix des Duelliſtes, & que la gloire d'vn autre eſt autant de diminution de la ſienne. Il conſidere Ferreol depuis la teſte iuſques aux pieds, & le trouue ſoldat & de bonne mine. Il faut qu'il le taſte, & qu'il l'eſſaye, il s'accoſte de luy, il le trouue homme traictable, de bons diſcours, & d'vn eſprit raiſonnable. Ils entrent en familiarité, de la familiarité dans l'amitié; mais amitié de Riuaux, qui ont la gloire pour commune maistresse. Andronic promet à Ferreol de l'assister contre tous, pour l'inuiter à luy faire les mesmes offres, & auoir suiet de le prendre au mot, Ferreol n'y manqua pas. De là à quelques iours de grand matin, Ferreol estant encore au lict, Andronic entre chez luy, le saluë, & apres vn compliment assez court il luy dict, qu'il a vne querelle auec vn grád de la Cour, qui a vn tel tenu pour vne rude espee pour second, qu'il le prie de l'assister à démesler cette fusee. Ferreol d'vn courage fort franc, & sans s'esmouuoir, ne luy demande que le temps de s'habiller pour le suyure. Ils montent à cheual, prennent leurs espees de combat, vont au lieu qu'Andronic auoit marqué. Apres auoir longuement attendu, sans que Ferreol monstrast autre alteration, que celle de l'impatience de se voir aux mains auecque son homme. Andronic ayant à son aduis, assez essayé son courage, luy dict. Monsieur, nous pouuons bien nous retirer, ceux que nous attendons ne viendront pas, ma querelle est imaginaire, ie ne l'auois forgee que pour voir si en effect vous auiez autant de courage que de reputation, & pour essayer si les promesses que vous m'auiez faictes de m'assister estoient veritables, maintenant que ie cognoy l'vn & l'autre par experience, ie vous auray en l'estime que ie doy, & feray beaucoup d'estat de vostre amitié. Ferreol entendit ce discours d'vne assez mauuaise oreille, & repliqua qu'il pensoit estre de ces pistoles qui auoiét passé tant de fois par le trebuchet, qu'elles n'auoient plus besoin d'estre pesees qu'il trouuoit fort mauuais qu'il eût abusé de la sorte de son amitié.

Andronic voyant bien qu'il auoit fait vn pas de clerc, voulut adoucir ce fier courage par de douces paroles ; mais il ne fut iamais en sa puissance, & Ferreol luy disant qu'il n'estoit pas venu sur ce champ pour enfiler des perles, si vous empescheray-ie tant que ie pourray d'y enfiler autre chose, luy repartit Andronic, & là dessus ils mirent la main aux armes, & commencerent vn des furieux combats qui se soient faits depuis beaucoup d'annees. Enfin, la rodomontade d'Andronic fut renuersee sur sa teste, & voulant essayer le courage de Ferreol, il gousta à ses despens la pointe de son espee, qui l'enfila en tant de lieux, que son ame fut empeschee au choix de l'ouuerture par où elle sortiroit. Ainsi finit Andronic qui en auoit faict finir tant d'autres, môstrant par sa fin la verité de cette parole sacree, que qui ayme le peril y perira. Voila côme pour des mousches que le Diable en faict des Elephans, les corps & les ames se perdent par ces combats, qui peuplent l'Enfer, & tirent le plus pur sang des veines de la Noblesse. Que benie soit à iamais la saincte rigueur de nostre Iuste Louys, qui appliquant le fer & le feu à cette mortelle gangrene de son Estat, a monstré qu'elle n'estoit pas tout à faict incurable. Nous esperons que Dieu estendant sa main sur ce Fils de sa dextre, & que confirmant de son esprit principal ce Fils inuincible du Grand Henry, cette peste sera chassee de cette Monarchie, dont les Lys qui ne respirent que paix, douceur & concorde, ne veulent point estre arrousez de sang.

L'HEVREVSE ATTENTE.

RELATION VI.

A basse Bretagne est vn coin de terre, qui se jette bien auant dans la mer Oceane, & qui fait vne presqu'Isle. Les habitans y parlent vn langage tout particulier, si estrange, & si ie l'ose ainsi dire, si barbare, qu'il n'est entenuu que de ceux qui y sont nez, n'ayant rien de commun auec celuy de France. Les mœurs suyuent la langue, & y sont

M iiij

si rudes & si sauuages, que si les bas Bretons ne sont despaysez, ils ressemblent vn peuple de l'autre monde. Rogat, Gentil-homme de cette contrée, assez fauorisé des biens de fortune, & fasché que Maximien son fils passast sa ieunesse en son foyer, l'enuoya polir à Paris, source de toute politesse, mere de toute gentilesse : car outre que ce petit monde est le centre de l'Estat où aboutissent toutes les lignes de la circonference : le parler y est plus pur, la Cour y est en son lustre, & les Academies où la ieune Noblesse est dressee aux exercices conuenables à sa qualité ; si elles ne les surpassent, elles ne doiuent rien à celles d'Italie. Maximien y estant enuoyé auec vn esprit bien gentil, & vn corps bien formé & adroict, s'y despoüille en peu de temps de sa vieille peau, & prit vn air François & vne mine si agreable, qu'on ne l'euſt iamais pris pour eſtre né ſous vn climat ſi rude que celuy de la baſſe Armorique.

Tandis qu'il ſe void accomply aux exercices qui preparent les ieunes Gentils-hómes au meſtier de Mars. Venus qui s'accorde aſſez bien auec le Dieu de la guerre, voulut auoir part en ſon eſprit: mais ce ne fut point cette Venus adultere ſurpriſe par Vulcan, & faicte la fable des Dieux, ce fut vne Venus toute honneſte & pudique, ne reſpirant qu'honneur, & n'ayant qu'Hymen pour ſa fin. Les yeux d'Hermile furent les Phares qui le firent arriuer au port en cette mer orageuſe d'amour, où tant d'eſprits font des naufrages. Ses vertus arreſterent ſa conſideration, non moins que ſes ſens furent charmez par ſa beauté, elle eſtoit d'vne naiſſance & de ſacultez mediocres, fille d'vn Marchand qui n'auoit point de plus grande richesse que sa preud'homie. Il estoit content neantmoins en sa petitesse, & sans esleuer ses ambitions plus haut que son traffic, il n'auoit rien tant en recommandation que la crainte de Dieu, & l'honneur du monde, il ne preschoit autre chose à ses enfans que de se garder d'offencer, les asseurant qu'ils ne manqueroiët iamais de bien tant qu'ils seroient fermes en cette maxime : car de voir le iuste abandonné & la semence mendiante, c'est ce qui ne s'est iamais veu. Mon enfant, disoit le vieux Tobie au ieune, marchant droict deuant la face du Treshaut, nous aurons beaucoup de biens si nous le craignons. Cette verité & cette benediction de Dieu sur la teste du iuste, paroistront en la suitte de ce tissu. En voicy le principe en l'amour que Maximien a pour Hermile. On dict que la difference des apparitions des bons & des mauuais Anges se cognoist en ce que, les bons donnent de la terreur en se monstrant, & laissant de la consolation en disparoissant ; les autres font le contraire, & se transformans de tenebres en lumiere ont vn abord sucré, mais leur fin est amere comme l'absynthe ; ceux-là ne proposent que choses vertueuses & qui tendent au salut, les autres n'inuitent qu'à des passions illicites, qui traisnent à la ruyne eternelle. Il y a cette distinction entre le miel d'Hyblee & celuy d'Heraclee ; que le premier, qui est salutaire & bon, estant cueilly sur le thin, herbe amere, est vn peu plus reuesche au goust, mais il est vtile à l'estomac, au lieu que le second cueilly sur l'aconit, herbe venimeuse, mais douce, a vn surcroist de douceur, mais de douceur mortelle, qui excite des tournoyemens de teste, des conuulsions estranges, & enfin la mort, s'il n'est promptement vomy. Il en est de mesme de la bonne ou mauuaise amour : celle-cy franche & ronde, mais pure, a ie ne sçay quoy de rude & de simple, mais elle ne trouble point l'ame, & elle ne renuerse point l'œconomie de sa santé, qui consiste au droict vsage de la raison, & de toutes ses facultez, au lieu que la mauuaise est sucrine, doucette, pleine d'affeteries & de mignardises, mais dangereuse, mortelle à la reputation, pernicieuse au salut, & tout à fait contraire à la raison qu'elle met en desordre, pour establir en sa place la tyrannie d'vne passion desreglee.

Or comme c'est la fin qui donne l'estre à la chose, les moyens estans iustifiez par l'intention, i'appelle generalement mauuaise & iniuste amour, celle qui n'a point le mariage pour but, & qui par des muguetteries, des cajolleries, des musiques, des lettres, des presens, & autres artifices diaboliques, tend à l'entiere ruyne de l'honnesteté. I'appelle bonne amour la legitime & honorable, qui a les yeux de colombe, & de colombe lauee dans le laict de la pureté, qui a le nais parmy les cedres du Lyban, marque de son incorruption, qui a les dents d'yuoire, symbole de son integrité: qui a les levres bandees d'vn ruban vermeil, signe de la pudeur des paroles: qui a les jouës faucillees à l'ouuerture d'vne pomme de grenade, tesmoignage de sa modeste honte, qui a ses pieds assis sur des bases d'or pour fondement de sa netteté: bref, qui a des pensees de paroles de contenance, d'actions & d'intentions, qui est toute pure, toute candide, toute nette, toute honneste. S'il y en eut jamais de cette sorte, nous pouuons asseurer que celle de Maximien pour Hermile auoit toutes ces qualitez. Au commencement de leur frequentation le pere d'Hermile fut troublé, & Hermile mesme eut sa bonne part de ce trouble, parce que recognoissant l'extreme disproportion qui estoit entre les conditions de l'vn & de l'autre des partis, ils ne pouuoient deuiner de quelle façon le Ciel en pourroit faire la soudure. Mais nulle parole n'est impossible à celuy qui a faict le Ciel & la terre, & qui a mis vne telle liaison entre les elemens, dont les qualitez sont non seulement differentes, mais contraires. Sur l'asseurance donc en la Prouidence, qui a faict

L'heureuse attente.

de plus grands miracles, apres mille protestations de pureté, d'intention & d'honneste pretension, Hermile eut permission de son pere de prester l'oreille à Maximien, & de ne rejetter point d'vne façon farouche les vœux de son amitié & de son seruice. Sous la veuë de cett' estoille de la permission paternelle, elle s'embarqua en cette affection auec tant de retenuë, qu'elle fit mentir le Prouerbe qui dict; Que la sagesse & l'amour ne vont iamais de compagnie. Elle auoit tousiours les yeux de sa mere pour spectateurs de ses deportemens, encore que ses oreilles ne peussent pas tousiours entendre les propos dont Maximien l'entretenoit, qui bien que pleins de modestie eussent perdu leur poincte s'ils eussent eu moins de liberté. En somme, cet amour alla si auant, qu'il ne falloit plus que le mariage pour la mettre en son apogee. Mais parceque les Loix publiques deffendent aux enfans de le contracter sans le consentement de leurs parens, celuy de Rogat estoit absolumét necessaire, celuy du pere d'Hermille estant assez asseuré. Maximien, à qui l'amour & le desir donnoient de dures inquietudes & de merueilleuses impatiences, escriuit à son pere, qui estant engagé dans vne affection dont il ne se pouuoit desfaire qu'auec la vie, il le prioit de donner sa benediction à son adueu à cette alliance, s'il vouloit le rendre le plus heureux Gentil-homme qui fust en Bretagne. Rogat qui n'alloit pas si viste en vn' affaire où l'on ne pense iamais assez, s'estant enquis des qualitez de la fille, ie dy de celles que le monde regarde principalement aux mariages, qui sont le sang, qui est la richesse de la naissance,

sance, & les biens, qui sont le sang de la vie, & ayant appris l'extreme inegalité qui estoit entre son fils & ce party, ne voulut pas, prudent qu'il estoit, luy en oster entierement l'esperance, de peur de cabrer son esprit, & le porter en vne extremité fascheuse: mais il imita les Medecins qui destournent vn catarre, que par leurs remedes ils ne peuuent entieremēt desseicher, sans luy desnier tout à faict sa demande, il ruse, & dans le temps qu'il demande pour y penser, il tesmoigne desirer de le voir pour conferer auecque luy de viue voix sur cet affaire. Les amans se persuadent aysement ce qu'ils desirent: car que n'esperent ceux qui ayment? Ce langage pipeur sembla vne espece de consentement à Maximien, qui se promet de mesnager si dextrement l'esprit de Rogat, qu'il le fera condescendre à son souhait. Le pere luy mande qu'il est desormais en vn aage qui le dispése des grands voyages, mais qu'il n'y a pas si loing de Paris en Bretagne pour vn ieune Academique. L'amour du pays, le desir d'aller, la semonce paternelle, mirent au dos de Maximien les aisles que l'on dóne au Dieu qui fait aymer. Il promet vne inuiolable fidelité à Hermile, en la preséce de só pere & de sa mere, & ne prend congé d'elle que pour aller prendre congé de Rogat, d'estre à elle tout à faict. Il tient cela pour vne affaire faicte; mais comptant sans son hoste, il pourra bien compter deux fois. Hermile accompagna son depart de souspirs & de larmes doux & pudiques, témoignages de son affection, l'exhortant à la constance, & à faire en sorte que les vents & l'absence n'emportassent point ses promesses

& sa foy. De dire quels furent les sermens, quelles les protestations d'vne immuable fermeté que fit le Breton il seroit difficile : tant y a, que les effects monstrerent qu'il parloit du fonds du cœur, & que ses propos estoient des Oracles. Arriué qu'il fut en Bretagne il ne rencontra pas dans l'esprit de son pere la condescendance qu'il s'estoit imaginee, au contraire il trouua des reprimandes qu'il n'attendoit pas, & à quoy son ame n'estoit pas preparee. Il ressembla à celuy qui en guerre pensant se retirer entre ceux de son party, se voit engagé entre les mains de ses aduersaires. Il eut beau representer les vertus & beautez d'Hermile, Rogat ne les voyoit pas de si loing, & puis il y auoit des vertus & des beautez en Bretagne, à son conte, aussi bien qu'en France; mais ce qu'il vouloit principalement en vne

N ij

alliance, estoient des beautez d'argent, & des vertus d'or, ce qui manquoit à Hermile. Alors Maximien iugea que ce courage ne se flechiroit iamais, & que ses lettres si douces n'auoient esté que les appeaux pour le r'appeller au pays, le retirer d'auprès de l'obiect de sa passion, & luy en faire perdre le souuenir par l'absence : car enfin c'estoit là l'intétion de Rogat. Maximien au contraire, de renouueler les vœus de sa fidelité en son ame, & mesme par escrit : car ne se contentant pas d'escrire à Hermile par tous les ordinaires, il luy enuoya vne promesse de mariage, afin de s'attacher à elle par des liens qu'il ne peust rompre sans perdre la qualité d'homme de foy & de parole. Le pere le retiét auprès de luy, & tasche de le diuertir de cett' amour par toute sorte de moyens : mais si le fils ne peut gagner le pere, le pere peut encore moins destourner les volontez du fils : l'vn demeure arresté dans la negatiue, l'autre destiné dedans l'affirmatiue. Rogat iuge qu'il ne pourra chasser vn clou que par vn autre, & que pour arracher cett' affection du cœur de Maximien, il le faut marier. Les partis ne manquent pas en son voysinage (les filles sont des plantes qui ne viennent qu'en trop grand nombre;) mais si elles ont plus de dote, elles n'ont au gré de Maximien tant de graces au corps ny en l'ame qu'Hermile. Hermile seule a la premiere possedé ses affections, Hermile seule & la derniere les possedera iusques au tombeau. Ce sont les petits feux qui s'esteignent par le vent, les grands s'y augmentent : l'absence & la contradiction assoupissent les flammes communes & legeres; mais les fortes & excellentes prennent vigueur par le temps & les oppositions. Maximien refusa tous les partis que Rogat luy fit offrir, resolu de ne se marier point, ou d'auoir celle qu'il desiroit.

Quelques Medecins ont dit qu'il est vne certaine maladie qu'ils appellent Erotique, autrement melancolie d'amour, qui doit estre traictee à la façon des Hypocondriaques, en condescendant en quelque sorte aux fantaisies des cerueaux blessez; Rogat se seruit de cette industrie, pour guerir l'esprit malade de Maximien. Il trouua vn ieune homme qui auoit la main fort souple, & propre à contre-faire toute sorte de lettres. Il fit courir vn bruit qu'il alloit marier Maximien, que les accords estoient faicts, que le iour des nopces estoit proche. Il le fit sçauoir au pere d'Hermile, & à cette fille mesme par vne personne apostee auecque tant de vray-semblāce, que cela passa dans leur creance pour vne verité, & afin d'accomplir entierement cette tromperie, il fit si dextrement contrefaire la main de son fils, qu'il fit des lettres au pere & à la fille au nom de Maximien, par où il s'excusoit du manquement de sa parole sur la contrainte de son pere, qui le violentoit de prendre vn party contre son inclination, & apres auoir fait beaucoup de plaintes & de protestations contre cette violence, & tesmoigné le regret qu'il auoit de trancher le nœud d'vne amitié tant de fois iuree, il laissoit Hermile en la liberté de se pouruoir, iurant que ne la pouuāt auoir pour femme, il l'aymeroit eternellement comme sa sœur. Les lettres tōberent si à propos entre les mains d'Hermile & de son pere, qui auoient les esprits preoccupez de la nouuelle du mariage de Maximien, qu'ils ne douterét plus de son changement, qu'ils attribuerent aux difficultez de l'opposition & à l'inconstance si naturelle aux hommes. Les partis qu'Hermile auoit refusez pour tenir sa parole à Maximien, aduertis de cette rupture se remettent sur leurs brisees. Entre les autres vn vieux Capitaine, qui s'estoit pris par les yeux au visage d'Hermile, se monstra le plus ardant, & celuy de tous qui luy promit les plus grands aduantages. Cette fille sage, qui ne voyoit que par les yeux de son pere, luy laissa choisir & conduire les articles de ce mariage à sa volonté, resoluë de faire joug à tous ses desirs, & de n'auoir plus aucune inclination particuliere, apres auoir perdu l'esperance de posseder Maximien. En peu de iours tout est conclu, les accords faicts, on estoit prest de venir aux fiançailles, quand Hermile receut vne lettre de Maximien par l'ordinaire de Bretagne, dont le style estoit si esloigné des precedentes, qu'elle ne sçauoit comme vn mesme caractere pouuoit estre capable de si differentes imaginations. La vraye amour ne va iamais sans soupçon, non plus que sans crainte. La derniere lettre toute conforme aux precedentes continuë ses affections, auec vne constance qui n'a rien plus en horreur que le changement, la datte est plus fraische que de l'autre, il faut qu'il y ait icy dessous de la fourbe & de la fausseté : le temps, pere de la verité, la pourra tirer du puits de Democrite.

On differe les fiançailles, iusques à ce que l'on ait d'autres nouuelles de Maximien, & sous d'autres pretextes, quoy que presse le Capitaine

Severin, on faict vne remise. Le pere & la fille escriuent au long à Maximien, luy despeschent homme exprez, qui luy fait voir les lettres contre-faites, il s'escrie, ô la fausseté! & sans faire d'auantage de bruit, feignant d'aller à la chasse il se desrobe de la maison de son pere, & sans faire autre responsse il prend la poste & s'en va à Paris. Il n'y est pas si tost arriué que sans autre conseil que celuy de sa colere, il fait appeller Severin, qui se trouue au lieu assigné. Hermile en estant aduertie, sans auoir esgard à son sexe ny à sa condition, s'y rend pour les separer. Comme ils sont en presence elle arriue: l'esclat de cette beauté si religieusement honoree de ces deux courages, les empesche de passer outre, tant ils redoutoient son indignation beaucoup plus que la mort, dont le visage affreux ne leur faisoit point de peur. Ils reuiennent à la maison où ils la ramenent chacun sous vn bras, vous ne diriez pas que c'est vne Venus qui dompte les lyons, & les attache au chariot de son triomphe au logis. La tromperie de Rogat se descouure, la broüillerie se declare, le Capitaine aduouë qu'il ne peut, sans vne manifeste iniustice, rien pretendre en Hermile attachee à Maximien, & Maximien à elle, par tant de promesses & de vœux. Cependant Rogat ayant appris la fuitte de son fils, ne doute point que ce fer ne soit volé à son ayman : il le veut rappeller, mais ce n'est pas vn oyseau de leurre. Il le laisse sans assistance, mais il se range aupres d'vn Prince Gouuerneur de la Bretagne, qui ne peut estre qu'vn Cesar, puis qu'il est né du sang du Grand Henry. Ce Prince le reçoit à sa suitte & l'appointe : Voila Maximien à la Cour, & auprès de l'obiect qui donne la vie à ses affections. Il demeura quelques annees en cette poursuitte, attendant tousjours, ou la permission, ou la mort de son pere. Cependant l'aage gagnoit Hermile ; mais sa vertu qui ne vieillissoit point, la rendoit tous les iours plus recommandable à Maximien. Au bout de quelque temps Rogat tomba malade, Maximien se rendit incontinent auprès de luy, pour luy rendre les deuoirs de fils. Le pere sentant approcher sa fin, le coniura tant qu'il peut, de quitter cett' affection, & de prendre vn party plus aduantageux : mais Maximien qui faisoit plus d'estat de sa parole que de tous les biens de la terre, ne voulut iamais renoncer à son amour. Rogat dépité de cela fit son testament, & fit son cadet heritier, au cas que Maximien espousast

Hermile. Là dessus il mourut, & Maximien comme aisné, entre en possession de l'heritage paternel. Le cadet fit des protestations conformes au testament, qui examiné par la Iustice fut declaré nul pour ce regard, comme faict en hayne d'vn mariage, dont l'ame est la liberté, veu mesme que Rogat estendoit sa puissance paternelle iusques à vn temps qu'il ne seroit plus. Alors Maximien, maistre de ses biés & de sa personne, alla à la Cour auec vn bel equipage, où aagé de trête trois ans, il espousa só Hermile qui en auoit vingt-deux. Tout le monde loüa sa constance & sa fidelité, & il fut tenu pour vn exemple rare d'amour & de foy. Pour dire de combien de transports furent récompensees tant de trauerses, & combien de felicitez suyuirent cette longue attente, il faudroit leuer le voile d'Hymenee, ce qui seroit contre la bien-seance. Ceux à qui ces pensees ne sont pas deffenduës s'y pourront arrester, tandis que ie remarqueray qu'Hermile n'a rien perdu pour attendre, puisque de fille de mediocre condition, elle se voit esleuee à la qualité de Dame, aymee & carressee d'vn mary qui l'adore, & en des biens au dessus de ses esperances. Mais certes il n'est pas des Maximiens à la douzaine, il se voit peu de ieunesse qui garde si constamment sa premiere flamme. Aussi d'autre part, il en faut attribuer la conseruation à l'honnesteté d'Hermile, qui a sceu comme vne Vestale garder si soigneusement le feu de la bonne amour par la pureté, qu'il ne faut pas s'estonner si le succez en a esté heureux, la fortune estant à la fin contrainte de s'abbattre aux pieds de la

Vertu, dont les partisans sont tousjours couronnez de gloire & d'honneur.

LA SOTTE VANTERIE.

RELATION VII.

E toutes les vanitez, la plus inepte c'est la vâterie, & celle qui tesmoigne le plus la foiblesse d'vn esprit, & la debilité d'vn cerueau. Elle est si ridicule aux iudicieux, qu'aussitost qu'vn homme se vante, il est pris pour vn impertinent: mais sur tout quand il se pare de plumes emprun-

tees, & de choses qu'il n'a pas faites. A la fin de toutes les vanteries, la plus sotte est celle qui s'attaque à l'honneur d'vn sexe imbecille, qui n'a point d'autres armes que ses larmes, pour opposer à la calomnie des mesdisans. Il me fasche que Berard, Seigneur de nostre Nation, se soit laissé aller à céte bassesse (que ie ne die lascheté d'esprit) qui causa enfin en mesme temps la perte de sa reputation & de sa vie. Il estoit beau naturellement, & si curieux de cultiuer auecque l'art ce que la Nature luy auoit donné de beauté, qu'il égaloit en cela le soin & la curiosité des femmes, il consommoit tant de temps les matins à faire sa teste, à ajuster ses cheueux, sa fraise & ses habits, qu'auant qu'il fust acheué de polir, le iour estoit à moitié passé. De dire que ce nouueau Paris demy-homme, fust addonné

addonné à courtiser les Dames, ie le croy superflu, puisque cette occupation le monstre assez. Qu'Hector, que les autres Capitaines Troyens & Grecs manient les armes tant qu'il leur plaira, c'est à toy Paris Alexandre de faire l'amour, c'est là ton vray mestier, disoit cet ancien Poëte de ce beau fils de Priam, flambeau funeste & fatal de la ville & du Royaume de son pére. Nostre Berard auoit vne si grāde disposition à cette passion, qu'il sembloit qu'il fust vn soucy dont la beauté fust le soleil: par tout où il en rencontroit quelque rayon, il brusloit apres auecque tant d'impuissance, que ce que les Poëtes ont fabuleusement raconté de Clitie, estoit en luy vne veritable Histoire. Cette inclination si generale le rendoit inconstant, & en cette chasse il ne se pouuoit garder du change. On eust aussitost fixé le Mercure, qu'arresté long temps ses vœux à vn mesme obiect. Son cœur estoit comme la glace d'vn miroir qui reçoit promptement l'image de la chose qui luy est presentee, & qui la perd aussi soudain.

La premiere qui arresta pour quelque espace ses pretensions, ce fut Stratonice, Damoiselle fort estimee pour sa beauté, en l'vne des principales villes de l'ancien Royaume d'Arles, où tout ce que ie vay raconter arriua. Elle estoit le commun desir de plusieurs poursuyuans; mais parce que ses moyens ne correspondoient pas à sa bóne grace, qui estoit à vn haut poinct : tel l'eust bien souhaittée pour Maistresse, qui l'eust éuitee pour femme : car il y a peu de gens qui veulent achepter vn fresle plaisir par vne longue & importune necessité. Berard esleuant autant sa teste sur ces Riuaux que faict vne Lune en sa plenitude parmy les moindres estoilles que l'obscurité de la nuict faict briller dans le Ciel, fut aussi regardé auec vne attention plus particuliere. Le soin qu'auoit Stratonice de le conquerir autant pour establir sa fortune en l'espousant, que pour aucune inclination qu'elle eust pour sa personne, mit tant de vanité dans la teste de nostre Damoiseau, qu'il s'imaginoit que non Stratonice seulement, mais toutes les autres filles le regardoient d'vn œil de desir. Apres auoir quelque temps caiollé Stratonice, & pris plaisir à escarter ses competiteurs, encore qu'elle ne luy permist en son accez que les communes faueurs que la bienseance & l'honesteté ne deffend point. Cet homme vain mettant sa teste dedans le Ciel, s'imaginoit que de plus grandes luy deuoient estre permises, & il appelloit rigueur & desdain ce que la saincte loy de la pudeur, dont cette sage fille faisoit son bouclier, luy deffendoit de pourchasser. Sur ces contestations il se dépite, & comme son affection volage ne tenoit qu'à vn filet, il rompit aysement, & se refroidissant il se retira de cette recherche: encore iusques là il n'y auoit rien de si blasmable. Il faut cognoistre auant que d'aymer, pour cela sont permises les conuersations honnestes, mais de briser auec violéce, ou plustost deschirer, ce que la moderation conseille de descoudre, est ce qui ne peut estre excusé sans vouloir approuuer l'iniustice. Cet homme non content de payer de mespris les doux accueils qu'il auoit receus de cette honneste fille, se met dans la mocquerie & la mesdisance, sçachant que l'honneur d'vne fille est delicat comme vne fleur qui est aussitost flestrie que touchee, elle ressemble à la glace d'vn miroir qui se ternit par la seule haleine. La langue du calomniateur est vn glaiue aigu & trenchant des deux parts, le venin d'aspic est sous ses levres. Le monde a cela de peruers, qu'il prend les mesdisances les plus grossieres, pour des veritez indubitables, & les veritables loüanges sont prises de luy pour des flatteries.

Nostre inconstant se glorifiant du mal qu'il n'auoit pas faict, se vantoit de certaines priuautez que la sagesse de Stratonice ne pensa iamais de luy permettre. Et bien que les plus sensez se mocquassent de sa vanité, les moindres esprits ne laissoient pas de demeurer en deffiance de l'honnesteté de cette Damoiselle. O belle fleur de la reputation, est-ce ainsi que vous estes exposee à la gresle des mauuaises langues ? O Seigneur, disoit le Psalmiste, deliurez mon ame des levres iniustes, & des langues trompeuses, rachetez-moy de la calomnie des hommes. Encore que cet aage escartast pour vn temps ceux qui auoient de l'inclination pour Stratonice: le temps neantmoins, pere de la Verité, dissipa ces broüillards, & ramena au iour la face de son innocence. Elle continua d'estre seruie comme auparauant, & comme les orages purifient la mer, ces broüilleries iustifierent sa renommee. Berard de qui la nature auoit donné les inclinations à l'amour, ne vogua pas long temps sans trouuer vn escueil nouueau, où il fit naufrage de sa liberté. Ce fut aux pieds de Gunnesinde qu'il se vint rendre, si son humeur volage & mesdisante le faisoient redouter, sa qualité & ses moyens auoient des lustres qui cachoient ces deffauts à celles qui esperoient pour luy vne bonne fortune. On esperoit qu'il se gueriroit de ces imperfections, & que si vne fois il pouuoit estre attaché au lien indissoluble du mariage, il seroit contrainct par la loy d'Hymen d'estre constant, & mesme d'estre plus reserué en paroles, depeur que l'on ne mesdise de sa femme, comme il auoit faict des autres. Et certes il faut aduoüer qu'Hymen est vn remede souuerain pour rendre vn volage arresté, & pour luy fermer la bouche, il est temps alors qu'il soit sage ou iamais. Sur cette persuasion, & par la permission de ses parens, Gunnesinde non moins vertueuse que belle, receut les offres de son seruice, & gaigna de si grands aduantages sur son esprit, qu'il sembloit que cette chaisne ne se peust jamais deffaire. Mais qui est-ce qui peut retenir le vent dans sa main, & donner vn arrest à vn esprit, en qui la legereté est moins accident que substance? Gunnesinde n'auoit ny plus de merites, ny plus de charmes que Stratonice, se faut-il estonner si elle eut moins de pouuoir de retenir cet homme sous sa loy? L'orgueil ainsi que la fumee, mõte tousiours, plus il se voyoit carressé, plus il entroit en bonne opinion de soy-mesme, & cette presomption le faisant sortir hors des bornes du deuoir, le portoit à des insolences qu'vne fille bien nourrie ne pouuoit souffrir sans indignation & sans colere. Aussitost le voila picqué de despit, & comme la picqueure de la saignee guerit l'ardeur de la fievre, l'ardeur de cet homme estoit allentie par celle du despit, & au lieu que la contrarieté aiguise le desir des autres, le sien estoit esteinct par l'opposition. Esprit imperieux & superbe, qui vouloit que tout flechist deuant luy, & qui sous le nom de seruiteur vouloit empieter non l'authorité seulement de Mary, mais celle de Tyran & de Maistre.

Gunnesinde, dont le noble sang estoit accompagné d'vn grand courage, & qui se voyoit honoree entre plusieurs de Seruule ieune Gentil-homme, de qui l'humeur luy plaisoit, auecque des soumissions qui approchoient de l'idolatrie, ne pouuoit supporter la fiere humeur de Berard, qui vouloit regner seul & absolument, comme s'il eust dû faire la loy à celle de qui il la deuoit prendre. Souuent il se plaignoit à elle des marteaux que luy mettoit dans la teste la presence de Seruule, il ne vouloit pas seulement qu'elle l'escartast, mais qu'elle le chassast d'aupres d'elle par vne espece d'affront, à quoy Gunesinde ne voulut iamais consentir, ne voulant pas recognoistre si indignement tant de respects & de seruices honorables qu'elle receuoit de ce ieune homme. Berard ne pouuant supporter cette ialousie, & ne cherchant qu'vn pretexte specieux pour passer de la recherche de Gunesinde à celle de Macrine, qu'il auoit desia choisie pour l'obiet de son humeur, se seruit de celuy-cy pour rompre ses liens, & faire diuorce à l'amour de Gunesinde. D'vne langue comme la sienne, accoustumee au fiel & à l'aigreur, il ne falloit attendre que des railleries ou des murmures. Il est vray que ce furent des traicts contre vn rocher : car Gunnesinde, par vne façon de proceder assez seuere, auoit estably vn tel fondement à sa reputation, que toutes les vanteries de Berard furent autant de crachats vomis contre le Ciel, qui retomberent à sa honte sur son visage. Toutefois Seruule, qui ressentoit ces traicts picquans dardez contr'elle, qu'il aymoit auecque tant d'ardeur, beaucoup plus viuement qu'elle mesme, en fit en beaucoup de lieux de brusques reparties, & donna en tant d'endroicts des repliques mordantes à Berard, que s'il eust eu autant de soin de son honneur que de ses cheueux, il eust tasché de le redresser auecque le fer.

Berard voyant qu'il auoit affaire à vn homme, ou qui ne l'entendoit pas, ou ne faisoit pas semblant de l'entendre, fut sur le poinct plusieurs fois de le desmentir sur son visage, ou de le faire appeller, mais il fut retenu par les estroittes deffences que luy en fit Gunnesinde, qui, sage, sçauoit que les calomnies mesprisees s'esuanoüissent, si on s'en fasche elles semblent estre recogneuës. Voicy nostre Berard au troisiesme brisant de sa liberté; mais s'il la perd aisement, il la reprend auecque non moins de facilité. Macrine renduë aduisee aux despens des autres, ne faict que luy reprocher ses anciennes legeretez, pour l'obliger à ne choper plus à cette pierre, & plus elle le renuoye à ses premieres recherches, plus il s'attache fortement à elle. Cette fille estoit sous la puissance d'vn frere, qui la veilloit comme vn dragon: il eust bien desiré la voir pourueuë à Berard, parce qu'en effect c'estoit vn party tres-aduantageux, mais de la voir exposee aux discours des langues, c'est ce qu'il craignoit comme la mort. Accurse, c'est le nom de ce frere, estoit vn homme vaillant de la main ; mais qui auoit la teste fort chaude, il estoit sorty aduantageusement de beaucoup de querelles qu'il auoit euës, c'estoit vne espee à redouter. Berard deuant luy, eust esté vn Paris deuãt Achille: peut-estre que le Ciel le reseruoit pour preuenir les vanteries & les mesdisances de Berard, qui au commencement redoutoit plus les yeux de la sœur que les mains du frere; mais à la fin la chance tournera, & l'espee d'Accurse luy sera plus dommageable que les regards de Macrine. Leuer la noirceur d'vn More, & oster les mouchetures à la peau d'vn Leopard, sont deux choses que l'Escriture marque pour impossibles : oster à vn mesdisant & à vn inconstant ses mauuaises habitudes, c'est à mon gré la mesme chose. Il sembloit à Berard qu'ayant à traitter auec vne fille, qui n'estoit plus en la subiection d'vn pere ny d'vne mere, il deuoit auoir plus de liberté & de puissance; mais son insolence se trouua rabbatuë, & par l'honnesteté de Macrine, qui n'estoit pas d'humeur à supporter des sottises, & par la seuerité d'Accurse, qui aymoit l'honneur plus que la vie. Parler de mariage à vn inconstant, c'est menacer vn vagabond de la prison; Accurse dist vn iour rondement & seichement à Berard, que s'il pretendoit d'espouser sa sœur, qu'il se despeschast d'y mette vne fin, sinon qu'il allast autre part diuertir ses fantaisies. Ces paroles cruës furent de difficile digestion à vn esprit delicat comme celuy de Berard, cela luy fit aussitost changer de visage, & n'y ayant rien qui picque tant vn superbe que le rebut, la rudesse de son frere luy rendit moins douce la conuersation de sa sœur.

Macrine, qui se faisoit loy de la volonté de son frere, ayant eu commandement d'Accurse de tesmoigner à cet homme qu'elle ne vouloit pas estre faicte par luy la fable du monde, ny renduë le suiet de ses mesdisances, le pria, s'il l'aymoit, que ce fust auecque l'honneur & le respect qui estoit deu à vne fille de sa naissance, autrement qu'il cherchast ailleurs des suiects pour exercer ses vanitez & ses tyrannies. Voila nostre beau Medor picqué au vif, & qui aiguise sa langue comme vn serpent pour en transpercer la reputation de cett' honneste fille. Mais il tombera dans la fosse qu'il va creuser, & il donnera dans les pieges qu'il dresse. Tout ce qu'il auoit autrefois dict de Stratonice & de Gunnesinde n'estoient que des fleurs, à comparaison des espines dont il veut poindre & deschirer la renommee de Macrine, il se vante de choses qui ne furent iamais, & qui ruynoient entierement l'honneur de cette fille, sotte vengeance pour vn homme; mais peut-on attendre autre chose d'vn homme efféminé? Mais Accurse ne laissa pas tomber ces discours à terre, & resolu d'en faire vne memorable punition, & plusieurs coups d'vne mesme pierre, il vit les amans de Stratonice & de Gunnesinde, Seruule & Eufrase, & les ayans disposez à se vanger auecque luy des outrages qu'ils auoient receuz des mesdisances de Berard aux personnes de leurs maistresses, ils complotent ensemble de le faire appeller, & de l'inuiter à prendre deux seconds, afin que tous trois se puissent voir en mesme temps l'espee à la main pour vne mesme querelle. Accurse fit le cartel, à quoy Berard eust bien voulu respondre autrement qu'auec l'espee, l'espee; (car ordinairemét les chiens qui jappent ne mordent pas le mieux) mais se voyant diffamé s'il ne receuoit ce party, il s'y resolut, tirant force de sa foiblesse il monstra encore plus de courage en sa fin que l'on n'attendoit de luy. Il choisit pour seconds deux mauuais garçons, au moins qui auoient la reputation de l'estre. Mais il en est des amans comme des ioüeurs qui sont en chance, ils ont d'ordinaire le sort heureux. Estans tous six en presence, Seruule eut en trois passades mis son homme par terre, puis il vient ayder à Eufrase à desarmer le sien, il ne restoit plus que Berard qui estoit fort mal-mené par Accurse, se voyant trois hommes sur les bras qu'eust-il faict, estant si mal-traitté d'vn seul (car il auoit desia receu deux ou trois atteintes) tous luy crient qu'il rende les armes, &

qu'il desaduoüe les mesdisances qu'il a faictes des trois honnestes Damoiselles, c'est ce qu'il pouuoit faire sans preiudice de son honneur, puis qu'il auoit faict tout ce qu'vn homme peut faire pour sa deffence: mais soit qu'il se tint pour mort des blesseures qu'il auoit desia receuës, il ne voulut iamais rendre son espee, & beaucoup moins se desdire, mais se iettant à corps perdu sur Acéurse, il luy porta vne grande estocade dans le bras, & estoit prest de le poignarder, quand les deux autres le larderent en diuers lieux, & luy firent quitter la prise, ils luy arracherent les armes des poings par viue force, & ils l'eussent tué mille fois s'ils eussent voulu, mais ils aymoient mieux qu'il se retractast que de l'acheuer. Mais l'obstination luy serra tellement le cœur & les dents, qu'il ne voulut iamais ny leur demander la vie, ny reuocquer aucune parole: ils le laisserét sur la place, vomissant l'ame auec le sang, & laissant vn funeste exemple à la posterité d'vne finale impenitence. Ie seelleray cett' Histoire par vn mot du Psalmiste, qui est vn Oracle. Il demáde, Qui entrera au tabernacle de Dieu, & reposera au temple de l'Eternité, & il respond: Celuy qui a la verité en sa bouche, & qui n'a point eu la calomnie en sa langue: Celuy qui n'a point dit du mal de son prochain, & qui ne luy en a point faict, & qui ne luy a point causé d'opprobre. Mais le malin sera reduict à neant, parce que le Seigneur perdra toutes les mauuaises langues.

LE TRAISTRE BEAV-FRERE.

RELATION VIII.

Qvoy ne porte-tu les courages des hommes, maudite faim de l'or, s'escrie cet ancien : ô metal pire que le fer, tu mets la guerre par tout, tu causes plus de meurtres, à cause de toy il n'y a point de seureté dans le monde, le gendre entreprend contre le beau-pere, & les freres sont en

diuision. Ie vous veux faire voir en cette Relation du Traistre Beau-frere, qu'il y a des hommes dont les alliances sont semblables à celles du lierre, qui ne s'attache à la muraille que pour la ronger & la ruyner. Tygris (appellós-le ainsi pour sa cruauté) Gentil-homme d'Aquitaine, ayant vne compagnie dans vn des vieux regiments que la France entretient tousiours, soit en paix, soit en guerre, estant en garnison en vne ville de la Gaule Lyonnoise, s'amusa à l'occupation des personnes oysiues, qui est de faire l'amour. Ce cadet, enfant de la fortune, n'auoit autre bien que cette charge, où il estoit paruenu, tant par la faueur des siens, que par sa valeur. C'estoit vne condition hazardeuse, & d'vn foible establissement : car outre le hazard des armes, qui mettent ceux qui en suyuent le mestier entre les

P iij

choses fortuites, il n'auoit point de lieu arresté, viuant à la façon des anciens Nomades, tantost deçà, tantost delà, & pour estre par tout, il n'estoit nulle part. Il ietta les yeux sur vne Damoiselle, qui auec vn seul frere viuoit encore sous la conduite de sa mere, Dame fort vertueuse, & qui viuoit en sa maison à la campagne au voysinage de la ville, où ce Capitaine viuoit en garnison. Il faict tant qu'il s'introduit en ce chasteau, & par le moyen de la chasse qu'il entendoit parfaictement, il se rend si familier de Nilamon, frere de la belle Eutrope, que ce ieune Gentil-homme ne pouuoit estre sans luy. Ils font tous les iours de nouuelles parties, & Tygris y rencontre auecque tant de bon-heur, & apprend tant de secrets en cet ardant exercice à Nilamon, qu'il le rend vn des plus adroicts chasseurs du pays. Crispine mesme s'y addonne petit à petit, & de la chasse de l'oyseau se met à celle des chiens, & mesme apprend à tirer l'arquebuze auecque tant de dexterité, qu'elle faict admirer tous ceux qui remarquent tant d'addresse & de courage en son sexe. Les commencemens sont heureux au dessein de Tygris, qui par cette amorce gaigna parfaictement ces deux courages, mais ce n'est rien s'il ne faict la conqueste des volontez de la vieille Eutrope leur mere, à qui ces deux enfans ne sont pas moins chers que ses yeux. Nilamon qui ne demandoit que de voir sa sœur mariee, & qui d'autre costé est charmé de la conuersation de Tygris, ne demanderoit pas mieux que de l'auoir pour beau-frere, il est beau Gentilhomme, bien faict, vne bonne espee, vne belle charge, cogneu à la

Cour, bien veu des grands, homme de courage & de fortune: si comme cadet il n'a point d'heritages, peut-estre que le mariage, l'obligeant à deuenir mesnager, il espargnera pour faire des acquisitions en la Prouince où il prendra femme, ce sont les raisons qui conuient Nilamon à ce party. Pour Crispine, elle n'a point d'autre volonté que celle des siens: mais si ses inclinations sont pesees, elles panchent fort du costé de Tygris, parce qu'il est maistre aux exercices de la Diane des bois où elle est affriandee. La mere seule repugne à cela, ou peut-estre faict semblant de resister, pour auoir sujet de se faire prier, tenant en cela du naturel des femmes, qui veulent que l'on fasse la cour à leur pouuoir, quand leur beauté & leur aage les mettent hors de la saison de faire l'amour. Mais Tygris, outre ses ordi

Le traistre beau-frere. 233

naires soumissions, employa vne machine si puissante, qu'enfin il emporta la place qu'il auoit si long temps assiegee, ce fut l'entremise de son maistre de Camp, Seigneur de marque, & qui estoit Lieutenant de Roy en vne Province voysine: sous la parole de ce grand, le filé fut ietté, le poisson pris, & Crispine vint en la possession de Tygris par la porte du mariage. Au lieu d'argent contant il prit pour dotte vne piece de l'heritage de Nilamon, si bien que le voila & son voisin & son beau-frere. Mais comme les hydropiques augmentent leur soif en beuuant, non content de cette portion il ietta les yeux ; mais des yeux de rapine & de conqueste, sur le reste des biens de son beau-frere qui auoit de belles terres & fort seigneuriales, & parce qu'il ne les pouuoit acquerir par moyens legitimes, il commença à penser aux iniustes. Les enfans qu'il auoit de Crispine, qui le rendoit pere presque tous les ans, luy mirent en teste ce mauuais dessein qu'il conçoit en douleur, qu'il nourrit en tromperie, & qu'il enfante en iniquité. Mal-heureux homme, qui ne sçait pas que les hommes de sang & les trompeurs sont menacez de ruyne par l'Eternel, & d'vne courte vie, & que leur semence perira.

Il estoit dans le chasteau d'Eutrope comme chez luy, ses enfans y estoient esleuez, sa femme nourrie, il y estoit comme gendre, comme second fils, il estoit tout ce qu'il vouloit estre, mais il n'estoit pas à son ayse s'il n'estoit tout; mais ceux-là seront confondus qui pensent des choses iniques. Il sçait que voulant perdre Nilamon par le venin ou par le fer ouuertement, c'est se perdre soy-mesme, & troubler sa propre feste : comme le iuste chemine par des voyes droites, l'iniuste par des obliques, aussi est-il fils de ce serpent homicide dés le commencement du monde, & chacun voit que cet animal ne chemine qu'en biaisant, & ne s'auance que par replis. Tygris procede de la sorte, il cherche des moyens pour perdre indirectemét Nilamon. Il sçait qu'vn Gentil-homme du voysinage, qui n'est pas de moindre qualité que son beau-frere, faict vne recherche, il conseille à Nilamon de courir sur son marché, c'est ce que ne peut souffrir ny vn amant ny vn homme, qui a tant soit peu de courage, ce n'estoit que pour exposer son beau-frere au hazard d'vn duel, pour auoir son heritage s'il estoit tué, ou sa confiscation, si en tuant il estoit contrainct de se mettre en fuitte. Il arriua comme il auoit proietté, Maxime appelle Nilamon, s'offençant de ce qu'il venoit troubler sa recherche; mais le sort des armes fut fauorable à Nilamon, & Maxime fut tué sur la place. Nilamon est contrainct de se retirer en Italie en vn exil volontaire, pour éuiter la rigueur des Edicts, qui auoient esté depuis peu renouuellez contre les duels. Les parens de Maxime tué, font de grandes poursuittes, obtiennent vn arrest de mort contre Nilamon, ils le font executer en effigie, & Tygris, selon son desir, obtient la confiscation des biens de son beaufrere. Enfin le temps ayant addouci les esprits, & relasché beaucoup de la rigueur de l'ordonnance, Nilamon faict tant qu'il obtient sa grace; mais pour r'entrer dans ses biens il fallut qu'il laschast encore vne piece à Tygris, qui voyant que cet

Le traistre beau-frere. 237

artifice luy auoit succedé, medite de luy dresser vn autre piege. Nilamon pensant par vn bon mariage reparer les bresches que ces brouïlleries auoient faites en ses affaires, faict le dessein d'vne recherche, où Tygris aussi double que cruel, faisant semblant de l'assister, faict tant qu'il en empesche la conclusion. Il represente les affaires de Nilamon beaucoup plus descousuës qu'elles n'estoient : bref, il faict tant par ses menees, que toutes les entreprises que faisoit Nilamon pour se marier, estoient autant de mines sans effect, aussitost que Tygris les auoit esuentees. Aussi ne craignoit-il rien tant que ce coup, sçachant bien que les enfans qu'auroit Nilamon d'vn mariage legitime, seroient autant d'heritiers qui le frustreroient de ses pretensions.

Durant cette fascheuse affaire de

Maxime & sa longue absence, Nilamon auoit faict quelques debtes; Entre les plus pressans & importuns creanciers il auoit Appollinaire sur les bras qui le tourmentoit fort. C'estoit vn Gentil-homme de la Prouince, qui auoit la reputation d'auoir la bource meilleure que l'espee, & qui ioüoit mieux des jettons que des couteaux. Il met en saisie les terres de Nilamon pour estre payé de ce qui luy estoit deu. Voila Nilamon en vne extreme colere, la Noblesse de la campagne est tellement accoustumee à se faire iustice à elle-mesme auecque le fer, qu'elle ne peut souffrir les formalitez de la plume. Nilamon aussitost veut faire appeller Appollinaire, Tygris souffle pour attiser ce feu, c'estoit tout ce qu'il demandoit, que de voir son beau-frere au hazard de perdre la vie. Appollinaire appellé, respond qu'il veut estre payé auparauant que de se battre, & que c'est à faire à vn niaiz de se mettre au hazard de perdre en mesme temps sa vie & son argent, qu'il ne veut point conuertir vn procez ciuil en vn criminel, ny reparer de son sang le plaisir qu'il a faict à Nilamon, de luy prester le sien en sa necessité, que c'est recognoistre ingrattemét vne courtoisie d'enuoyer vn appel au lieu d'vn payement. Nilamon plus en fougue qu'auparauant, menace de le tuer par tout où il le trouuera, Tygris par ses persuasions, luy en augmenté la volonté, & luy promet de luy tenir fidelle escorte en cette entreprise. Cependant il aduertit Appollinaire de n'aller que bien accompagné, & enfin ne desirant que de se deffaire de son beau-frere, il complote auec Appollinaire, à ce que l'on tient, de le mener à la boucherie. Ils vont à la chasse, & comme Nilamon estoit auec Tygris, ils ont aduis qu'Appollinaire passoit assez loing de là, il auoit huict ou dix cheuaux auec soy. Nilamon boüillant de colere, s'en va comme vn furieux pour l'attaquer, n'ayant que Tygris & vn seruiteur qui les accompagnoit à la chasse. Tygris faict le fendant, & promet à Nilamon qu'eux trois peuuent mettre en pieces toute cette canaille. Nilamon donne pensant estre suyuy, mais Tygris ioüant à la fausse compagnie sauua le moule de son pourpoinct, & laissa son frere engagé dans vne meslee, où s'estant fourré temerairement, il se trouua en vn moment percé de coups de pistolet & d'espee dont il mourut sur le champ. Voila Tygris au but de ses pretensions, & qui par sa femme entre

dans

Le traistre beau-frere. 241

dans le plein heritage de Nilamon, la bonne femme Eutrope estant morte quelque temps auparauant cet accident. Mais Dieu qui ne laisse iamais vne meschanceté impunie, & qui reuele en leur saison les secrets des cœurs & la cachette des tenebres, mit au iour à la confusion de Tygris, tout ce qu'il auoit brassé contre Nilamon. Car cettui-cy deuenu insolent, parce qu'il auoit les voiles de ses desirs enflez du vent de la bonne fortune, se mit à mal-traitter sa femme, sans considerer que tout le bien dont il se glorifioit prouenoit d'elle, & que sans elle de Seigneur qu'il estoit, il ne seroit que simple Capitaine. Et comme l'arrogance n'est iamais sans imprudence, il auoit esté si mal-aduisé que de declarer à sa femme les stratagemes dont il s'estoit seruy pour faire perir Nilamon dans les pieges qu'il luy

Q

auoit tendus. Cette femme irritee des mauuais traittemens de son mary, ne peut tenir sa langue, & enfin vn iour outree de desplaisir, elle luy reprocha toutes ses trahisons, & les mit en euidence. Et comme vn malheur ne va iamais sás cópagnie, il arriue qu'vn de ceux qui auoit assisté Appollinaire en l'assassinat de Nilamon estant pris pour vn autre crime, aduoüa deuant son supplice ce precedent, qu'il declara auoir esté faict par complot entre Tygris & Appollinaire. Les tesmoignages de Crispine & de ce criminel ioincts à la conscience de Tygris, qui luy seruit de mille tesmoins, ietterent tant de frayeur en son ame, que comme vn autre Caïn il alla errant par le monde, luy semblant que le sang de son beau-frere crioit tousiours vers le Ciel vengeance contre luy. Sa charge fut donnee à vn autre,

Le traistre beau-frere 243

& se bannissans volontairement du doux sejour de la France, & de la conuersation de sa femme & de ses enfans, il se refugia en Allemagne, où il mourut à la guerre en vne rencontre. Voila le miserable succez de ses mal-heureux desseins, & comme Dieu n'a pas permis qu'il ioüyst d'vn bien qui luy auoit, pour l'acquerir, fait violer les droicts diuins & humains, & profaner les plus sacrez liens qui soient en la Nature. Celuy qui par des industries legitimes ou de iustes trauaux amasse quelque chose, verra profiter son bien à la façon d'vn arbre planté sur le courant des eaux, qui rend des fruicts en la saison. Mais il n'en sera pas de mesme de celuy qui à tort ou à droict entasse des richesses: car il sera mis comme la poussiere à la face du vent, tout ce qu'il aura

Q ij

recueilly sera esparpillé & dissipé, ce Prouerbe se trouuant tousiours veritable, que ce qui est mal acquis, s'escoule de la mesme façon; & cet autre aussi, qu'vn mauuais arbre ne produict iamais de bon fruict.

L'INFORTVNE FORTVNEE.

RELATION IX.

ARCEL, Gentil-homme Tourengeau, reuenoit de Saumur en sa maison, qui n'estoit pas esloignee de la riuiere d'Indre. C'estoit aux grands iours de l'Esté, lors que les plus ardantes chaleurs rendent les ombres plus desirables. Le valet qui portoit sa male & ses deux lacquais, plus alterez que leur maistre, s'estoient ar-

restez à une taverne pour prendre du vin & se rafraischir. Cependant Marcel en resvant, arrive tout seul au bord de la riviere : comme il attend ses gens pour passer le pont avec eux, voila un ieune homme assez bien vestu, avec un visage d'Ange, qui se presente pour prendre la bride de son cheval : cette belle presence luy donne dans les yeux, & prenant pitié de la fortune de cet adolescent, d'aussi bonne mine qu'il en eust iamais veu, il s'enquit de luy qui il estoit. Le ieune garçon, d'un ton de voix qui eust enchanté les rochers; Monsieur, luy dict-il, ie suis un orphelin de pere & de mere, du pays de Boulonnois, delaissé de tous mes proches, ie vay à Chasteleraud trouver un de mes oncles, frere de ma mere, pour voir s'il aura pitié de moy, ou s'il me fera trouver quelque condition, où en seruant ie puisse gaigner ma vie. Ieune fils, reprit Marcel, il est aysé à voir que vous n'estes pas faict à seruir, au moins à des seruices penibles. Il est vray, Monsieur, respondit l'adolescent, & si Dieu m'eust laissé mon pere, qui estoit vn honneste marchand, ie ne serois pas reduict à cette misere, mais on ne cognoist les marchands que quand ils sont morts, sa boutique estoit assez belle, son credit fut grand, mais aussi-tost qu'il a failly tout a manqué, & ses debtes se sont trouuees bien plus grandes que ce qu'il auoit deuant luy, si bien que desnué de tous biens il faut que ie fasse de necessité vertu, & que ie mange mon pain en la sueur de mon visage. Marcel fut attendry sur le desastre de ce garçon, & se resolut de le retenir à son seruice, luy estant aduis qu'il auoit sur le front vn certain rayon de franchise & de fidelité. Las d'attendre ses valets il se jetta dans le batteau auec ce garçon, qui se nomma Geronce. Il auoit vn petit sac sur son dos, de grands cheueux blonds qui flottoient sur ses espaules, vn habit assez bon, mais vne grace à rauir. Il tenoit les resnes du cheual d'vne façon si molle, qu'il estoit aysé à voir que son seul courage soustenoit sa foiblesse. A deux petites lieuës de là estoit le chasteau de Marcel où se trouua Geronce vn assez mauuais pieton. Durant le chemin il entretint son nouueau maistre de si bonne façon, que le temps ne luy dura rien.

Arriué chez luy, & saluant sa femme, Madame, luy dict-il, ie vous ameine vn nouuel hoste, dont la bonne mine sert de lettre de creance, ie l'ay destiné au seruice de nostre fils (c'estoit vn enfant de neuf ou dix ans) ie croy qu'il le tiendra net & poly, & que si ce petit garçon prend l'air de celuy-cy, il ne manquera ny de grace ny d'addresse. Cette Dame regardant Geronce le trouua parfaictement agreable, & loüa le iugement de son mary de l'auoir si dignement appliqué que de le mettre aupres de leur fils. Sulpice (c'estoit le nom de l'enfant de Marcel) fut aussitost tellement amorcé de la conuersation de Geronce, & Geronce s'addonna auec tant de soin à sa conduitte, que le pere, la mere & le fils en eurent d'egales satisfactions. Toutes les abeilles courent au rayon du miel, Geronce en estoit vn, & tant le maistre, que la maistresse, que les domestiques, faisoient à l'enuy à qui l'aymeroit d'auantage. Il n'y auoit rien de si modeste, de si doux, de si beau que ce ieune homme, qualitez qui charment les esprits plus sauuages.

Mais las! que la beauté, don du Ciel si agreable, est vne chose dangereuse, cette gracieuse illusion des sens, ce piege de l'ame, cette courte tyrannie, estendit sa puissance iusques sur le cœur de Fursee, c'est ainsi que nous appellerons la femme de Marcel. Bon Dieu! de quelles conuulsions fut-il tourmenté, ce pauuret battu de l'honneur & de l'amour en mesme temps, dont l'vn luy donnoit vne froide crainte, & l'autre vn ardant desir? N'auez-vous point pitié de la violence de cette fievre? Quels efforts ne fit-elle pour combattre la suauité de cette illusion? mais ils furent vains: car elle auoit si auant receu cette poison dás le cœur, qu'elle fut contrainte de se rendre. Que la luitte de la raison & de la passion est inegale en vn esprit

L'infortune fortunee.

foible, & quelque fermeté que l'on imagine au sexe imbecille, elle n'est que de verre, elle se brise au moindre heurt. Ie ne veux point m'arrester à d'escrire par le menu les confusions, les troubles, les hontes, les contradictions de cet esprit tourmenté, ny à representer par quels moyens elle fit cognoistre à Geronce, ce qu'elle auoit tant de fois essayé d'estouffer par le silence : la briefueté que ie me prescris en ces Relations ne souffre pas que ie m'estende en ces particularitez. Ie diray seulement ce que ie ne puis obmettre, sans effacer le traict principal de ce tableau, qu'ayant besoin d'vne confidente pour conduire sa trame à la fin qu'elle souhaittoit, elle s'addressa à vne de ses seruantes, appellee Leobarde, & luy ayant auec des pudeurs qui ne se peuuent bien representer, fait cognoistre de quel mal elle estoit atteinte, & qu'elle estoit forcee d'en chercher le remede au serpent mesme qui l'auoit morduë, elle rencontra si malheureusemét son choix, qu'elle fit comme l'oyseau qui fait la glus dont se seruent les oyseleurs pour le prendre. Leoparde se trouua touchee du mesme traict, & imaginez-vous si ce n'estoit pas se mettre le couteau dans le sein, que de fier son secret à sa Riualle. Leobarde pour ourdir sa trahison auec plus de facilité, promet toute assistance à Fursee, encore que sa pensee fust contraire à ce que sa bouche proferoit, & pensant auoir trouué le moyen d'obliger en sorte Geronce, qu'il ne pourroit plus luy continuer les desdains dont il auoit auparauant payé ses poursuittes: elle luy declara la passion que Fursee auoit pour luy. Geronce, qui auoit monstré beaucoup de fois à

L'infortune fortunee. 253

Leobarde que ses discours luy estoient en horreur, reietta cettuy-cy aussi bien que le chaste Ioseph fit celuy de la femme de son maistre en vne occurrence pareille. Leobarde voyant donc qu'elle ne pouuoit prendre creance en son esprit, conseilla à sa maistresse de parler elle-mesme si elle vouloit estre entenduë, ce farouche garçon n'ayant point d'oreilles pour ses persuasiós. Quelle douleur ressentit Fursee de voir qu'en vain elle s'estoit declaree à cette fille, dont la responce luy estoit vn triste presage du peu d'espoir qu'elle deuoit auoir, de plier Geronce à son desir ? Que de nouueaux efforts elle fit pour s'arracher cette espine de l'ame; mais à la premiere veuë de ce bel obiect, tout cela s'en alloit en fumee, & de nouueaux feux s'emparoient de son cœur. Ce n'est pas sans raison que ceux qui parlent de la guerison des maladies de l'esprit, disent que c'est estre encore dans le mal que de n'en éuiter les occasions, si l'on n'est en la ville on est encore aux fauxbourgs, & c'est approcher de la flamme vn flambeau qui fume, que de presenter à la personne qui ayme l'obiect qui la met en feu. Celuy-cy estoit domestique à Furfee, helas! comment eust-elle peu fermer vne playe qui estoit r'ouuerte autant de fois qu'elle ouuroit les yeux. Il n'y a rien qui enflamme tát les blesseures du corps que d'y appliquer du miel, ny celles qu'vne passion affectueuse faict au cœur, que les paroles emmiellees: fuyez, amans, de voir & de parler, si vous voulez reprendre vostre premiere santé. Ah! Furfee, que faictes-vous, le feu de vos playes s'augmentera par le remede que vous y pensez appliquer.

Elle parle à Geronce, & auec des tourmens & des begayemés pareils à ceux du criminel qui parle deuant son Iuge, elle tasche de le rendre susceptible de son tourment. Leobarde qui les auoit abbouchez pour donner plus de commodité à sa maistresse, s'estoit retiree en vne autre chambre. Ce qui pensa transir le beau Geronce, se voyant seul & sans tesmoins deuant vne femme, qui luy tenoit vn langage qu'il ne pouuoit entendre sans vne extreme inquietude. Les differentes couleurs dont se peignit son visage, tesmoignoient assez l'alteration de son esprit, ses yeux baissez, son silence & sa contenance immobile firent à Fursee vne response qui n'estoit pas trop fauorable. Depeur de laisser dans les esprits des lecteurs des imaginations dangereuses, ie tay les propos chatoüilleux, & les termes trop libres dont se seruit Fursee pour esmouuoir la constance de ce jouuenceau. Les presens furent estalez, les promesses amples, les prieres messeantes, les souspirs ardans, les larmes en nombre; mais ces eaux & ces vents furent des orages contre vn rocher. Geronce paroist insensible comme cette statuë dont Pigmalion deuint amoureux, l'ardeur de l'amour outré d'vn sanglant mespris, se tourne ordinairement & tout à coup en vne colere furieuse. Fursee estoit sur le poinct de changement, quand Geronce pour conjurer cette tempeste, & coupper la racine de ce mal dés sa naissance, se resolut de leuer le masque de sa feinte, & donner de la pitié de soy à celle qui la luy demandoit. Madame, luy dict il en desboutonnant son pourpoinct, regardez ce sein, & ne me demandez point d'autre responce, ponse, si vous ne voulez me voir mourir de vergogne à vos pieds. La barbe ne donne point mieux à cognoistre les hommes, que le sein les femmes ou les filles: cette veuë ne laissa aucune doute en l'ame de Fursee que Geronce ne fust fille, & comme on dict que la foudre qui tombe sur le serpent, au lieu de le tuer, ne fait que luy oster le venin. Ce soudain éclat arrachant du cœur de cette femme toute la poison de sa mauuaise conuoitise, ne luy osta pas l'amitié pour Geronce; mais elle l'y laissa auec la pitié, & cette pitié luy fit naistre le desir de sçauoir la fortune de cet homme-fille, pour tascher de luy apporter du soulagement en son desastre. Elle luy dit à ce dessein: puisque le ciel m'a renduë par cette cognoissance plus heureuse, & changé en port pour mon honneur, l'escueil où ie le vou-

R

lois perdre, ie vous promets que pour tant de franchise que vous m'auez tesmoignee, de celer vostre condition autant que vous voudrez, & si vous desirez du secours de moy, vous pouuez aussi librement me descouurir pour quel suiet vous estes en cet estat, vous asseurant que vous trouuerez en moy toute l'assistance que vous pouuez attendre d'vne femme, desireuse de la conseruation de vostre honneur & de vostre personne.

Madame, reprit Geronce, les maux sont si contagieux, que leur recit altere tousiours les esprits les plus tranquilles, laissez-moy gemir sous le faix de mes malheurs, & ne permettez pas qu'en les oyant vostre felicité en soit troublee. Contentez-vous de prendre pitié d'vne pauure fille, qui remet son honneur & sa vie en vostre protection. Cette fuitte ne fit qu'aiguiser en Fursee cette curiosité qui est si naturelle aux femmes, elle luy donna occasion de repliquer ainsi. Côme les Medecins ne guerissent que les maladies qu'ils ont recogneuës, aussi ne puis-ie pas vous assister en vos infortunes, si vous ne m'en descouurez la cause, afin que sçachant qui vous estes, & de quelle façon vous estes arriuee à ce desguisemét, ie puisse me comporter auecque vous comme ie dois, & puis qu'il y a remede à tout, excepté à la mort, taschés à vous restablir au degré d'où il semble que la fortune vous a fait déchoir : car vous auez vn rayon de Noblesse sur le front, qui esclatte à trauers les nuages de vostre condition presente, & qui fait cognoistre aux moins entendus que vous auez esté esleuee d'vne façon qui n'est pas commune. Madame, repliqua

R ij

Geronce, mes maux sont sans ressource, puis qu'ils procedent d'vne mort, c'est pourquoy puisque mes miseres doiuent estre mises entre les maladies incurables, ie vous prie de perdre ce soin inutile que vous auez de les guerir, & de me laisser couler sous vostre protection, ce peu qui me reste de vie, aussi bien ie sens que la tristesse, la douleur & le regret de ma faute la sapent peu à peu, & ne me laisseront pas long téps suruiure à celuy, sous qui les pl⁹ beaux iours me sont des obscures nuicts, & la vie vne lente & longue mort. En disant cela Geronce laissoit tomber de ses yeux des larmes, qui ressembloient à ces gouttes de pluye que l'ardante chaleur du Soleil espreint aux plus beaux iours d'Esté. Et tant s'en faut que le curieux desir de Fursee en fut esteinct, que cett' eau ressembloit à celle des forgerons qui augmente l'ardeur de leur braise au lieu de l'amortir. Pressant donc extraordinairement Geronce de luy descouurir ses aduentures, il fut contrainct de la contenter, & non sans vn extreme effort, apres auoir essuyé ses yeux, & obtenu tréve de ses souspirs, commença de cette sorte. Ie suis d'Austrasie, fille d'vn Gentil-homme, de ceux que l'on appelle de l'ancienne Cheualerie, son nom est Gaudence, il a plusieurs enfans, & ie suis la seconde de ses filles, & la cause du deshonneur & du trouble de sa maison. Le Baptesme m'a nommee Saturnine, c'estoit le nom de ma mere, qui mourut que ie n'auois encore que six ans. Il faut aduoüer que les filles perdent tout quand les meres leur manquent en si bas aage, ce sont des vaisseaux sans tramontane, sans anchre, sans gou-

R iij

uernail, & quelque diligence que fassent les peres veufs pour trouuer de bonnes gouuernantes, iamais ils n'en rencontrent dont les yeux soiét si vigilans sur les filles que ceux des meres, & leur empire est si lasche, que le mespris de leurs commandemens est la porte de la liberté, par où enfin les filles s'esgarent. Mes sœurs & moy secoüasmes le joug de la nostre pour suyure les desirs de nos cœurs, & cheminer selon nos caprices. L'amour nous attaqua & nous prit, mais il n'y a eu que moy de surprise en la façon que vous entendrez. Mon aisnee eut des affections pour vn ieune Gentil-homme qu'elle n'espousa pas, mais pour obeyr à la volonté de nostre pere, elle espousa vn vieux Gentil-homme qu'elle n'affectionna iamais. Elle me faisoit de si estranges plaintes d'estre attachee aux costez d'vn homme qu'elle n'aymoit point, qu'il sembloit qu'elle endurast le supplice de ce Tyran, qui attachoit les corps des viuans & des morts, & les laissoit mourir en langueur de cette sorte. Ie faux, elle me representoit son tourment égal à celuy des Enfers; & certes, tel peut on appeller vn mariage, où les parties ne s'accordent, ny en la volonté des cœurs, ny en la volupté des corps. Cette misere que ie considerois en elle me fit resoudre de l'euiter à quelque prix que ce fust : mais las, pour m'escarter d'vn abysme, ie me suis precipitee en vn autre; & ie puis dire que si les nopces de ma sœur furent vn Enfer, les furies porterent les flambeaux des miennes, & m'ont conduitte à vn desastre pire que l'Enfer.

Volusien, ieune Cadet de nostre voysinage, eut mes premieres, &

aura mes dernieres affections. Nous vescusmes quelques annees en vne si parfaicte correspondance que si mon pere me l'eust voulu donner pour mary, les champs Elisees n'eussent rien eu d'égal à nostre felicité. Mais ce mal-heureux interest temporel, coupegorge de tant de pures affections, fut le bourreau des nostres, & parce que ce Cadet n'estoit pas assez riche, mon pere ne voulut iamais prester son consentement à nostre vnion. Mais moy, qui craignois vn sort pareil à celuy de ma sœur, i'ay voulu de mes propres mains filer mes destinees, & i'ay façonné le cordeau qui m'a traisnee au malheur où ie suis. Ce ne fut point tant à la sollicitation de Volusian, qui traitta tousiours vers moy auec vne modestie incomparable, comme par mes propres inclinations, que nous nous fismes vne reciproque promesse de mariage, accompagnee de sermens si solemnels, & d'execrations si horribles contre celuy qui la violeroit, que si i'eusse eu la moindre pensee de la rompre, ie n'eusse point creu le Ciel pourueu d'assez de foudres pour m'escraser. Il faut aduoüer que les sermens, les escrits, les promesses, la frequentation, la liberté, la facilité, sont d'estranges amorces pour conduire à sa ruyne vne ieunesse aueuglee. Approcher des charbons du feu & ne vouloir pas qu'ils s'embrasent, c'est desirer l'impossible, le corps n'estant que l'accessoire du cœur, & au mariage l'vnion sensible n'estant qu'vne suitte de celle des volontez : imaginez-vous si ie me laissay aysément aller aux desirs de celuy qui possedoit tous les miens, & si ie me pensois perdre en me precipitant entre des bras aymez.

Nous consumasmes doncques nostre mariage clandestinement, resoluë, si ie me sentois chargee des fruicts de Lucine, de prédre la fuitte auecque mon mary, plustost que de soustenir les tonnerres de la colere de Gaudence : Cela n'arriua point, mais vn orage plus terrible nous accueillit, qui m'a faict faire le naufrage où vous me voyez. Minard, Gentil-homme d'Austrasie, qui n'auoit esté en mariage que trois ans, & qui n'estoit aagé que de trente cinq ans, trouua sur mon visage ie ne sçay quoy qui luy plût, c'estoit vn party si aduantageux, que me voir, me desirer, me demander, à Gaudence & m'auoir, furent des coups si soudains, que ie n'eus le loisir ny de les preuoïr, ny de les parer. Mon pere, sans consulter ma volonté, me dist qu'il m'auoit donnee à Minard, & que ie me disposasse à le receuoir pour mary dans peu de iours, quád i'eusse été accueillie d'vn esclat de tempeste ie n'eusse pas esté plus interdite. Ie ne respondy rien à mon pere : car que luy pouuois-je dire qui luy eust plû ? & d'opposer des froides excuses à ses resolutions, ç'eust esté faire vn bouclier de la neige contre les rayons du soleil. Ie me resolus soudainement de faire parler les effects, c'est tout ce que ie pouuois en vne si pressante necessité, Gaudence prit mon silence pour vn consentement.

Le lendemain mon veuf amoureux me vint voir, & apres les complimens d'vne premiere entreueuë il me voulut offrir son seruice, sous l'adueu, disoit-il, de mon pere. Et mon pere, luy repliquay-je, ne m'a point ordonné de receuoir vos seruices ; mais vos commandemens, m'obligeant de vous regarder comme vn maiſtre. Ce procedé deuroit eſtre admirable, de donner comme cela des perſonnes libres ſans leur conſentement, ie ſuis née ſa fille, & non pas ſon eſclaue: au reſte, ie vous declare que ie ſuis à vn plus grand Maiſtre, & que i'ay faict vœu à celuy qui a faict le Ciel & la terre, de n'eſtre iamais qu'à luy, s'il vous euſt plû me voir auant que de parler à mon pere, ie vous euſſe oſté la peine de demander vne choſe qui ne vous peut eſtre legitimement acquiſe, & qui ne vous peut appartenir ſans ſacrilege. Iamais homme ne fut plus eſtonné que Minard, quand il ſe vit par cette franche declaration faucher l'herbe ſous les pieds, & ſapper ſon eſperance iuſques aux fondemens. Il craignoit Dieu, & ie ne luy pouuois rien oppoſer de plus fort pour arreſter ſes deſirs, que cette propoſition, de reſponſe, ie n'en eus point d'autre, sinon qu'il estoit marry d'auoir troublé mon dessein; mais qu'il croyoit qu'vne dispense pourroit remedier à tout cela, si i'y voulois entendre. Ie luy dy que la dispence presupposoit quelque raison, & que ie ne voyois point de necessité de reuoquer vn vœu que i'auois faict sans necessité. Il voit mon pere, à qui il communique ma responfe, aussitost le voila en colere, & de là aux iniures & aux menaces, il auoit sceu mes affections pour Volusien, dont il m'auoit interdit le commerce, il crût aussitost que le despit m'auoit faict faire ce vœu, & (telle est la tyrannie de l'authorité paternelle) il s'imagina que ie n'auois peu voüer sans son consentement : le voila aux consultations, il y a des Docteurs qui biaisent la verité par la flatterie, on luy fit entendre qu'il n'y auoit rien de si facile que d'auoir la dispence de ce vœu. Luy qui ne desiroit pas moins auoir Minard pour gendre, que cettuy-cy me souhaittoit pour espouse, prend ce conseil, & despesche aussitost à Rome pour auoir cette dispense. Desia elle estoit arriuee, & tous les preparatifs de mes fiançailles estoient faits, les articles estans signez entre Minard & mon pere. Qu'eusse-i'ay faict ? declarer mon mariage clandestin consumé auecque Volusien, non, ie n'auois pas assez de front pour boire tant de honte, ioinct que i'exposois à vn manifeste danger la vie de mon mary. Le conseil que nous prismes fut, de nous retirer d'Austrasie, & de venir desguisez en quelque contree de la France. Il auoit autrefois porté les armes sous vn Prince de la maison d'Austrasie, qui estoit Gouuerneur de Bretagne,&qui est mort en Hongrie, couronné de tant de victoires remportées sur le Turc. Il auoit fait des cognoissances en cette Prouince là, il estimoit que nous viuriós à couuert, & en cas de poursuitte que nous pourrions faire voile en Irlande ou en Escosse, & nous cacher de la fureur de Gaudence en ces extremitez de l'Europe. Il m'habilla en homme comme vous me voyez, & de cette sorte nous sortós d'Austrasie, & par la Chápagne & la Bourgógne nous nous rendós dans le Bourbonnois pour gaigner la riuiere de Loire, & en nous embarquant dessus descendre en Bretagne. Mais la fortune mon ennemie capitale, pour acheuer en moy le dernier traict de sa vengeance, permit comme nous trauersions vne forest, que nous fusmes assaillis de quatre voleurs, qui eurent plustost percé Volusien de deux coups, qu'il ne se fut mis en deffence. Aussi-tost qu'il eut mis la main à l'espee il perça de part en part celuy qui l'a-uoit frappé le premier, & les autres pour vanger la mort de leur compagnon le massacrerent aussitost. Esperduë que i'estois, & esbloüye de la lueur de tant d'espees, ie m'enfonce dedans l'espaisseur du bois, où ie demeuray iusques au milieu de la nuict, auecque des douleurs & des frayeurs qui ne se peuuent representer. A la fin, sous la pasle lueur de la Lune, ie me mis à chercher ce que ie craignois de rencontrer. Helas! ie trouuay Volusien nud comme la main : (car ces brigands luy auoient osté iusques à sa chemise, & percé de tant de coups, qu'il est à croire que leur rage s'estoit estenduë iusqu'à luy en donner plusieurs apres la mort.) Leur compagnon aussi tout nud, estoit estendu assez

prés

prés, à qui ils auoient gasté toute la face, afin qu'il ne fust recogneu. Ie fus tellement outree de desplaisir, que sans vne secrette crainte de l'eternelle damnation qui saisit mon ame, ie me fusse mille fois donné d'vn couteau dans le cœur. Ie passay le reste de la nuict en des angoisses qui ne se peuuent imaginer, & en des troubles inconceuables. De retourner chez les miens apres vne si lourde faute, c'est à quoy ie ne me pouuois resoudre, de quel costé tendre en vn pays inconnu, ie ne sçauois : enfin, ie me resolus de m'abandonner à la prouidence, & de tendre vers ceux de Bretagne, dont mon mary m'auoit tant parlé. Ie l'arrose de larmes, & apres auoir prié pour son repos ie m'enfuy de ce bois infame, depeur d'estre prise par la justice comme complice, & d'estre descouuerte. Apres auoir passé la Loire, ie me trouuay ie ne sçay comment auprés de la riuiere d'Indre au passage de Monsieur, ie luy ayday à descendre de cheual, & puis à remonter : quand nous fusmes à l'autre riue il me demanda qui i'estois, ie luy fis croire ce que ie voulus, pour cacher sous vne feinte Histoire celle de ma veritable disgrace, il m'a mis chez-vous au seruice de vostre fils, condition proportionnee à mes forces, & où ie m'attendois d'attendre en patience ce que Dieu disposeroit de moy, mais, Madame, vous auez voulu par la pitié prendre quelque part en mes peines. Toute la pitié que ie vous supplie d'en auoir, Madame, c'est de tenir caché le secret que vous m'auez commandé de vous descouurir, & de prendre soin de conseruer ce peu qui reste d'honneur à cette miserable creature, que l'amour excessiue, mais legitime d'vn mary, a portee dans les extremitez où vous la voyez reduitte. Geronce acheua de cette façon le recit de sa fortune, se iettant à genoux deuant Fursee, qui mesla de compassion ses larmes auecque celles de cette fille esploree, & la baisant & l'embrassant luy promit de ne l'abandonner iamais, & d'auoir le mesme soin d'elle, que si elle estoit sa propre fille. Depuis ce têps-là en l'affection de Fursee, la raison reprit la place d'où elle auoit esté chassee par la passion, ses actions furent plus reglees, sa flamme plus douce & moderee : car c'estoit vn feu pur, qui n'auoit plus ny fumee ny noirceur. Il n'en estoit pas ainsi de celuy de Leobarde, qui s'augmentoit de iour par les fuittes, les refus, & les mespris de Geronce. Ce que cette folle fille attribua à la vanité qu'elle croyoit qu'il auoit de posseder sa Maistresse. Et quoy que Fursee, sans luy declarer le secret de Geronce, l'asseurast que son amour estoit conuertie en amitié, & que Geronce estoit le jouuenceau, le plus chaste & le plus vertueux qui fust au monde: cette fille picquee d'vn autre feu s'imaginoit que Fursee ne luy tenoit ces discours que pour couurir son jeu, cependant qu'elle possedoit son Adonis. Et à n'en mentir point, les ombrages & les soupçons de Leobarde n'estoient point sans apparence: car Fursee ne regardant plus Geronce que comme fille, se donnoit des libertez auecque luy, & le faisoit entrer à sa chambre à des heures si suspectes, que les moins credules eussent esté tentez de penser quelque mal. C'est ce qui mit Leobarde en vne ialousie desesperee, cette fascheuse humeur luy fit faire vn traict lasche & traistre, qui fut cause d'vn euenement tragique, & d'vne infortune qui donna naissance à vne prosperité. Voici cóment apres auoir perdu toutes ses sollicitations auprés du beau Geronce, s'imaginant que ses refus estoient des desdains, & picquée de colere pour ces mépris imaginaires, elle se resolut, ne pouuant contenter son amour, de satisfaire à sa vengeance, & de perdre sa riuale maistresse, auecque celuy qui ne vouloit pas correspondre à ses affections. Ce fut vn aduertissement moral de la mauuaise pratique de Fursee & de Geronce, à quoy elle fit voir des couleurs si apparentes, que Marcel ne reuocqua nullement en doute qu'il ne fust trahy par sa femme.

Meditant donc d'en prendre vne haute vengeance, & feignant de coucher dehors, il se rendit à l'ayde de Leobarde en vn cabinet, qui n'estoit pas esloigné de la chambre de Fursee. Cette femme, qui prenoit vn extreme plaisir en la conuersation de Geronce, & à luy faire conter des particularitez de son pays, de sa maison, de son amour & de sa fortune, ne manqua pas de le faire venir le soir pour le mettre sur ce propos, & s'endormir là dessus: mais tandis qu'elle est au lict, & que Geronce est assis auprés du cheuet qui luy en conte, Marcel prepare le fer & le feu, pour vanger vne iniure qu'il ne croit que trop manifeste. Il sort de son embuscade, & vient le pistolet à la main, criant à pleine teste. Ha! maudite femme, c'est maintenant que tu laueras dans ton sang mon honneur offencé, & que toy & ton adultere payerez les interests des offences que vous m'aués faictes : sans escouter aucune response, il lasche le pistolet, pensant enfoncer le cerueau dans la teste de Fursee; mais elle gauchit vn peu, & le coup portant dans la plume demeura sans autre effect que de brusler la jouë de cette pauure Dame, qui dans ce trouble, se doutant du sujet de la colere de son mary, n'eut loisir que de s'escrier. Ha! Monsieur, que vous estes trompé, Geronce est vne fille. Alors Marcel, qui auoit desia tiré son espee pour acheuer auecque le fer, ce que le feu auoit espargné ; comme si vn esclair luy eust esbloüy la veuë demeura en suspens à ces paroles, & Geronce se iettant à ses pieds plus morte que viue, l'asseura par l'ouuerture de son sein, que la parole de Fursee n'estoit que trop veritable; & pour s'esclaircir sur le champ de tant de confusions dont son ame fut troublee,

Geronce, quoy qu'en tremblant, luy raconta sommairement ce que nous auons tantost recité, de son estre & de sa fortune. Aduenture pitoyable, qui tira les larmes des yeux de Marcel, qui se repentit infiniment de ce qu'il auoit faict. Cependant il fallut panser la bruslure de Furſee, qui auec la douleur la menaçoit d'vne grande defformité. Mais soit que l'inflammation se redoublast, soit par l'extreme apprehension qu'elle auoit euë d'entendre vn pistolet tonner à ses oreilles, & de s'estre veuë si prés de perdre la vie, vne grosse fievre la saisit, qui dans trois ou quatre iours la versa au tombeau. Marcel la regretta beaucoup, & parce que veritablement il l'aymoit, & parce qu'il se voyoit la cause de sa mort, peu s'en fallut qu'il ne deschargeast le faix de son courroux sur Leobarde, & qu'il ne la sa-

L'infortune fortunee. 281

crifiaſt aux Manes de ſa maiſtreſſe: mais quand il ſceut qu'elle auoit eſté la premiere trompee, & que les coniectures du mal eſtoient ſi violentes, il ſe contenta de la chaſſer de ſa maiſon.

Cependant Geronce ayant changé d'habits & eſtant deuenuë Saturnine, parut auec vn tel aduantage de beauté deuant les yeux de Marcel, que l'amour eſtant entré en ſon ame par les deux portes de la beauté & de la pitié, il ſe reſolut de l'eſpouſer comme vefue d'vn Gentil-homme, & comme fille de maiſon. Saturnine voyant ſa fortune deſploree ſi elle ne receuoit cette occaſion à bras ouuerts, & ſi elle ne la prenoit par les cheueux, conſentit aux volontez de Marcel par vn mariage ſolemnel. Et depuis Gaudence pere de Saturnine eſtant mort, il a tiré vne auſſi bonne dotte de la part de l'heritage qui la regardoit, qu'il eust euë d'vne femme qu'il eust choisie en son pays. Voila comme en la vie ciuile le dommage de l'vne fut le profit de l'autre, comme en la naturelle la corruption d'vn corps est la generation de l'autre. Ainsi l'infortune de l'inconsideree Saturnine, fut changee par la prouidence en vne meilleure fortune, & le poinct destiné à sa mort, fut le principe pour elle d'vne plus heureuse vie. Peut-estre que la patience qu'elle tesmoigna en cette extreme aduersité de la perte de Volusien, & sa sage conduitte au gouuernement du fils de Marcel, l'amenerent à cette felicité, non sans vn grand estonnement du petit Sulpice, qui vit son códucteur changé en peu de temps en sa belle-mere. Le Psalmiste parlant de celuy qui dans les plus pressantes calamitez ne perd point de veuë la vraye Tramontane, qui est la confiance en la bonté de Dieu, faict ainsi parler le Seigneur. Parce qu'il a esperé en moy ie le deliureray, ie le protegeray parce qu'il a recogneu mon nom ; il a crié vers moy & ie l'exauceray, ie seray à son costé en sa tribulation, ie l'en deliureray, & l'y en feray tirer de la gloire ; i'allongeray ses iours sur la terre, & à la fin de sa vie ie luy feray voir mon Salutaire.

L'ATTENTAT IMPVDENT.

RELATION X.

E n'est pas seulement l'orgueil; mais encore la temerité qui monte tousiours. Il y a des hommes qui ne sçauroient faire des sottises, si elles n'arriuent au dernier poinct de l'impertinence, & que l'impudence esleue d'autant plus haut, qu'elle les veut precipiter plus bas, leur faisant le mesme que l'aigle à la tortuë, qu'el-

L'attentat impudent.

le ne porte en l'air que pour la laisser tomber sur la poincte des rochers, la mettre en pieces & en faire curee. Speusippe, Gentil-homme d'vne Prouince de la basse Aquitaine, nous fera voir icy l'image d'vn traistre & impudent, dont l'attentat, indigne d'vn homme d'honneur, fut puny par permission du Ciel, lors qu'il pensoit tenir sa proye en ses mains, & triompher insolemment de l'honneur d'autruy. Cetuy-cy auoit pris amitié parmy les armes auec vn autre Gentil-homme de la mesme Prouince, appellé Liberat; & cette amitié s'estoit renduë si estroitte qu'ils s'appelloient freres, & l'vn n'auoit rien qui ne fust à l'autre. La paix redonnee à la France par les mains victorieuses du grand Henry renuoya chacun sous son figuier & sous sa vigne, & changea les espees en faulx, & les casques en ruches. Ces deux amis se retirerét en leurs maisons, qui n'estoient point si esloignees qu'ils ne se visitassent assez souuent, viuans auec vne priuauté & vne familiarité toute fraternelle. Il prit enuie à Liberat de se marier, & il espousa vne belle & vertueuse Damoiselle, que nous nommerons Mela, pour la douceur enmiellee de son naturel, sa conuersation estant tout à faict sans amertume; c'estoit vne colombe sans fiel, mais colombe pudique, & qui n'auoit des yeux que pour son pair. Speusippe ne manqua pas de temoigner à ces nopces la ioye qu'il auoit de voir son frere d'alliance si bien pourueu. Il appelloit Mela sa sœur, & cette ieune Dame, qui ne voyoit que par les yeux de son mary, cognoissant l'estime qu'il faisoit de Speusippe, ne pouuoit faire autrement qu'elle ne le prisast beaucoup, comme le meilleur amy que Liberat euſt au monde; elle l'appelloit ſon frere, & elle le carreſſoit de la meſme façon que ſi elle euſt eſté ſa ſœur.

Il eſt à croire que les premiers mois de ce mariage ſe paſſerent auec aſſez d'innocéce de la part de Speuſippe, & qu'il ne penſoit qu'à honorer Mela comme ſa ſœur d'alliance. Mais le traiſtre amour qui ſurprend les plus aduiſez, & qui tout aueugle qu'il eſt eſt ſi bon Archer, qu'il n'atteint que les cœurs, ſe mettans en embuſcade dans les yeux de Mela, atteignit celuy de Speuſippe d'vne atteinte mortelle. Les yeux de Ionathas furent ouuerts aprés qu'il eut mangé le miel deffendu par l'interdict, ceux de Speuſippe s'ouurirent ſur ce rayon de miel qui luy eſtoit interdict; & beaucoup moins ſage que Ioſeph, non content que tous les biens de Liberat fuſſent en ſon pouuoir, excepté ſa femme, il deſira ce qui eſtoit deffendu, & meſpriſa ce qui luy eſtoit permis. Cette puante flamme ne le bruſla pas lóg temps, ſans qu'il en fit paroiſtre la noirceur & la fumee à Mela, qui, pleine de douceur non moins que de diſcretion, taſchoit de l'amortir par les remedes les plus prudens & les plus raiſonnables dont elle ſe pouuoit aduiſer; mais elle n'aduiſoit pas que la prudence & la raiſon ne gueriſſent pas vne folie qui n'en eſt pas capable. Cette douceur fut de l'huile ſur le feu de Speuſippe, ſon eſpoir qui ſe fuſt eſteinct par vn traittement plus rude, s'enflammoit par cette ſuauité de mœurs qui eſtoit ſi naturelle à la belle Mela. Il paſſe dans les importunitez & les inſolences, & quoy que Mela luy monſtraſt le tort qu'il faiſoit à ſon amy

amy d'entreprendre si impudemment contre l'honneur de sa femme, il repliquoit que les aduantages de l'amour estoient si grands sur l'amitié, qu'encore qu'il cherisse Liberat comme frere, elle auoit des beautez qui le contraignoient à estre perfide pour satisfaire à sa passion: voyez comme cet homme aueuglé vouloit estre victorieux par où il se confessoit vaincu, & faire son triomphe de sa perfidie. Mela se voyant reduitte à de grandes extremitez par les pressantes sottises de cet impudent, le menace d'en aduertir son mary. Madame, luy disoit-il, vous pouuez bien faire que ie meure; mais non pas que ie cesse de vous aymer. Vostre mary me peut oster la vie, mais non pas l'amour, il est vray que ie luy feray la moitié de la peur, s'il me prend en galand homme, il est en vous de

T

destourner ce mal-heur en vous rangeant à la raison, ce brutal appelloit ainsi son sale desir. A la fin Mela, qui auoit essayé par sa patience, par sa douceur, par ses prieres, par toute sorte d'honnestes moyés, de remettre en son bon sens cet esprit incurable, sur l'apprehension qu'elle auoit de mettre sur les bras de son mary vne querelle sanglante. Contrainte par les persecutions de ce furieux, dont la rage passoit à des actions insolentes, qui n'estoiét plus supportables à vne femme d'honneur, elle aduertit Liberat de l'attentat impudét que faisoit Speusippe contre l'honnesteté de son lict, & contre la reuerence de son mariage. Encore que Liberat eust suiet de rechercher par les armes la vengeance d'vn si grand tort, si est-ce que donnant à son ancienne amitié & à la violence de l'amour, le pardon qu'il n'eust pû arracher de sa colere; il se contenta de deffendre à Speusippe l'entree de sa maison, iusques à ce que l'absence eust mis de l'eau sur son feu, & que le téps l'eust rendu plus sage. Bien que cet outrecuidé portast ce renuoy auecque non moins d'impatience que s'il eust esté banny pour iamais de son pays, il dissimula neantmoins son mescontentement, resolu de venir à bout de son entreprise à quelque peril que ce fust. Il falloit bien que sa flamme fust gráde, puisque ne se nourrissant plus de la veuë de son obiect, elle ne laissa pas de durer. Passant donc ces tristes iours en des obscuritez & en des inquietudes nompareilles, apres auoir tenté en vain toute sorte de moyens pour aborder Mela, il s'aduisa d'vne industrie où la peau du Renard precederoit celle du Lyon. Rodant iour & nuict déguisé autour de la maison de Liberat, il sceut que ce Gentil-homme estoit sur le poinct de faire vn voyage de quelques iours, il prit occasion de cette absence pour ioüer son stratageme qui fut tel. Il se fit faire la barbe d'vne façon autre qu'il n'auoit accoustumé de la porter, & s'estant noircy le teinct auec vne certaine composition, il se rendit le visage tout changé, puis s'estant déguisé en marchand de dentelle, de ceux qui portent des boëttes par la campagne, il se presenta au logis de Liberat. Mela qui vouloit de cette sorte de mercerie le fit entrer, il luy en desploya de diuerses sortes & à tres-bon prix, ce qui inuita cette Dame d'en faire vne assez bonne prouision. Cependant Speusippe se voyant dans sa chambre va à la porte, la ferme, & s'estant fait cognoistre recommence à la presser selon ses anciennes importunitez, d'auoir pitié de sa langueur. Mela se voyant surprise, tascha par sa douceur accoustumee d'accoiser son esprit; mais ce tygre se rendant plus furieux par cette harmonie, & voulant ioüer de son reste tire vn poignard & luy porte dedans la gorge, menaçant de la tuer si elle ne luy complaisoit. Mela effrayee se prit à crier, ce cry fut oüy d'vne seruante qui estoit en vne garderobe voysine qui accourt au bruit, elle vid sa maistresse qui se deffendoit courageusement contre cet impudent, & qui reclamoit son assistance : la seruante court à la porte de la chambre, l'ouure, met toute la maison en rumeur, les seruiteurs arriuent, qui enuironnent Speusippe de tous costez, & l'empeschent de violer Mela ; il en prend vn au colet, & d'vne rage

T iij

desesperee luy enfonce divers coups du poignard qu'il tenoit dans la poictrine & le tuë. Cependant Mela se sauue, & laisse Speusippe se démenant furieusement au milieu de ces valets, comme vn sanglier dans vne meute, il en blessa d'autres, & il fut blessé : à la fin ils le saisirent, & l'enfermerent dans vne chambre qui luy seruit de prison iusqu'au retour de Liberat : qui trop bon à ce perfide, au lieu de le chastier selon sa faute, ou au moins de le faire punir par la justice, le fit panser de quelque legere playe qu'il auoit receuë, & depeur que les gens de Iudicature ne le saisissans à cause du meurtre du valet, & du rapt attété, il luy donna moyen de s'euader, l'admonestant seulement d'estre plus retenu, & luy pardonnant sa folie, qu'il attribua à la rage d'vn amour démesuré. En quoy ce bon homme ressembla à la chevre de la Fable qui allaitta le louueteau, dont depuis estant deuenu grand elle fut deuoree.

Ce furieux & impudent attentat si humainement pardonné, ne peut encore addoucir la mauuaistié de ce courage, qui se voyant tous les passages clos pour aborder Mela, qui le fuyoit comme la brebis faict le loup, fit tenir vn cartel à Liberat, par où il luy faisoit entendre que son extreme amour luy faisant mieux meriter qu'à luy la possession de la belle Mela, il l'appelloit au combat, pour voir à qui le sort des armes dóneroit cette conqueste. Fol, qui ne sçauoit pas que par les loix la femme ne peut espouser le meurtrier de son mary, si elle ne se veut rendre complice, & coulpable de sa mort. Liberat pressé, tant par cette sotte & fausse regle d'honneur, qui passe pour maxime entre les Gentils-hommes François, que par le desir de chastier pour vne bonne fois tant d'outrages qu'il auoit receuz de cet insolent, se porte au lieu assigné, où apres auoir reproché à Speusippe sa perfidie, ils se mirent en presence & commencerent vn terrible combat: car si Speusippe, poussé d'amour & de desespoir, deux passions enragees, faisoit les efforts d'vn homme qui veut vaincre ou mourir ; Liberat pressé du ressentiment de tant d'offences & d'indignitez qu'il auoit receuës de cet impudent, n'estoit pas moins ardant à luy faire sentir la poincte de son espee. Desia l'vne & l'autre s'estoient blessez en diuers lieux, leur sang ne seruant qu'à les animer d'auantage, lors que la fortune, qui n'est pas tousiours du bon costé, permit que l'espee de Liberat se rópit par le milieu côtre la

L'attentat impudent. 297

garde du poignard de Speusippe. Alors Speusippe se voyant la vie de Liberat à sa mercy, luy commence à dire qu'il falloit qu'il luy cedast sa femme, ou qu'il l'alloit faire mourir. Tu me peux oster la vie, luy repartit Liberat, iamais l'honneur, ie mourray la gloire sur le front, & tu viuras auecque la plus grande infamie dont vn Gentil-homme puisse estre couuert. C'est trop disputé, dit Speusippe, il faut que par la perte de ta vie, ie rompe le nœud qui est entre toy & Mela, le seul obstacle de mes desirs, afin que ie la possede seul ; en disant cela il presse Liberat qui ne faisoit que parer. Enfin, se voyant hors de combat, il cherche son salut en ses jambes, & se met à fuyr. Speusippe le suit, & comme il luy alloit cacher la lance dans les reins, il arriua que Liberat vint à tomber, Speusippe tresbuche sur luy, & donna si rudement du nez en terre, qu'il demeura tout estourdy de cette cheute. Liberat sans perdre le temps ny le iugement saute sur luy, & luy enfonça deux ou trois fois son poignard dans le ventre, & luy fit rendre cette mal-heureuse ame, qui apres tant de perfidies, d'impudences, & de fureurs desesperees s'en alla en son lieu. Telle fut la fin execrable des attentats de ce frenetique, fin qui nous faict voir vn iuste iugement de Dieu sur sa teste, digne certes d'vne punition plus ignominieuse & plus cruelle. Car quel honteux supplice ne merite celuy qui violant auec vne si enragee outrecuidance les loix de l'amitié, de l'honneur, de la pudeur, de la pieté & de la bienseance, faict tant d'actions esloignees de la raison & de l'equité? Aussi le propose-ie comme vn maistre digne de la hayne publique, & dont la memoire doit estre detestee de tous ceux qui font profession d'vne honorable amitié.

LA FVNESTE
FEINTE.

RELATION XI.

'Esprit de Sagesse dict, la parole qui ne peut mentir, s'esloignera de la personne feinte. La verité & la simplicité sõt amies de Dieu, qui haït toute duplicité & feintise. Il ne faut iamais feindre, parce que les feintes finissent tousiours par les plaintes,

& encore que quelquefois on feigne par joyeuseté, ces ris sont ordinairement suyuis par des pleurs, & la dissimulattion est accompagnee d'vn chastiment veritable. Il n'y a pas long temps qu'en vne ville de la Gaule Celtique, vn Gentil-homme appellé Basian, apres auoir souffert tout ce que l'amour faict experimenter de plus rude en vne recherche legitime, acquit enfin par mariage vne fille que nous appellerós Ephese. Le commencement de cette alliance fut si heureux, que rien ne se pouuoit egaler à la felicité de ces deux conioincts. Car Basian ressemblant à ceux qui trouuent le miel bien plus doux apres le goust de l'absynte, iouyssoit apres tant de difficultez, de ce qu'il auoit si fort desiré, auec vn contentement qui surpasse le moyen de le representer. Mais tout ainsi que plusieurs reietrent en santé des viandes qu'ils ont desirees estans malades, auec vn empressement extreme: Aussi la facilité de la societé coniugale, relascha à la fin cette ardante passion que Basian auoit ressentie pour Ephese auant qu'il la possedast. Il est vray qu'Ephese fut en partie cause de cette disgrace, prenant à sa suitte vne Damoiselle, dont le nom sera Leonille, de qui l'esmerueillable beauté ne pouuoit estre consideree sans allarme. Cet obiet parut deuant les yeux de Basian, lors qu'il estoit sur le declin de ses premieres ardeurs maritales. Ephese qui le pensoit tenir par ses charmes anciés, croyoit auoir tellement conquis son courage, que rien n'estoit capable d'alterer l'affection qu'il auoit pour elle, sur cette creance elle ne prit pas garde qu'elle appelloit en sa maison le cheual de Troye, qui en deuoit estre la ruyne & l'embrasement. Et de faict, cette ieune beauté de Leonille accompagnee de graces & d'affections, capables de former beaucoup d'illusions, frappa aussitost les sens de Basian, & destourna son cœur de la droicte voye, pour l'occuper apres des imaginations adulteres. Il dissimula si long téps sa passion, & la cacha auec tant d'accortise à sa femme, qu'elle ne s'en apperceut qu'àlors que le remede estoit trop tardif & hors de saison, ioinct que Leonille charmee par les presens de Basian, & par l'espoir de ses belles promesses luy tendoit vne oreille si fauorable, qu'il esperoit emporter bien tost cette place qui commençoit à parlementer. Le marché est à demy faict auecque le second marchand, quand on est dégousté du premier. Il fut impossible à Basian de celer si bien son feu qu'il n'en parust des estincelles, & aux yeux aigus d'vne femme ialouse, qui voit bien souuent ce qui n'est pas, le moyen de cacher ce qui est. Lors que cette Dame vsant du droict de maistresse voulut chasser de sa maison cette arrogante Agar, deuenuë hautaine par la faueur de son maistre, elle cognut alors à la resistance qu'y fit Basian, qu'il y auoit entr'eux des intelligences secrettes, qui ne pouuoient estre qu'à son preiudice. De quel œil veid-elle depuis cette seruante riuale ? ie le laisse à considerer. Basian, qui n'a pas assez de ces deux yeux pour considerer cet Orient nouueau, dont l'esclat l'esbloüit, n'a plus de regards pour Ephese que languissans & foibles: au contraire, cette femme de jalouse deuenuë capricieuse & criarde, remplissant d'aigreur sa maison, met Basian en si mauuaise humeur, qu'il commence à tempester autour d'elle, & à luy faire sentir vn traittement bien rude. Helas, il ne faut qu'vn brin d'absynthe pour alterer la douceur de beaucoup de miel, & il ne faut qu'vne aragnee pour embarrasser l'œconomie de toute vne ruche. Le mesnage où la ialousie se mesle va tout à l'enuers, & malheureuse est la famille où cette peste s'engendre. C'est vn ver qui ronge le cœur des plus beaux fruicts, c'est vn vent qui n'excite que des orages, & ces orages conduisent à des naufrages asseurez. Certes Basian auoit tort d'en donner tant de sujet à Ephese; mais Ephese de son costé n'estoit gueres aduisee de penser chasser l'amour illegitime du cœur de son mary par ses aigreurs & ses reproches. Si vn clou chasse l'autre, elle deuoit se rendre plus aymable,

pour

pour estre mieux aymee : mais le despit luy suggera vne inuention malicieuse, reuelee par la chair & le sang, & qui eut aussi le mauuais succez que vous entendrez. Elle auoit pris pour la seruir à la chambre, pour la suyure par la ville, & porter son carreau à l'Eglise, le fils d'vn pauure Gentil-homme qu'elle auoit habillé en page. Cet enfant ne pouuuoit auoir que dix ou vnze ans, & estoit beau comme vn petit Ange. Elle l'affectionnoit pour sa gentillesse, il chantoit bien, & elle auoit le soin de luy faire apprendre plusieurs honnestes exercices. Elle crût que carressant cet enfant deuant les yeux de son mary, elle le pourroit r'appeller à soy par le marteau de la jalousie, ou pour le moins luy donner vne partie du tourment qu'elle ressentoit à cause de Leonille. Elle fit donc tant d'actions si desreglees

V

auecque cet innocent, dont l'aage & la force n'estoient pas capables d'aucun mal, que cela fut trouué mauuais par Basian. Il ne luy dissimula pas son desplaisir, & elle qui pensoit auoir atteint au but de sa pretension, se mit à redoubler ses carresses auec tant de messeance, qu'il n'y auoit plus de patience qu'il les peust supporter; mais comme Basian s'apperceut qu'elle faisoit ces mines plus pour luy faire dépit, que pour le mal qu'elle commist auec cet enfant, il delibera de la chastier par vne feinte, & de luy faire vne telle peur, qu'elle perdist la coustume de ces esclats, qui n'estoient point sans quelque sorte de scandale.

Il achete vn de ces poignards, dont les Comediens se seruent pour faire des feintes en leurs Tragedies, & pour tromper les yeux des

La funeste feinte. 307

regardans. La lame se cache dans le manche, lors qu'on en appuye la poincte sur l'estomach, desorte que les spectateurs croyent qu'elle entre dans le corps, lors qu'elle se retire entre les mains. Il mit au fonds du manche vne petite poche pleine de sang, & vn soir que sa femme se mit plus licencieusement qu'elle n'auoit encore faict, à baiser & carresser son Adonis, il vint à elle comme transporté de courroux ce poignard à la main, & apres en auoir donné trois ou quatre coups à ce page, & faict rejallir le sang qui sortit du sachet sur le visage de sa femme, il iette là l'enfant, & vient à elle, luy en donnant dans la poictrine & sur la teste tant de coups, que cette femme croyant (sans qu'elle le fust toutesfois) estre transpercee de tous costez, en conceut vne telle apprehension, que sans aucune blesseure

V ij

elle tomba roide morte à ses pieds. Aussitost voila le bruit par toute la ville que Basian auoit poignardé sa femme, l'ayant surprise en adultere auec son beau page. Si Basian fut estonné de voir que sa feinte eust si malheureusement reussi, ie le laisse iuger. La Iustice vient pour cognoistre du faict, il declare la verité selon que ie la viens de descrire, il monstre le poignard & le sang qu'il y auoit mis, Ephese est trouuee sans blesseure, & l'enfant aussi, qui n'ayant pas esté capable de tant de crainte, n'auoit point du tout de mal; neantmoins la premiere impression qui courut par le monde de ce meurtre fut si forte, qu'il fut impossible de l'effacer, chacun tenoit Ephese pour vne infame adultere, sans considerer l'aage de l'enfant, incapable de le commettre, & sans receuoir la verité telle que la declaroit Bafian, plufieurs eſtimans que cela ſe diſoit à deſſein de ſauuer l'honneur des enfans & de la famille. Le monde qui eſt tout confit en malignité, prend touſiours les actiós en la pire part, & s'il donne vn mauuais ſens aux meilleurs, quelle interpretation donnera-t'il à celles qui ont vne ſi grande apparence de mauuaiſtié? Cependant l'affaire n'en demeura pas là : car bien que la Iuſtice fondee ſur des coniectures fort probables laiſſaſt Bafian ſans punition, les Medecins attribuans la cauſe de la mort d'Epheſe à la force de l'imagination qui luy en auoit donné le coup, dequoy ils alleguoient beaucoup d'exemples. Euloge frere de cette Dame, Gentilhomme de grand cœur, & qui par quelque ſecrette hayne auoit autrefois contrarié à ce mariage, deuant la recherche qu'en faiſoit Bafian, ne pouuant supporter que sa sœur fust ainsi diffamee par les langues des mesdisans, & que la feinte de Basian demeurast sans vn chastiment veritable, le fit appeller en duel, & quoy que Basian luy tesmoignast beaucoup de douleur de la mort d'Ephese, & qu'il la publiast pour vne femme d'honneur & digne de loüange, Euloge ne se voulut satisfaire que par son sang, qu'il luy tira du corps auecque l'ame, refroidissant ainsi les ardeurs immoderees qu'il auoit pour Leonille, que l'on tenoit qu'il deuoit espouser. Ardeurs adulteres qui attirerent peut-estre sur luy la main de Dieu par l'espee d'Euloge; ce qui verifie ce mot sacré, que l'homme iniuste, trompeur, & qui ayme le sang, sera accueilly d'vne fin mal-heureuse.

LE
BON-HEVR
DE L'HONNEVR.

RELATION XII.

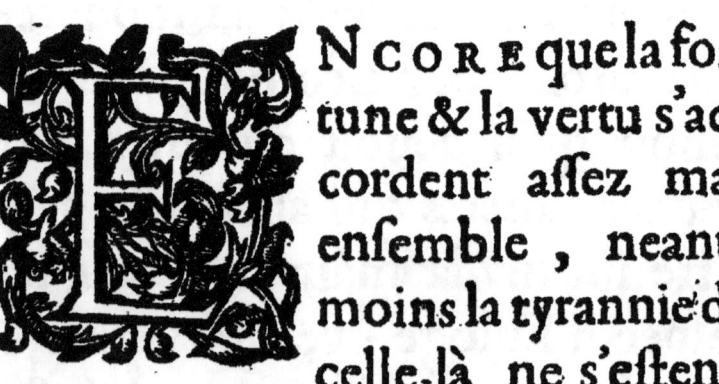NCORE que la fortune & la vertu s'accordent assez mal ensemble, neantmoins la tyrannie de celle-là ne s'estend pas tousiours sur celle-cy, & parmy leurs cóbats, la vertu souuét réporte des signalees victoires sur son ennemie. Moy qui dás les euenemés hu-

V iiij

mains ne cherche que d'esleuer des trophees à la Vertu, i'ameine icy vn exemple pour honorer son triomphe, & où l'on verra que l'honneur rend quelquefois le bon-heur tributaire de son merite. Vn ieune Seigneur de nostre Fráce, que nous ferons cognoistre sous le nom de Patrocle, & qui pour estre l'aisné entre ses freres, emportoit la qualité de Duc & Pair, que son pere laissoit en sa maison; estant encore sous la garderobbe de sa mere, sage & vertueuse Dame, & d'vn sang voysin de la Principauté, viuoit à la Cour auecque tout le lustre & l'esclat que l'on pouuoit desirer de la grandeur de son lignage & de son opulence. Il auoit parmy les Gentils-hommes de sa suitte vn nommé Germanic, qui auoit esté page de feu son pere; à cause de son addresse & de sa perfection au maniement des cheuaux, il estoit son Escuyer. Cettui-cy cogneu de longue main à la maison, s'estoit acquis vne telle priuauté aupres de son maistre, que hors le respect qu'il portoit à sa qualité, ils estoient comme compagnons. Patrocle ne luy celoit aucune de ses pensees, dont les plus serieuses en cet aage là, estoient celles de l'amour, & Germanic cachoit encore moins les siennes à son maistre. Cet Escuyer pensant à l'establissement de sa fortune par quelque party qui le peust accommoder (loin à la verité d'vn esprit qui marche selon la prudence) ietta ses yeux sur la fille d'vn Aduocat, de qui il esperoit tirer vne bonne dotte, mais outre cela elle auoit vn visage digne d'vn Empire. Germanic picqué iusqu'au vif de cette beauté, se met à cette recherche auecque tous les soins que l'on a de coustume d'employer en de semblables occasions. Il se rend agreable au pere, & non moins à la fille que nous appellerons Feliciane, si bien qu'il vogue à pleines voiles vers la conqueste de cette toison d'or, tout luy rit, & le succez semble infallible à son esperance. Tout plein de ioye il ne peut dissimuler son contentemét à son maistre, à qui il represéte les graces de Feliciane, auec les mesmes traits dont amour les auoit tracees en son esprit, & sa bouche parlât de l'abódance de son cœur, il animoit ses paroles de telle façon, que c'estoient autant de fleches ardantes qu'il lançoit en l'ame de Patrocle.

Ce ieune Duc ne pouuant croire tant de merueilles par le seul rapport de ce passionné, sans rendre encore ses yeux tesmoins de ce qui en estoit, eut la curiosité de sçauoir si ces loüanges ne ressembloient point à ces fausses glaces, qui estendét les obiects & les font voir beaucoup plus grands qu'ils ne sont en leur naturel : mais il trouua le contraire, & que le pinceau de la plus diserte langue n'auoit point d'assez viues couleurs pour representer les fleurs de ce beau visage, que l'on pouuoit appeller le par-terre des graces. Outre sa ieunesse il estoit d'vne inclination fort portee à aymer, si bien que cet obiect luy donnant dedans les yeux, ses prunelles furent comme des miroirs ardans qui porterent l'embrasement dedans son cœur ; il s'en retourna blessé, maudissant la curiosité qui l'auoit porté à vne si dangereuse rencontre. Quelque effort qu'il fist pour se deffaire de cette idee qui le suyuoit par tout, & luy liuroit vn assaut continuel, il ne fut iamais en sa puissance. Si bien que ne pouuant plus souſtenir l'impetuoſité de ſes deſirs qui ſe renforçoient, plus il les reſſerroit, il fut contrainct de ſe deſcouurir à Germanic, auecque la meſme franchiſe dont il auoit accouſtumé de traicter auecque luy. A n'en point mentir ce coup frappa rudement le cœur de cet Eſcuyer; car la Royauté & l'Amour ne veulent point de compagnon. Neantmoins comme Germanic aymoit raiſonnablement, auſſi la raiſon ſe trouua plus forte en ſon ame que la paſſion, & apres vn combat qui ne fut pas petit, il ſe reſolut à ſe vaincre ſoy-meſme, & à ceder à ſon maiſtre, pourueu que ſes pretenſions fuſſent iuſtes. Il luy promit donc de le ſeruir en cette occurrence contre ſoy-meſme ; mais à telle condition que ſon deſir fuſt conforme à la vertu ; autrement, luy dict-il, vous n'auez plus ny seruiteur ny maistresse, vous n'aurez plus de seruiteur en moy : car ie ne suis pas homme à employer à des actiós indignes, vous n'aurez point de maistresse en elle, car ie sçay qu'estât vn temple d'honneur, vous n'y aurés iamais d'accés que par la porte de la vertu. Et si la moindre de vos paroles desment ce dessein, fussiez-vous encore plus grand que vous n'estes, elle vous reiettera comme vn affronteur.

Patrocle touché au vif par cette beauté, iure à Germanic que ses intentions sont pleines d'honnesteté, & qu'il ne voudroit pas implorer son assistance s'il auoit d'autres pensees. Alors Germanic, auec vn courage au dessus de luy-mesme, mettant sous les pieds son propre interest, se resolut de tesmoigner à Feliciane qu'il l'aymoit veritablement, en luy procurant vne fortune au dessus de son attente. La premiere parole qu'il luy en porta remplit cette fille de tant de confusion & d'estonnement qu'elle crût qu'il se mocquoit d'elle, & qu'il feignoit cela pour sonder si sa vanité la porteroit bien iusques à ce poinct, d'esperer Patrocle pour mary: mais enfin il luy fit tant de sermens, & luy parla en termes si serieux, qu'il effaça toute doute de son esprit, pour y establir cette creance qu'elle estoit desiree pour femme de ce ieune Duc. Aussitost, comme vne sage fille doit faire, elle communiqua cette nouuelle à son pere, qui prudent comme vn homme qui donne conseil aux autres, se douta qu'il n'y eust de la tromperie en cett' affaire, & que l'on ne voulust donner à sa fille vn mauuais change. Il la tient plus resserree qu'auparauant, & donne charge à sa femme de veiller sur ses actions, & de luy en rendre bon compte. Voila Patrocle en des inquietudes nompareilles, & qui se transforme en plus de façons que les Poëtes ne feignent en Iuppiter pour aborder cette captiuité. Les difficultez aiguisent ses desirs, & il deteste sa grandeur qui met tant d'obstacles à ses pretensions. Il escrit, il iure, il prie, il proteste, il n'y a sorte de deuoir où il ne se range pour se faire croire, & auoir permission d'aborder cette fille. Enfin, les actions des grands sont tentes de theatre, & elles ne sont cachees qu'à ceux qui n'ont point d'yeux. Tout le monde sçait cet amour, Patrocle mesme en faict gloire la publie: sa mere en est auertie par le bruit cómun, effrayee de cela elle luy en demande la verité, il la luy aduouë, elle de luy faire des reproches de la bassesse de son courage, luy nommant quantité de filles de sa condition, à qui il deuoit plustost addresser ses vœux. Patrocle respond selon sa passion, & proteste d'estre constant en cette flamme, & de ne vouloir point d'autre femme que Feliciane. Voila bien du bruit, il continuë en cette recherche à camp ouuert, & Augure sa mere craignant qu'il ne passast outre, nonobstant ses deffences, s'addressa au Roy, & luy remonstra que c'estoit à sa Majesté de retenir les enfans, au respect qu'ils doiuent à leurs meres, & d'empescher que le sang de sa plus illustre noblesse, ne se mesle auecque celuy du peuple, qu'estant sur le poinct de voir son fils emporté d'vne legere passion, degenerer de la gloire de sa naissance, elle a recours à sa Majesté pour empescher ce desordre, & r'amener

Le bon-heur de l'honneur.

ner à son deuoir celuy qui s'en veut escarter. Supplie que deffences luy soient faites de se marier auec Feliciane, à peine de nullité de ce mariage, s'il venoit à estre contracté clandestinement. Le Roy plein d'equité eut esgard aux iustes demandes de cette Duchesse Doüairiere, fit faire les deffences qu'elle desiroit, & ainsi la recherche de Patrocle fut arrestee. Ses parens, ses amis, & le Roy mesme luy firent des remonstrances qui le retirerent de ce dessein; neantmoins, pour tesmoigner qu'il auoit legitimement aymé Feliciane, il procura qu'elle fust mariee à Germanic son fauory, à qui il fit beaucoup de bien en consideration de ses seruices, & de l'amitié qu'il auoit portee à Feliciane. Ie sçay que les mesdisans, dont les langues noires de calomnie ne semblent faites que pour respandre vn mortel

X

venin sur les plus belles fleurs, ont voulu gloser sur ce mariage; Mais quoy que leur rage vomisse, Feliciane vit auecque l'honneur sur le front, & couronnee d'vne gloire qui ne peut estre flestrie: & Germanic, qui s'est monstré si ialoux de la conseruation de son honnesteté, lors qu'elle ne luy estoit rien, ne l'aura pas esté moins depuis, que par l'indissoluble vnion du mariage, leur honneur a esté commun aussi bien que leurs fortunes & leurs vies. Cette occurrence monstre clairement que le bon heur est vne ombre qui suit l'honneur, & que ceux qui s'attachent au tronc de celui-cy, iouyssent du gracieux ombrage de l'autre.

Fin du Liure premier.

RELATIONS MORALES.

LIVRE DEVXIESME.

LE DOVBLE FRATRICIDE.

RELATION I.

IL n'y a pas trente ans qu'vne des plus celebres villes de noſtre France, fut le theatre du tragique accident que ie vay deſcrire. Que ſi l'amour des biens a peu armer le ſang contre

X ij

le sang, comme nous auons veu en la Relation du traiftre beau-frere, celle de la fenfualité fera icy vn fratricide reciproque, dont ie cacheray le fcandale fous des noms empruntez, fans laiffer perdre l'vtilité de l'exemple, qui enfin nous apprendra combien veritablement le bien-aymé difciple du Saueur a declaré que tout ce qui eft au monde malin, n'eft autre chofe que conuoitife des yeux, defir de fenfualité, orgueil de vie, comme s'il difoit; auarice, volupté, ambition. Les vefues qui ont appris dans l'vfage des nopces les fecrets pour amorcer les hommes, lancent fans doute des attraits plus dangereux que ne fait la fimplicité des filles : ces dueils affettez dont elles fe reparent, pluftoft qu'elles ne fe defparent, ne doiuent rien aux plus delicats ornemens dont fe parent celles qui ont des marys, ou qui en desirent : au contraire, comme le soleil qui sort de dessous vn nuage darde ses rayons plus ardans, & comme les charbons sont plus vifs qui sortent de dessous la cendre : aussi les regards, ou plustost les dards, qui s'eslancent du milieu de ces crespes & de ces voiles, dont les vefues s'enueloppent auec plus de desir d'estre veuës & de voir, que de se cacher, font des impressions dans les cœurs qui ne sont pas legeres. I'aduance ce propos sur le suiet de Parmene ieune vefue, qui n'ayant esté que trois ans sous le joug d'Hymen, & n'ayant encore atteinct que le vingtiesme de son aage, donna plus d'enuie de sa nouuelle conqueste à ceux qui considererét ses beautez, sous tant de noirs attours, que de pitié de son vefuage. Et à dire la verité, ses yeux estincelans, ses joües vermeilles, son embonpoinct, sa contenance estudiee, ses propos agreables, & son ordinaire cóuersation parmy les compagnies, tesmoignoient assez qu'elle n'estoit pas de ces vrayes vefues separees des hommes & de corps & de cœur; mais que sa frequentation n'estoit pas tant vn diuertissement d'ennuy, qu'vn desir de chercher vn escueil pour faire dans les liens d'vn autre Hymenee vn second naufrage de sa liberté. Il est vray qu'aussitost qu'elle fut vefue, allant en vn Monastere de Religieuses fort reformees, pour se consoler auec vne parente qu'elle y auoit, & dont la sainćteté & l'intelligence des choses de l'esprit estoit fort estimee: elle y receut comme vne espece de prediction qu'elle ne seroit plus mariee, prophetie dont elle se mocqua en son cœur, où elle auoit resolu tout le contraire, ainsi qu'elle tesmoigna depuis en ses deportemens.

Mais comme il y a sur mer des vaisseaux si mal conduicts qu'ils n'y roient iamais au fonds s'ils n'y estoient iettez par les tempestes, il y a de mesme des ames dedans le monde qui y sont si fort attachees, qu'il faut des tourbillons de grace pour les en enleuer, & qu'il faut comme ces brebis errantes, presser d'entrer dans le parc de la saincte religion. Il leur faut comme à sainct Paul, des vocations vehementes & extraordinaires, des rayons flamboyans, des voix du ciel, des cheutes, des terreurs, des efforts estranges pour les sauuer : ce sont celles qui ne veulent point aller apres les parfums des menuës inspirations de l'Espoux, mais qui doiuent estre entraisnees, non pas certes que dans ces deluges de grace la liberté de refuser & de resister au sainct Esprit ne demeure entiere; mais toutefois les motifs sont si pressans, les impulsions si puissantes, qu'il faudroit auoir vn rocher en la place du cœur pour n'en sentir l'emotion, & renoncer à l'humanité, pour ne ceder à cette douce & libre violence. Personne, dict le Sauueur, ne peut venir apres moy charger sa Croix & me suyure, si mon Pere ne l'attire, & en quelque façon ne l'entraisne par vne grace efficace. Nous verrons cecy clairement en l'issuë de cette Relation arriuer à Parmene. Cette vefue estant donc la tramontane de plusieurs vaisseaux, qui s'embarquerent sur la mer orageuse de l'amour à sa consideration, ne fut adoree d'aucun auec tant de soumission, ny aymee plus religieusement que de Prilidian. C'estoit vn Gentil-homme de l'aage de trente ans, n'ayant plus de pere ny de mere, en pleine possession de ses droicts, qui auoit pourueu ses sœurs selon leur qualité, & donné sa part à Babylas son cadet, qui estoit en sa vingt-sixiesme annee, & qui suyuant les boüillons de son courage estoit allé en Flandre, Theatre de la guerre depuis soixante ans, chercher les occasions de paroistre dans les armees. Tandis que Babylas est dans les rudes exercices de Mars, Prilidian est parmy les tentes, ou plustost parmy les attentes de l'Amour: car cet Archerot a ses soldats, ses champions & ses armees, aussi bien que le frere de la furieuse Bellone. Et certes Prilidian n'eut pas de petites batailles à donner, pour acquerir les premiers rangs entre ceux qui pensoient à la conqueste de la belle vefue. Parce que chacun de ces poursuyuans se mettans en despence & sur sa bonne mine, faisoit à l'enuy à qui paroistroit d'auantage, & à qui luy rendroit plus de deuoirs. Cette femme estoit bien resoluë de se remarier, mais non pas si tost, elle vouloit vn peu gouster la liberté, & estre quelque temps à soy, auant que de se mettre en la puissance d'autruy. Elle auoit en son premier mariage suiuy la volonté de ses parens plustost que son choix, en ce second qu'elle medite, elle veut vser plainement de son franc-arbitre, & suyure son mouuement & son ellection. Il est vray que la multitude l'accable, & l'abondance des partis la met en la mesme peine que feroit la disette, elle ne peut estre qu'à vn, & c'est cet vn qu'elle a de la peine à tirer dans la pluralité. Cependant elle repaist sa vanité de la complaisance qu'elle a de se voir adoree, cajollee, & si bien seruie & suyuie. Elle faict de ses amans comme des jettons, selon qu'elle les auance ou reuere en ses honnestes faueurs, elle faict leur prix, & souuent les mieux auancez estoient les moins aymez. Elle en auoit de tous registres, les vns esleuez en noblesse, en honneurs, en grandeurs, d'autres eminens en richesses, d'autres à qui la bonne grace, la beauté, l'addresse & la valeur suppleoient aux biens & à la naissance ; selon les diuers mouuemens de son esprit elle estoit tantost portee vers ceux-cy, tantost vers ceux-là ; & comme l'on dict que la mer change de couleur selon les vents qui voguent sur sa sur-face, suyuant les esgards que Parmene auoit des biens, des honneurs ou des plaisirs, elle prenoit diuers conseils ; mais conseils tellement insolens, que ce qu'elle vouloit le matin, luy desplaisoit le soir, sa teste n'ayant pas moins de quartiers que l'Astre qui preside à la nuict. De quel nœud pouuoit-on estreindre ce Protee? L'esprit des femmes est ordinairement porté aux extremitez : elles veulent des hommes, ou extremement nobles, ou extremement riches, ou extremement agreables & accomplis, & toutes ces extremitez se treuuent rarement ensemble : car tout n'est pas donné à tous. Neantmoins Prilidian s'insinua aux bonnes graces de Parmene par vne mediocrité, luy representant que les grandes naissances appellent des grandes despences, & que de là vient la ruyne des maisons, & vne honteuse necessité en l'aage auancé, qui a plus besoin d'assistance. Que les grandes richesses sans honneur, ne satis-font pas les cœurs genereux, & que la beauté sans les biens & la naissance, est vne fleur qui passe soudain comme la rose, & ne laisse apres soy que les espines du repentir. Prilidian r'amenant puis apres tout cela à la mediocrité, & mettant cette mediocrité à son aduantage, faisoit voir qu'il auoit de la noblesse tout ce qui luy en falloit, pour honorer la naissance d'vn Gentil-homme. Qu'il auoit des biens, de quoy soustenir honnestement le lustre de sa noblesse, & quant au reste des qualitez de sa personne, c'estoit aux yeux de Parmene à en estre les iuges; mais que pour l'affection il ne cedoit à aucun de ses competiteurs. En somme, il sceut si bien plaider sa cause au Tribunal de cette imperieuse maistresse, que non seulement il merita d'estre oüy; mais de prendre vn rang en ses faueurs, qui n'estoit pas des moindres. Tandis qu'il se repaist d'vne belle esperance (qui est le parfum des amans)

& qu'il croit que la perseuerance & la fidelité couronneront d'vne fin heureuse ses pretensions. Babylas son cadet reuint de la guerre tout chargé de lauriers, & auec vne reputation toute autre que celle de son aisné. Tous ses amis luy firent de grands applaudissemens à son retour, & comme s'il eust triomphé, il n'y auoit celuy qui ne donnast des loüanges à sa vaillance. Au reste, cette mine soldate, qu'il auoit rapportee du milieu des armees, auoit ie ne sçay quoy de braue, & cet aage fleurissant où il estoit, auoit plus auantages d'vne beauté qui n'estoit pas vulgaire. Aussitost qu'il eut appris la recherche de son frere, il ne manqua pas de voir Parmene, qu'il entretint des merites de son aisné, luy promettant vne felicité parfaite, si elle consentoit à cette alliance. Cette vefue, dont la changeante humeur estoit disposee à la nouueauté, rencontra tant de charmes en la grace & en la conuersation de Babylas, qui entre autres qualitez babilloit des mieux, qu'aussitost toutes les pensees qu'elle auoit euës pour Prilidian, & pour tant d'autres qui la recherchoiét, s'esuanoüirent de son esprit, de mesme que les ombres disparoissent durant le soleil. Elle n'a plus que Babylas dans la teste, sa seule idee nage dans son cerueau, & remplit son imagination : elle ne songe plus aux honneurs ny aux richesses, la seule mine de ce cadet luy emporte le cœur ; elle tasche de faire donner cet oyseau dans ses filets, & de le rendre susceptible pour elle, de la mesme flamme qu'elle souffre pour luy ; mais il ressemble à l'ombre qui s'enfuit de ceux qui la suyuent, soit qu'il n'entendist pas, soit qu'il fist semblant

de n'entédre point le langage muet des yeux & des contenances de Parmene, qui parloit assez aduantageusement pour luy, il ne voulut iamais y respondre, ce qui obligea cette femme à s'expliquer plus clairemét, ce qu'elle fit vn iour que Babylas la pressoit de donner vne fin à la recherche de son frere : ce sera, luy repartit-elle, quand vous donnerez commencement à la vostre. Comment à la mienne, Madame, reprit Babylas, qui vous a desia dict des nouuelles de ma maistresse inuisible ? certes ie suis si amoureux de la liberté, que ie n'ay encore eu aucune pensee de me marier. Ie ne sçay pas, respondit Parmene, si vostre maistresse est inuisible ; mais ie cognoy vne Dame fort visible qui est bien vostre seruante. Enfin, sans m'amuser d'auantage à raconter ces pour-parlers, elle luy fit entendre
qu'elle

qu'elle l'aymoit, & qu'elle le prefereroit non seulemét à son frere, mais à tous ceux qui la poursuyuoient, s'il la vouloit espouser. Soit que Babylas n'eust pour lors aucune inclination au mariage, soit qu'il tint pour vne enorme infidelité, de courir sur le marché de son frere, il détourna ses propos en ioyeuseté, disant à Parmene que c'estoit pour tenter sa constance qu'elle auoit mis en auant cette proposition. Mais enfin, cette femme l'ayant asseuré par sermens & par toutes les persuasiós qui peuuent gagner vne creance qu'elle parloit selon la verité, Babylas la pria de l'excuser, & de croire que sans l'interest de son frere, qui estoit trop visible, il tiendroit à beaucoup de gloire & de bon-heur son affection, veu qu'elle luy presentoit auecque la iouyssance d'vne eminente beauté, vne fortune plus

Y

digne d'vn aisné que d'vn cadet. Parmene luy representa que le soin qu'il deuoit auoir de son propre aduancement, luy deuoit estre plus cher que celuy de son frere, & qu'en cela il tesmoignoit son amitié par vn excez blasmable, qu'au reste elle les contenteroit tous deux en ne receuant ny l'vn ny l'autre : non l'aisné, parce qu'elle ne le vouloit pas : non le cadet, puis qu'il la rebutoit de la sorte.

Madame, repliqua Babylas, la justice veut que les premiers en seruice le soient en recompense, ie serois blasmé de tout le monde si i'auois faict vne telle trahison à mon frere, de courir sur son dessein. Il n'y a point de trahison, reprit Parmene, puis que vous n'auez eu aucun dessein de le supplanter, s'il y a de la faute ie la tireray toute à moy, puisque c'est moy qui vous choisis comme estant libre de mon ellection. Que si ie dois preferer ceux qui sont venus les premiers à ma recherche, vostre frere aura son rang entre les derniers; mais ie voy bien que c'est vn faux voile que vous voulez donner à vostre froideur, & que vous voulez colorer vostre mespris d'vne espece de iustice. Si c'est vn mespris qui me retire de vostre seruice, repliqua Babylas, ie ne veux pas que le Ciel me pardonne iamais cett' offence, i'ay des yeux pour voir vostre beauté, & la voir & l'aymer seroit vne mesme chose, sans l'obstacle que ie vous ay proposé; i'ay du iugement pour recognoistre vos biens & les merites de vostre personne, mais de mettre mon frere au desespoir, c'est ce que ie ne puis faire sans horreur, faictes qu'il ne vous recherche plus & ie suis à vous. Ce dernier mot qui sortit de la bouche de Babylas sans le bien peser, fut cause d'vn malheur extreme : car Parmene pour l'acquerir se mit à traicter si cruellement & auec tant de desdains Prilidian, que si son amour n'eust esté plus forte que tous ces outrages il s'en fust guery par vn iuste despit. Mais comme les vents renforcét la flamme, la sienne s'accrut par ces rudes traittemens, & plus elle taschoit de l'esloigner, plus il s'efforçoit de l'approcher & de luy complaire. A la fin, la tyrannie de cette femme lassa la patience de Prilidian, & perdant l'espoir de la conquerir, il entra dans le sainct desespoir qui fait mespriser le monde. C'est ainsi que i'appelle ce motif assez commun, qui porte tant de gens dans les Cloistres, rebutez des pretensions, ou vtiles, ou honorables ou delectables qu'ils auoient dans le siecle. Car si cet ancien Pere

Le double fratricide. 341

nomme cette necessité heureuse, qui r'amene les vicieux à vn meilleur train, pourquoy ce desespoir ne sera-t'il point appellé bon qui ameine à vne meilleure vie ? Prilidian se voyant tellement reietté de Parmene, qu'elle luy osta toute esperance de la posseder, se resolut de faire sous vn sac de Capucin la penitence du temps qu'il auoit perdu à idolatrer cett'ingrate, & il tint ce dessein si secret que son frere mesme n'en eut aucun soupçon: de sorte que l'on sceut plustost sa vesture que sa poursuitte pour entrer en ce sainct Ordre.

Parmene ayant la nouuelle de cette retraitte du monde qu'auoit faicte Prilidien, croit estre arriuee au but de ses pretesions pour Babylas. La premiere fois qu'elle le vid, Et bien, luy dict-elle, vous souuenez vous de vostre promesse? Quelle

Y iij

promesse, reprit-il, Madame ? d'estre à moy, repliqua Parmene, aussitost que vostre frere ne me rechercheroit plus. Madame, respondit Babylas, il est bien entré dans les Capucins ; mais il n'y est pas encore arresté de telle façon qu'il n'en puisse sortir, n'estant encore qu'au commencement de son Nouitiat, sa succession ne me regarde qu'apres qu'vne profession solemnelle luy aura fait renoncer à tout ce qu'il possede en la terre, iusques là ie ne puis parler. Car si ie vous recherchois durāt ce temps-là, n'auroit-il pas occasion de coniecturer que ie fusse cause des mauuais traittemens que vous luy auez faits, & qui l'eust poussé par desespoir à cette fuitte du monde ? & en suitte, n'auroit-il pas sujet de me priuer de l'heritage qui me regarde, s'il recognoist ma fidelité ? Parmene voyant qu'il luy mettoit le Caresme si haut, l'accusa de peu d'affection pour elle, & crût qu'il estoit engagé à l'Amour, & à la poursuitte de quelque autre suiet. Elle tient prise neantmoins, auec les impatiences d'vne femme qui auoit plus accoustumé d'estre priee que de prier, & d'estre seruie que de faire des requestes. Tandis Babylas continuë ses visites chez-elle, & bien qu'elle creust que ce n'estoit que par compliment, si est-ce qu'insensiblement il s'engageoit à aymer cette Dame, de qui il recognoissoit la passion si grande pour luy. Au reste, bastissant sa fortune sur la despoüille de son frere, & sur ce party qui estoit aduantageux, il nageoit desia dans l'esperance de se voir vn iour bien à son ayse. Il faict cependant la guerre à l'œil, & sans descouurir son ieu, il a trop de prudence pour vn amant, il veut auoir l'vn & ne perdre pas l'autre, & le sort ne luy donnera ny l'vne ny l'autre de ses pretensions. Tandis qu'il bat à froid, Parmene est en des inquietudes qui ne luy laissent aucun repos, plus elle le presse de se resoudre, plus il differe ses resolutions. Au moins, luy disoit-elle, que i'aye quelque responce fauorable: Ie n'en puis faire d'autre, repliquoit-il, que celle que i'ay faicte, ie ne puis parler qu'apres la profession de mon frere. Mais n'auray-ie point d'autre asseurance, repartit Parmene? Ie ne vends point la peau du lievre qui court, repliquoit Babylas. Alors la soupçonneuse Parmene s'imagina que sans doute il estoit engagé ailleurs, puis qu'il n'y auoit aucun moyen d'eschauffer sa glace, & qu'apres la profession de Prilidian il luy seroit bien aysé de forger vn' autre excuse, & ainsi qu'elle demeureroit mocquee & frustree de l'vn & de l'autre. Là dessus le despit de se voir mesprisée la venant saisir, elle se fit quitte de l'affection de Babylas, lors que ce cadet se trouua engagé à l'aymer, & estoit resolu de luy declarer qu'il n'auoit de la bonne volonté que pour elle. Ce n'est pas sans raison que cet ancien Philosophe mettoit l'accord & le discord pour les principes de l'vniuers, puisque nous voyons qu'il est tout composé de contrepoinctes. Quand l'vn va, l'autre vient, celuy qui naist en pousse vn autre à la tombe, l'origine d'vne amitié est la perte d'vne autre; le monde est de figure ronde, dont la fin est voysine du commencement. Lors que Babylas se prepare à rechercher Parmene, estimans que la honte seroit aussi forte pour retenir son frere aux Capucins, que le desespoir auoit esté puissant pour l'y poulser; & faisant desia le maistre dans l'heritage de Prilidien, voila que Parmene, faschee d'auoir payé de desdains la fidele & violente amour de cet aisné, & d'auoir estimé l'ingratitude du cadet, commence à changer de batterie, à fuyr ce qu'elle a desiré, & à desirer ce qu'elle a fuy. Il est aysé d'arracher vn arbre nouuellement planté, & d'abbatre vne muraille fraischement faicte. Vne petite lettre bouleursa tout le pieux dessein de Prilidian, & cette estincelle aydee du vent de la tentation, le fit repentir du bien qu'il auoit commécé, comme qui se repentiroit d'vne mauuaise entreprise. Au lieu de fermer l'oreille du cœur à cette belle enchanteresse, à cette Syrene, qui le vouloit r'appeller sur la mer du monde, pour le perdre dans vn triste naufrage, l'idee de ce visage tant aymé luy vint liurer tant d'alarmes dans sa cellule, que sa saincte resolution ceda à la flatteuse violence de ces assauts, & quelques remonstrances que luy fit le maistre des Nouices, sous qui il auoit embrassé la discipline de la Croix, il tesmoigna bien qu'il n'estoit pas enfant de Dieu, puis qu'il en voulut descendre. Que le monde en murmure tant qu'il voudra, comme si l'esprit de Prophetie estoit esteinct en nos iours, c'est vn vieux menteur, & qui croit que les veritez reuelees soient des songes ou des mensonges? mais tant y a, que ie dois cette circonstance à la suitte de mon Histoire. C'est qu'vn ancien Pere qui estoit au Monastere qu'il quitta, luy dict les larmes aux yeux, que puis qu'il abandonne Dieu, Dieu l'abandonneroit, que son nom effacé au liure de vie, seroit escrit en la terre, en celuy de mort, que sa sortie seroit funeste, & qu'vn grand mal-heur luy arriueroit, puis qu'il laissoit si laschemét la source de vie pour vne cisterne ruinee, dót les eaux dissipees se perdoient de tous costez. Vous allez voir que c'est là vne peinture prophetique de l'accident qui suruint, & vne image de la legereté de Parmene. Voila Prilidian hors du Monastere, & Babylas frustré de la double attente des biens où il auoit desia attaché son affection, & de la beauté qui luy auoit entamé le cœur. Pour les biens il faut qu'il les relasche, parce que les loix sont plus fortes que luy: & bien qu'il soit bien marry en son ame du retour de son frere, il peint neantmoins son visage d'vne feinte joye, & il le congratule d'estre reuenu, dissimulation assez ordinaire dans le siecle. Mais pour son amour, qui s'estoit desia ancré dans son esprit, c'est ce qu'il ne peut pas quitter si aysement que sa robe. Au contraire, il s'y tient plus ferme par le double interest du plaisir & du profit : car se voyant sevré de la succession de son frere, il crût que par la possession de Parmene il se recompenseroit de cette perte, & que l'establissement de sa fortune dependoit de là. Il se met donc à voir cette femme auec beaucoup de soin, & à se porter aupres d'elle, auec des respects & des submissions extraordinaires. Parmene s'imagine que c'est comme au commencement de sa frequentation, & qu'il luy faict la cour pour son frere; mais l'ayant mis sur ce propos, elle entend qu'il chante sur vn autre ton, & qu'il presche pour soy-mesme. Cecy embarrassa fort l'esprit de Parmene (& certes il y auoit dequoy mettre en peine vn plus fort que le sien) car r'appellant en sa memoire tant de douces pensees qu'elle auoit autrefois formees sur les belles qualitez de Babylas, elle retomba incontinent dans sa premiere fievre, & la chaleur de l'amour chassant la froideur du despit, toute la fidelité de Prilidian luy parut vn fantosme. Que la femme est vne chose muable, & que ceux-là bastissent bien sur vn sable mouuant, qui fondent leur esperance sur la foy de ce sexe. Voila dans peu de iours ses yeux changez pour Prilidian, ce ne sont que des Cometes funestes & desdaigneuses pour cet aisné ; mais pour Babylas ce sont des Planetes heureuses & fauorables. Encore si elle eust cherché quelque pretexte pour excuser sa legereté, & colorer son changement, ou bien si elle eust si accortement dissimulé son dessein que Prilidian n'en eust pas si soudain ressenty l'effect, peut-estre que ce traict preueu luy eust donné le loisir de se preparer à la souffrance: mais se voir tout à coup descheu du throsne de cette grace qui le rendoit glorieux, & voir au mesme instant son frere dans les accueils & les carresses, & posseder ce qu'il estimoit n'estre deû qu'à son incomparable fidelité, c'est ce qu'il ne peut ny digerer ny comprendre. Parmene s'arme tellement de desdains contre luy, qu'elle ne le veut ny voir ny ouyr, & cela sans l'auoir desseruie, sans l'auoir offencee. Au contraire, elle ne peut viure qu'en la conuersation de Babylas, & tout haut elle l'appelle son seruiteur, & en faict son idole, c'est ce qui le creue. Vne forte jalousie s'empare de son cerueau, & y attrire en mesme temps les fureurs, les coleres les vengeances. Ny la fraternité, ny le sang, ny le long respect que Babylas luy auoit porté, ny aucune consideration est capable de satisfaire son esprit, dont la raison est bannie : la rage de la passion rauage son iugement, il ne marche qu'à la lueur des flambeaux des furies, qui comme de funestes ardans le menent à des precipices. Encore la Nature iouät'elle vn dernier effort, obtenant vne treve en son esprit pour aborder son frere d'vne façon assez reposee : mais aussitost qu'il fut en train de parler, le trouble de son ame le saisissant luy fit vomir mille outrages contre la perfidie & la trahison de Babylas, qui l'auoit ainsi supplanté en l'affection de Parmene. Cette nuee de paroles creüa en vn orage de menaces, s'il ne se departoit de la voir, la raison voulant qu'il luy cedast en cette recherche, & luy deffendant de courir sur ses brisees.

Babylas

Babylas semblable au ioueur qui est en chance, & dont l'esprit est tousjours plus rassis que de celuy qui perd & le sien & le sens, luy respondit d'vne façon assez reposee, qu'auparauant qu'il se iettast parmy les Capucins, il auoit eu autant d'accez dans les bonnes graces de Parmene qu'il en eust peu desirer pour se mettre en sa place; mais que le respect qu'il luy auoit porté l'auoit retenu: que cette premiere affection de Parmene auoit causé les premiers dédains qui l'auoiēt porté hors du monde, que lors mesme qu'il estoit encore sous l'habit Religieux, il auoit refusé cette bonne fortune à sa consideration, ce qui auoit esté cause de son r'appel, que si cela s'appelloit desloyauté, il ne sçauoit ce que c'estoit d'estre fidele: que si du depuis, soit qu'il mesnageast mal l'esprit de Parmene, soit que cette femme changeaſt, il ſe trouuoit plus que deuant en ſes graces, il s'eſtonnoit de voir qu'il luy attribuaſt à perfidie la bonne volonté que cette Dame luy teſmoignoit, comme s'il eſtoit en ſa puiſſance de diſpoſer l'eſprit de cette femme ſelon ſes fantaiſies. Qu'il prenoit vne mauuaiſe conduite de ſe vouloir faire aymer par force de cette vefue, dont les inclinations eſtoient libres, & dont l'eſlection ne pouuoit eſtre violétee, que ſi elle ne le vouloit pas il perdoit ſon téps à la rechercher; Au reſte, qu'en ce cas il auoit doublement tort de luy en interdire la pourſuitte. Premierement, parce qu'il teſmoignoit par trop ſon enuie, de luy deffendre d'acquerir vn bien qu'il ne pouuoit auoir. En ſecond lieu, d'entreprendre de luy commander comme s'il eſtoit ſon pere ou ſon maiſtre, veu que la maiorité le mettant en ses droicts, le rendoit libre de toute subiection, & le mettoit au train de prendre sa bonne fortune par tout où il la rencontreroit. Qu'il vouloit bien le respecter comme aisné, mais qu'il empescheroit bien que l'ainesse ne se transformast en vne tyrannie qui n'estoit pas supportable. Qu'il seroit tousiours bien ayse que Parmene tournast ses affections, veu qu'il ne luy enuieroit pas cette bonne alliance si elle luy arriuoit, qu'il deuoit luy rendre le reciproque, & ne luy enuier pas ce bon-heur si elle faisoit choix de sa personne, & le vouloit pour mary. Certes s'il fust demeuré quelque estincelle de raison dans l'esprit de Prilidian, il eust presté vne oreille plus fauorable au discours de Babylas : mais depuis qu'vne ame est allumee de fureur & de ialousie, rien n'est capable de la satisfaire que la vengeance. Resistez à vne Bacchante quand elle est en sa manie, dict cet ancien Poëte, vous la rendrez plus enragee & plus maniacle; opposez des digues à vn torrent, vous le rendez plus enflé & plus terrible. Cette response au lieu d'accoiser les boüillons du courroux de Prilidian, luy firent croire qu'il estoit supplanté par trahison, & que son frere par vne mine secrette, auoit donné le sault à ses esperances. Il luy commande encore vne fois de se retirer d'aupres de Parmene & de s'en aller à la guerre, autrement s'il le trouue aupres d'elle il le menace de luy faire sentir ce que peut vn aisné sur vn cadet desobeyssant. Ces termes ne peurent estre supportez de l'humeur soldate de Babylas, il ne croyoit pas que le droict d'ainesse s'estendist iusques à l'empire, & luy qui comme ce Roy d'Athenes n'estimoit aucun plus grand que luy, tant qu'il auroit vne espee à son costé, respondit à son frere des paroles si hautaines, qu'il luy fit bié cognoistre que ses menaces ne l'espouuentoient aucunement, & quand il en viendroit aux effects, il luy donneroit la moitié de la peur.

Là dessus ils se separent, & Babylas quittant le logis de son aisné, où il auoit de coustume de faire sa retraitte, se mit à la ville chez vn de ses amis. Son amour attachee à l'interest de sa fortune, luy faict suyure sa poincte vers les Isles fortunees des bonnes graces de Parmene, il continuë de la voir, & leur flamme s'accroist de iour en iour par leur frequentation ; ils en viennent iusques au poinct de s'entrepromettre mariage, & ils iurerent que la seule mort seroit capable de les separer. Voila Babylas preferé à tous ses competiteurs, & Prilidian desferré tout à plat. Il ne peut digerer l'amertume de ce rebut, il faut que l'apostume creue : de tout autre que de son frere cet affront luy eust esté moins sensible ; mais cet Esaü ne peut supporter que ce Iacob l'ait supplanté. Il estoit tellement rebuté que Parmene luy auoit deffendu l'entree de sa maison, il ne laisse pas neantmoins de roder sans cesse aux enuirons, paissant ses yeux de la veuë des murailles où cette desdaigneuse estoit enfermee : il y voit entrer & en voit sortir Babylas à toutes heures, auecque des reuerences qui ne peuuent estre exprimees par des paroles. Babylas qui le regarde au dessus de la rouë de la faueur, se rit de le voir en sentinelle & du guet, tandis qu'il est dans le corps de garde. Ils ne se voyent qu'auec des regards trauersez, & ces esclairs sont des presages de quelque esclat de foudre, presages trop vrays & auant-coureurs d'vn scandale horrible, que ie ne puis escrire sans fremir. Vn soir que Babylas sortoit comme triomphant de la conuersation de Parmene, auecque toutes les asseurances verbales qu'il eust peu souhaitter de la foy de cette femme, dont la legereté arrestee n'auoit plus des vœux que pour luy. Il fut rencontré par le ialoux Prilidian qui veilloit comme vn dragon autour de la porte de Parmene: cet aisné enflammé de despit & de ialousie met la main à l'espee, & vient à Babylas pour l'enferrer; mais aussitost Babylas met la main à la sienne pour se deffendre, & encore qu'il luy criast mon frere que faites-vous? & que l'autre luy repliquast, ie veux oster la vie à vn traiſtre qui me vole mon bien : ſoit que Prilidian fuſt aueuglé de ſa propre paſſion, ou de l'ombre du ſoir, il porta à corps perdu vne grãde eſtocade au trauers du corps de Babylas, & luy meſme ſe mit le fer de ſon frere dedans le ventre, & tomba roide mort ſur le carreau. Babylas demeura auecque l'eſpee de ſon frere dedans le corps, & cheut auſſitoſt eſuanoüy ſur le paué. On accourt au bruit de cette rencontre, & trouuat'on ce ſpectacle horrible des deux freres nageans dans leur ſang; l'vn eſtoit mort, & l'autre n'auoit plus qu'vn foible reſte de vie : on luy tira l'eſpee qu'il auoit dans la playe, & il ne veſcut que iuſques au lendemain ſi abbatu & languiſſant, qu'à peine eut-il moyen de ſe recognoiſtre, ſinon par quelques ſignes qui luy impetrerent le benefice de l'abſolution. Tragique euenement

Le double fratricide.

causé par la fureur de l'amour malade, qui n'est autre que la ialousie. Ce n'est pas mon dessein de r'amasser les diuers iugemens qui furent faits sur ce suiet, chacun donnant le tort à qui il luy plaisoit, & prenant cette action selon sa fantasie. Parmene se voit plustost vefue de son second mariage qu'elle ne l'a contracté, & chacun reiettant sur son inconstance la faute de ce double fratricide, elle en conceut vne telle horreur, qu'elle en demeura comme interdite. Elle fut trouuer sa parente Religieuse, pour se consoler auec elle en cet accident, & pour se conseiller comme elle auoit à se conduire. Mais sa parente luy ayant remonstré qu'elle estoit en quelque façon obligee de se faire Religieuse, pour faire à Dieu restitution d'vne ame qu'elle auoit comme arrachee du seruice des Autels, qui estoit celle de Prilidian, & l'auoit precipitee au mal-heur que nous auons descrit. Elle se rendit à cette persuasion, aussi bien ne pouuoit-elle plus demeurer au monde en la reputation de meurtriere des deux freres. Ainsi s'accomplit en elle la prediction qu'elle ne seroit plus mariee: Elle donna vne partie de ses biens à ses parens, l'autre aux pauures, & la troisiesme au Monastere où elle prit le voile, qui fut celuy de sa parente, où depuis elle a vescu en grande austerité & saincteté.

LE DOVBLE RAPT.

RELATION II.

FAISONS suyure ce double fratricide d'vn double rauissement, où nous descouurirons des aduentures aussi agreables & aussi remarquables que l'on puisse desirer. Et de cette meslange d'actions humaines nous composerons en les alambiquant & en les passant par le iugement, cett' eau salutaire de sagesse, dont s'abbreuuent les esprits qui font profit de toutes les occurrences. En l'vne de ces Prouinces de nostre Gaule qui confinent à la Germanie inferieure: Metel pauure Gentil homme, mais des plus vaillans de son aage, porté sur les aisles de son courage, plustost que soustenu des biens de la fortune, esleua ses affections iusques à Aldegonde, fille d'vn Seigneur de marque de la mesme Prouince. Il auoit accez en cette maison où il estoit, à cause de sa valeur, en la mesme bonne estime qu'il s'estoit acquise par tout le pays. Il auoit mesme assisté Philappian, pere d'Aldegonde, & à la guerre, & en des querelles particulieres, où il auoit tousiours faict paroistre que sa generosité estoit digne d'vne meilleure fortune. Il s'insinua aux bonnes graces de cette fille par les voyes qui ont de couſtume d'engendrer la bien-veillance : l'humilité eſtoit en ſes ſentimens, la modeſtie en ſes actions, le reſpect en ſes paroles; les ſouſpirs, eſuentails de ſa flamme, teſmoignoient ſon ardeur : ſes larmes le tourment, qu'il reſſentoit entre les eſlans de ſes deſirs, & la petiteſſe de ſes moyens. Ah! que ceux-là reſſentent de peine, de qui la pauureté contre-peſe la magnanimité. Neátmoins, s'il eut le cœur aſſis en ſi bon lieu, que d'oſer aſpirer à vn party où il ne pouuoit arriuer par aucune raiſon de la prudence humaine; le ſort qui ayde ceux qui oſent luy fut ſi fauorable, qu'Aldegonde iettant pluſtoſt les yeux ſur vn homme qui euſt beſoin de richeſſes, que ſur des richeſſes qui euſſent beſoin d'homme, les addreſſa ſur Metel, perſonnage ſi accomply, qu'il ſembloit que toute la vaillance fuſt ramaſſee dans ſon cœur, & toutes les graces ſur ſon viſage. Au reſte, vn eſprit ſi gentil, & d'vne conuerſation ſi charmante, principalement parmy les Dames, qu'il ſembloit n'eſtre nay que pour esbranſler la conſtance des plus retenuës. Luy qui ne penſoit qu'aux moyens de ſe rendre agreable à Aldegonde, les ſceut ſi bien trouuer, qu'il n'y eut aucune place au cœur de cette fille, qui ne fuſt remplie de l'idee de ſes perfections. En cette mutuelle correſpondance ils ſe repaiſſoient de deſirs, leurs paroles meſmes alloient iuſques aux promeſſes; mais quand ils venoient à penſer aux obſtacles inuincibles de la contradiction de Philappian & des autres parens, qui ne conſentiroient iamais à leur alliance, ils reſſentoient des deſplaiſirs qui ne peuuent eſtre conceus que par ceux qui sont en pareille angoisse. Les blessures les plus sensibles sont celles qui se rencontrent aux parties du corps les plus tendres ; & les playes, c'est à dire les peines qui se trouuent aux facultez de l'ame, les plus delicates, qui sont les affections, ne doiuent-elles pas estre les plus aiguës ? Tandis que ces amans se nourrissent de langueurs & de larmes (huile qui entretient leur feu) & que plus ils endurent, plus ils sont contraincts de cacher leur tourment. Representez-vous quel rauage cette flamme recluse & secrette faisoit en leurs poictrines, puis qu'il est certain que la douleur muette se renforce, de mesme qu'vne ardeur renfermee s'accroist incessamment. Si Philappian se fust apperceu tant soit peu que Metel eust esté si temeraire de hausser ses pensees vers sa fille, ou s'il eust eu la moindre doute qu'Aldegonde eust baissé les yeux vers ce Gentil-homme ç'en estoit faict, il eust fallu qu'vn bannissement pour iamais eust priué Metel d'vne veuë qui luy estoit plus chere que celle du iour, & pour qui seule il cherissoit & conseruoit ses yeux. De mourir aussi d'vne langueur cachee sans esperance de remede, c'est à quoy ces ieunes esprits auoient de la peine à se resoudre : car qui peut sans se plaindre, cacher vn brasier dans son sein? Tandis qu'ils sont au mesme estat qu'vne nauire sur mer, qui à faute de vent dedans vn profond calme n'auance ny ne recule, ils prennent patience, & par vne douce & facile conuersation ils moderent l'impetuosité de leurs souhaits. Mais le monde est vne mer qui ne demeure pas long temps en bonace, voicy vn tourbillon qui va troubler

bler ce peu qu'ils ont de serenité. Epolon vieux Seigneur de la mesme Prouince, dont l'humeur guerriere ne pouuoit demeurer long temps en repos, estoit allé chercher le theatre de Mars parmy les rebelles des Prouinces Belgiques. Las de cet exercice assez mal conuenable à son aage, qui ne demandoit plus que la bonne chere & la tranquillité, il reuint en sa maison, où il estoit dans l'aise & la magnificence, à cause de ses grandes richesses. Il estoit veuf depuis quelques annees, & auoit des enfans qui sembloient l'obliger à ne rentrer plus dans le mariage : mais cette solitude du Celibat ne reuenoit pas à son inclinatió, qui n'étoit pas moins amoureuse que martiale. En voicy vn témoignage. Quelque temps auāt son voyage de Hollande il s'estoit picqué des beautez de Barsimee ieune vefue,

A a

qui flatteé du desir ambitieux de se voir grand' Dame, auoit presté l'oreille aux recherches de ce vieillard. Elles commencerent trois mois apres la mort de son mary, & lors qu'elle estoit encor en son grand dueil. Epolon pressé de son ardeur affectueuse, comme vne paille seiche qui est aussitost cósumee qu'esprise, desiroit que ce mariage s'acheuast incontinent : Barsimee retenuë de certaine pudeur, & par la consideration de la bienseance publique, ne voulut point entendre aux nopces qu'apres l'an du dueil. Le vieillard ne pouuoit souffrir vn si long delay : car la paille qui prend si tost le feu, la quitte aussi bien tost. Barsimee ne vouloit pas perdre aussi vne si bonne fortune, sa sotte prudence luy dicta vn expedient pour accorder ces contrarietez, qui fut de permettre à Epolon ce qu'il defiroit, fous vne promeſſe qu'il luy fit de l'eſpouſer apres l'an du dueil. Certes elle teſmoigna en cette action bien peu de iugement, de ne preuoir pas que cett'ardeur inquiete du vieillard, feroit auſſitoſt eſteinte par vne iouyſſance, & qu'eſtant puiſſant comme il eſtoit, elle auroit de la peine à le ranger à la raiſon, l'humeur ſoldate eſtant ordinairement vn peu brutale & capricieuſe. L'appetit du bon homme fut bien toſt raſſaſié, & ſa phantaſie guerriere le reprenant il alla en Hollande, tant pour s'y contenter parmy les armes, que pour ſe deffaire de cette vefue, de qui la facilité & l'ambition furent depuis le ſuiet de ſon meſpris & de ſa mocquerie. Beau miroir aux ſottes & inconſiderees, qui ſur vne carte ſi legere qu'vne promeſſe ou vn ſerment d'amoureux couchent leur honneur, qui leur doit estre plus cher que la vie, puisque la vie sans honneur est vne viuante mort. Donc à son retour de cette expedition militaire, ne se souuenant non plus de Barsimee que des pechez de son enfance ; il n'eut pas plustost apperceu dans vne compagnie la beauté d'Aldegonde qu'il s'en sentit touché, & touché si au vif, qu'il sembloit que sa vie dependist de cette veuë. Mais il ne se trouua pas seul picqué de ce traict : Tharsice, Gentil-homme du voysinage, fauorisé des biens de fortune assez aduantageusement, pour aspirer à la conqueste d'Aldegonde, auoit formé des desseins sur cette fille, il estoit intime amy de Victor, frere de cette Damoiselle, qui le desiroit passionnément pour beaufrere, & qui auoit fait aggreer sa recherche à Philappian. Mais comme vne plus grande clairté offusque la moindre, aussitost qu'Epolon parut sur les rangs, dont la qualité & les biens estoient tous autres que ceux de Tharsice : la regle d'or, qui est la mesure de toutes choses, le fist preferer par Philippian au ieune Tharsice. Les accords furent bientost faicts entre Epolon & le pere d'Aldegonde, parce que ce vieillard amoureux donnant la carte blanche à l'autre, il en passa par où il voulut. Philappian en parle à sa fille, qui luy tesmoigne que Tharsice & Epolon luy estoient indifferens : & sur ce que ce pere luy vouloit faire des excuses de l'aage d'Epolon, & luy faire aualer l'amertume de cette pilule, en la dorant par la consideration de l'opulence de ce Seigneur : Monsieur, dit Aldegonde, la ieunesse de Tharsice ne me tente, ny la vieillesse d'Epolon ne me desgouste point, ie vous laisseray traitter auec celuy des deux qui vous plaira le plus, selon vostre volonté. Le pere prenant cela pour vne parfaicte obeyssance de sa fille, la loüa fort de se monstrer si docile : mais il verra tantost que ce sexe sçait si bien feindre, que ce qui est sur ses levres, est ordinairement fort esloigné de son desir. Tharsice se voyant reietté par Philappian, a recours à Victor son cher amy, qui despité du manquement de parole en son pere, & de voir qu'vn vieillard chargé d'enfans emportast sa sœur, se laissa aller au desir de Tharsice, qui estoit de l'enleuer, se promettant de faire sa paix quand l'action auroit succedé, veu qu'il estoit fondé sur vne permission de Philappian de rechercher Aldegonde. Mais tandis qu'ils se preparent à ce dessein, voyons vne autre mine qui se creuse. Barsimee ayant eu la nouuelle du mariage qui se preparoit entre son perfide Epolon & la belle Aldegonde, alla vn iour trouuer cette Damoiselle, & l'ayant priee qu'elle luy peust dire en particulier des paroles de confidence, elle luy declara franchement, sous le sceau du secret, ce qui s'estoit passé entre Epoló & elle, sous la promesse de mariage qu'elle luy monstra. Aldegonde qui ne desiroit rien tant que de rencontrer vn suiet legitime pour rompre ces propositions de mariage, tant d'Epolon que de Tharsice, à cause de son cher Metel, à qui elle vouloit appartenir inuariablement, conseilla à Barsimee de faire vne opposition en vertu de sa promesse. Mais cette vefue, qui craignoit les formalitez de la Iustice & le credit d'Epolon, ne peut se resoudre à cela : ains elle pria Aldegonde de la vouloir ayder à mettre en execution vne bonne &

loüable tromperie, puis qu'elle deuoit auoir la justice pour fin, & se terminer dans le mariage. Epolon, à ce que l'on tient, continua-t'elle, desire vous espouser la nuict & sans apparat, ie vous prie de me mettre en vostre place quand il faudra aller à l'Eglise, & là en presence de tous les assistans ie luy monstreray sa promesse, & l'obligeray de m'espouser. C'estoit en hyuer, & au temps des plus longues nuicts, l'Eglise où se deuoient faire ces espousailles, estoit assez esloignee du chasteau de Philappian ; Aldegonde consentant au desir de Barsimee, qu'elle promit de retirer quelques iours auparauant dans son cabinet, bastit là dessus vn dessein bien hardy qu'elle mit à execution auecque son cher Metel. Cependant, par vne fatale rencontre, Victor & Tharsice font vne entreprise aussi courageuse, qui fut d'enleuer Aldegonde, lors qu'on la meneroit du chasteau à l'Eglise, ce qu'ils esperoient faire aysement, aydez des tenebres de la nuict, & se promettans de disposer toutes choses à leur aduantage. Cette nuict tant desiree par l'impatience d'Epolon estant venuë, Aldegonde pria Epolon & son pere qu'ils l'allassent attendre à l'Eglise tandis qu'elle se pareroit, & qu'aussitost elle monteroit en carrosse auecque sa mere : elle entre en son cabinet, & ayant accommodé Barsimee de ses habits, cette vefue masquee & couuerte d'vne grande escharpe, à cause du serain, s'en va à l'Eglise auec la femme de Philappian, qui la prenoit pour sa fille. Cependant Aldegóde sans perdre temps, monte sur des cheuaux que Metel auoit fait preparer à la porte du iardin, & tire de longue auecque son amant, qui dans peu de temps la mit sur les terres de Flandres. A la mesme heure (& ce qui est admirable sans intelligence) Tharsice estoit en embuscade sur le chemin du chasteau à l'Eglise, qui vient auec des hommes, inuestit le carrosse, & enleue Barsimee pensant que ce fust Aldegóde. Victor cepédant faisát le bon fils & le bon frere, estoit à l'Eglise, qui entretenoit Epolon & Philappian, il contre-fit l'estonné quand sa mere entra, criant comme vne desesperee que l'on auoit enleué sa fille. Où iroit-on parmy les tenebres ? il fallut s'en retourner au chasteau, & parmy toutes ces confusions passer le reste de la nuict.

Le iour estant arriué, tandis qu'Epolon & Philappian, comme des furieux, ne sçauent quel ordre donner à ce desordre, ny de quel costé tourner pour retrouuer la fille perduë. Voyons vn peu l'eſtonnement de Tharſice, qui arriué à trois grandes lieuës de là où il auoit faict le rapt, & entré dans le chaſteau d'vn de ſes amis, où il auoit choyſi ſa retraitte, ſe trouua Barſimee entre les mains au lieu d'Aldegonde. Cette femme non moins effrayee que luy, & ne pouuant deuiner d'où eſtoit arriué ce tourbillon qui l'auoit détournee du port où elle tendoit; Enfin, ayant recueilly ſes eſprits, & entendu vne partie du ſtratageme de Tharſice, luy deſcouurit librement ſon deſſein, & de quelle façon elle eſtoit venuë en ſa puiſſance, & ſans luy auoüer qu'Epolon l'euſt abuſee, elle luy fit voir la promeſſe de mariage qu'elle auoit de luy, & qu'elle vouloit monſtrer en la face de l'Egliſe, ſi elle y fuſt arriuee. Tharſice s'eſtima heureux en ſon malheur, d'auoir au moins rencontré vn si iuste sujet, pour empescher le mariage d'Epolon & d'Aldegonde, & luy ayant demandé où estoit donc la fille de Philappian: depuis qu'elle m'eut couuerte de ses habits, reprit Barsimee, elle s'enferma dans son cabinet, où ie croy qu'elle attend l'issuë de mon action. Tharsice sçachant que le vray remede contre la picqueure du scorpion, est d'écraser soudain l'animal sur la playe qu'il a faite, se resolut de remener tout chaudement Barsimee à Epolon: il la met dans vn carrosse, & luy ayant promis toute l'assistance qu'vn Cheualier doit à vne Dame affligee, ils arriuent au chasteau de Philappian qu'ils trouuerent tout en trouble. Barsimee ayant les mesmes habits d'Aldegonde, masquee & vne escharpe sur la teste, fut aussitost prise pour la fille de la maison: mais aussitost qu'elle fut en la presence de Philappian & d'Epolon, leuant son escharpe & son masque, elle fit cognoistre à son visage qu'elle n'estoit pas Aldegonde. L'estonnement fut si general, que tous crurent estre dans vn chasteau enchanté, & que ce qu'ils voyoient fussent des illusions. Alors Barsimee renduë hardie par l'extremité où elle se voyoit reduite, tenant en main la promesse de mariage d'Epolon, raconta de poinct en poinct le stratageme dôt elle s'estoit aduisee auec Aldegonde, la pudeur l'empeschant d'aduoüer qu'Epolon l'eust possedee. Tharsice de son costé pour iustifier son action, s'en excusa sur l'excez de son amour pour Aldegonde, & sur la permission qu'il auoit euë de la rechercher auparauant qu'Epolon en deuint amoureux. Protestant au reste qu'il r'amenoit Barsimee aussi entiere qu'il l'auoit enleuee, la tenant pour vne Dame de bien & toute pleine d'honneur. A ces mots Epolon se prenant à rire, & voulant se mocquer & de sa proüesse & de la pauure Barsimee, luy dist qu'il estoit mal-aysé à croire qu'il eust eu vne si belle Dame toute vne nuict en sa puissance, sans luy donner des preuues de sa valeur, que quant à luy si elle estoit sa femme, il ne voudroit pas la donner en garde à vn ieune Gétil-homme comme estoit Tharsice, sans de puissantes cautions.

Tharsice, qui iuroit serieusement & veritablement, se fascha des gausseries du vieillard, & recommençant à faire des protestations encore plus solemnelles que les premieres, que Barsimee auoit esté traittee de luy auecque toute sorte de respect & d'honneur, & qu'elle estoit trop sage pour se laisser surprendre. Sa conqueste, reprit le mocqueur Epolon, seroit donc plus difficile aux ieunes qu'aux vieux, & elle vous auroit esté moins fauorable qu'à moy, qui ne l'ay pas trouuee si reuesche. Ce mot offença Tharsice, qui se sentit obligé de soustenir l'honneur de cette Dame, & luy tira cette repartie. Monsieur, vous crachez sur vostre propre visage, & cette Dame estant vostre vraye femme, suyuant la promesse que vous luy en auez faite, vous vous deshonorez en touchant à son honneur. Elle n'est point ma femme, reprit Epolon, & son honneur n'est point le mien : peut-estre que si elle eust esté sage ie luy eusse tenu ma parole, pour moy ie ne veux point de vostre reste, si elle vous aggree prenez-la, ie ne vous enuie point le mien. Ces paroles tout à faict outrageuses, obligerent Tharsice à cette hautaine repartie; elle n'est ny mon reste ny le vostre, elle merite plus ny que vous ny que moy, si vous estiez bien sage vous garderiez vostre parole; iamais homme de bien n'y manqua, & iamais homme d'honneur n'offença si cruellement vne Dame. Et la protection que ie luy dois, comme Cheualier, & la iuste pretension que i'ay en Aldegonde me faict desirer de me voir auecque vous l'espee à la main, pour lauer l'honneur de celle-cy dans vostre sang, & vous faire auecque la vie, perdre l'esperance de l'autre; ce sera quand & où il vous plaira que nous nous verrons. Le furieux Epolon ne peut entendre la fin de ce discours, sans mettre la main aux armes, Tharsice ne manqua pas à luy repartir au mesme accent, & deuant que Philappian

pian & Victor les peussent separer, Tharsice auoit caché sa lance dans le corps du vieillard : là dessus on les escarte, mais il estoit trop tard, car Epolon auoit receu vn coup qui ne luy laissa qu'vn iour de vie. Victor amy de Tharsice, le fit euader, & ce Gentilhóme sçachát bien qu'il n'auroit iamais de grace, s'enfuit en Allemagne où il est mort dás les armees de l'Empereur. Epolon vesquit iusqu'au lédemain, le ciel luy ayát prété ce téps pour se recognoistre, & pour reparer le tort qu'il faisoit à Barsimee. Pour reparer son hóneur il luy donna la main en signe de mariage ; mais mariage dont la mort trencha aussitost le nœud. On sceut le mesme iour qu'Aldegonde auoit plustost suiuy Metel, qu'elle n'en auoit esté enleuee, que si c'estoit vn rapt, il auoit esté faict de son consentement. Philappian fut tellement saisi de tant de desordres, que soit de tristesse, soit d'vne apoplexie, que l'on tient qui l'accueillit, il mourut subitement. De là à quelque temps Metel ayant espousé Aldegonde en Flandres, accommoda le tout, & fit sa paix auecque la mere de cette fille, qui l'aymoit tendrement, & la mere empescha que Victor son fils ne tirast raison de cet affront par les armes. Dans la confusion de ce double rapt, l'ordre de la Prouidence ne laisse pas de paroistre, tout de mesme que la lumiere qui sortit du milieu des tenebres en l'ancien Chaos. Dieu se vange souuent de ses ennemis par ses ennemis mesmes, & par des mains des iniustes, il exerce les chastimens de sa justice.

Icy la folie de Barsimee, & la desloyauté d'Epolon seruent à releuer la loyauté & la constance de

Metel & d'Aldegonde : Bref, la variété des accidens suruenus en ce double rapt, font voir les diuers lustres du bien & du mal à vn bon iugement, en la mesme façon que le col d'vne colombe exposé aux rayons du soleil, faict voir en ses plumes diuerses transparences.

Bb ij

LA IVSTE
RECOMPENSE.

RELATION III.

Voy que la maxime du monde malin soit contraire, si est-ce le sentiment & la creance des plus sages, que le propre d'vn courage bas & vil, est de ne pouuoir souffrir vn tort sans vengeance. Mais les mesmes Sages nous enseignent que les plus grands courages sont les plus sensibles à la recognoissance. Ils ont la mesme difficulté d'endurer vn bien-faict sans reuanche, les lasches vne iniure sans s'en vanger. C'est ce qui faisoit dire au Poëte Toscan, Que l'amour ne dispense iamais d'aymer la personne qui est aymee : de là le mot commun ; si tu veux estre aymé, ayme. Mais d'vn ton plus fort comme plus sacré, quand l'homme a donné toute la substance de ses biens pour la dilection, il pense n'auoir rien faict, la bien-veillance estant vne chose inestimable. Vous allez voir l'effect de cette verité en la Relation que ie vay descrire. A Ascoly, Cité de la Poüille, Prouince du Royaume de Naples, le fils d'vn honneste marchand, que nous appellerons Metran, deuint amoureux de la fille d'vn Bourgeois, nommée Valeria, qui emportoit la palme de beauté sur toutes celles de la ville. Comme il y auoit beaucoup d'egalité entre les moyens des parties, il s'y rencontra encore vne plus grande conuenance d'humeurs, si bien qu'il sembloit que cette alliance eust esté formee dans le ciel dés leur naissance. Mais comme il tombe beaucoup d'accidens entre le verre & la bouche, ces deux amans ressemblerent à ces nauires qui sont à l'anchre, à la rade, & n'attendans que la maree pour entrer au port, se voyent inopinément par vn vent de terre chassez bien auant en la mer, & en peu de temps à vne extreme distance. Le pere de Valeria auoit de grandes obligations à vn Comte qui demeuroit en la Cité, & qui se fera cognoistre sous le nom d'Armentaire : il estoit sous sa particuliere protection, & ce Seigneur en plusieurs occasions luy auoit tesmoigné beaucoup d'assistance. Cela fut cause qu'entre ceux que le pere de Valeria inuita à l'assemblee des fiançailles de sa fille, il supplia le Comte comme son bon seigneur & patron de s'y trouuer, à quoy Armentaire ne manqua pas, pour honorer ce Bourgeois qu'il aymoit. Les fiançailles furent faites auecque beaucoup d'honneur & de magnificence, & là Metran promit à Valerie, & Valerie à Metran, de se prendre par paroles de present en la face de l'Eglise, au iour qui seroit conuenu entr'eux & leurs communs parens. Il n'y auoit donc plus qu'à proceder aux solemnitez & à la consommation du mariage, le terme de peu de iours fut pris pour s'y preparer & l'acheuer, le contentement des parties eust esté tres grand si la retardation de ce iour qui les deuoit vnir, n'eust point mis de l'eau dans leur vin, & moderé leur joye par le desplaisir de l'impatience:

mais voicy bien vn autre fortunal qui va trauerser leur nauigation. Soit que la fiancee auec sa naturelle beauté eust adiousté l'art des ornemens, qui la releuoit au dessus de toutes ses compagnes ; soit que les yeux du Comte Armentaire fussent plus ouuerts ce iour là qu'ils n'auoient esté auparauant : tant y a, que l'esclat de ce beau visage l'esbloüit tellement, qu'il en perdit le iugement & la cognoissance de soymesme. Il estoit vieil, & outre cela fort incommodé des gouttes, soit qu'il les eust par heritage, ou comme vn accessoire de son intemperance passee, tout cela le deuoit dispenser de s'enrooller sous les estendards d'Amathante, où les vieux & les podagres sont assez mal receus. Vn vieux fol est mis entre les choses que l'vsage ne peut endurer, Armentaire fait voir qu'il l'est à la sot-

La iuste recompense.

rise qu'il va faire. Apres auoir faict vne foible resistance à l'assaut que luy liure cett' innocente beauté, il rend les armes, & resolu de se guerir par le mariage de cet importun desir, il va trouuer Bonit, pere de sa belle victorieuse, & pleurant comme vn enfant il luy represente son mal de telle sorte, que ce bon Bourgeois son ancien amy, en eut pitié, & tint à beaucoup de grace l'honneur qu'il luy faisoit, de luy demander sa fille en mariage. Mais Seigneur, luy dit-il, vous sçauez qu'elle est promise, & que cette parole ne se peut rompre que par le mutuel consentement des parties. Ie tireray tellement Metran hors de dommage, repliqua le Comte, qu'il se sentira toute sa vie de m'auoir obligé, & ie mettray vostre fille si à son ayse, qu'elle & toute vostre famille aurez dequoy vous en loüer.

Lors que Bonit porta cette nouuelle à Metran, ce pauure ieune homme la receut comme l'arreſt de ſa mort, & à la verité arracher vn' amour ſi forte de ſon ame, n'eſtoit pas moins que d'enleuer ſon ame de ſon corps : il ne peut reſpondre que par ſes larmes, faiſant comme le cerf qui en iette quand il eſt aux abois. Bonit le preſſant de reſpódre il s'eſuanoüit, teſmoignant par là qu'il ne pouuoit accorder que par la mort vne ſi dure demande. Icy la pitié donna de nouueaux aſſauts à l'ame de ce pere; & certes il euſt eſté bien barbare s'il n'euſt eſté touché de reſſentiment, voyant ſa fille ſi eſperduëment aymee de celuy qu'il auoit choiſi pour gendre. Il va à ſa fille pour ſonder ſa volonté, il n'eut d'elle autre reſponſe que des ſouſpirs & des ſanglots, enfin dans leur entrecoupeure il apprit d'elle que ſa volonté estoit entre les mains de Metran, que s'estant donnee à luy, elle ne pouuoit plus disposer d'elle-mesme. Son pere l'ayant laissee, quand elle se veit toute seule, elle lascha la bonde à ses larmes & à ses regrets, elle tira ses cheueux, & peu s'en fallut qu'elle ne gastast cette belle œconomie que la Nature auoit mise en son visage, tant elle vouloit de mal à cette beauté qui auoit peu plaire à d'autres yeux que ceux de Metran. Bonit retourne à ce ieune homme, qui ayant auecque des conuulsions d'esprit incroyables, digeré l'amere pensee de la ruine de son amour qu'il voyoit euidente, prit enfin vne masle resolution, & telle que prise de la main gauche elle peut estre blasmee; mais prise de la droicte elle paroistra excellente. Les Philosophes distinguent entre l'amour de conuoitise & celle d'amitié, & disent que celle-là qui est imparfaicte se termine dans l'vtilité de la personne qui ayme; mais celle qui est parfaite n'a point d'autre but que le bien de la personne aymee. Metran voulut monstrer la perfection de l'amour qu'il auoit pour sa chere Valeria, & voyant son aduantage euident en l'alliance du Comte, il s'osta franchement le morceau de la bouche, pour le mettre en celle d'Armentaire, & cela auec vn effort qui est au dessus de toutes les paroles. Ce fut le sommaire de la responte qu'il fit à Bonit qui l'embrassa tendrement, & meslant ses larmes auecque les siennes, luy tesmoigna qu'il le tiendroit autant autheur de l'aduancement de sa maison comme le Comte, veu qu'Armantaire en cecy ne recherchoit que son propre contentement, & Metran s'en priuoit pour la seule consideration du bien de Valeria. Bonit porte cette nouuelle à sa fille, qui la voulut apprendre de la bouche mesme de son fiancé. Metran venu en la presence de Valeria peut à peine supporter ses regards, qui sembloient luy reprocher la lascheté de son courage de la quitter ainsi pour la donner à vn autre, auant que de parler ils tomberent tous deux en deffaillance, la palleur s'empara de leurs visages, leurs levres deuindrent bleuës, on creut qu'ils alloient mourir. A la fin estans vn peu remis, Metran fit bien cognoistre à Valeria qu'elle se trompoit, prenant pour vne bassesse de cœur le plus grand traict de magnanimité qu'vn esprit puisse tesmoigner, renonçans à ses interests & à ses plaisirs, en faueur de la chose aymee. Valeria ne peut conceuoir d'abord cette subtilité, son ame estant tellement vnie à celle de Metran, qu'elle croyoit que la mort mesme n'y peust mettre de la diuision. Quoy! disoit-elle, auecque des souspirs de feu, & des sanglots de flamme, me quitter si facilement, & si aysement me donner à vn autre. Ha! Metran, & appeller cela aymer, & aymer parfaictement. Pour moy ie vous eusse preferé, non pas à vn Comte seulemét, mais à vn Roy : car ie n'estime pas les hommes pour les biens ny pour les qualitez, mais pour leurs propres merites. Chere Valeria, reprit Metran, l'amour que ie vous porte n'estant pas moins forte que la mort, fait maintenant en moy le mesme effect, puis qu'elle me separe de vous, le desir vehement que i'ay de vostre grandeur faict que ie me priue du plus cher contentement que i'eusse peu desirer, & sans qui la vie desormais me sera vne mort. Viuez donc grande, riche, honoree, heureuse, tres-chere Valeria, & par l'alliance d'Armentaire soyez la gloire de vostre race, tandis que miserable & sans consolation i'iray filant mes tristes iours parmy l'horreur des solitudes. On eut de la peine d'arracher ces amans de la presence l'vn de l'autre, & il eust fallu estre sans cœur pour n'auoir de la pitié d'vne si dure separation.

Les paroles des fiançailles rendües, dés le lendemain Valeria est promise à Armentaire, qui dans peu de iours la faict Comtesse, & en deuient tellement idolatre, qu'il a trop peu de ses deux yeux pour la contempler. Cependant Metran qui n'eust peu supporter sans mourir de voir sa maistresse entre les bras d'vn autre, s'en alla errant par l'Italie durant quelques annees, changeant bien de lieu, mais non pas de cœur ny d'affection. Armentaire n'auoit qu'vn fils qui estoit marié, & n'auoit point d'enfans, & c'estoit en partie pour cela que le Comte s'estoit remarié pour tascher d'auoir lignee, mais l'aage & les gouttes s'opposerent à son desir. Hilaire fils d'Armentaire, estoit fort desbauché, & peut-estre que sa mauuaise vie estoit cause que Dieu ne donnoit point à son mariage la benediction des enfans : l'on tenoit qu'il estoit tellement charmé de l'amour d'vne Courtisane, qu'il auoit à desdain sa femme legitime. Mais comme cette sorte de femmes perduës ressemble à la matiere premiere qui n'est iamais rassasiee de formes, quelque despence que fist Hilaire pour arrester les conuoitises de celles-cy, elle s'eschappoit tousiours, & luy donnoit des marteaux dans

la

la teste. Vn iour despité contr'elle, il la traitta en femme de son mestier, & luy ayant marqué le visage d'vn coup de rasoir qu'ils appellent coustillade: cette perduë se voyant priuee de ce peu de beauté qui la faisoit valoir, entra en vn tel desespoir qu'elle fit assassiner Hilaire par vn de ses amoureux, auec qui elle se mit sur mer, & gaigna le territoire des Venitiens, receptacle de telle sorte de marchandise. Cette mort affligea le Comte démesurement, se voyant priué d'heritier, & hors d'esperance d'auoir des enfans. Neantmoins l'amour qu'il auoit pour sa ieune femme estoit le charme de tous ses ennuys, & certes il faut aussi donner cette gloire à la vertueuse Valeria, qu'elle sceut si bien s'accommoder à ses humeurs & luy gaigner le cœur, qu'il eust esté insensible s'il n'eust recogneu ses feruices. Si la goutte caue la pierre, le Comte qui n'estoit pas d'vne si dure composition, fut bien tost miné de la sienne, qui sappant peu à peu sa vigueur naturelle, l'amena sur le sueil du tombeau. Qu'eust-il peu faire de mieux pour recognoistre les deuoirs qu'il auoit receus de sa sage compagne que de la faire son heritiere, & qu'il fit par vn testament solemnel, apres quoy il reposa en paix, & alla en la voye de toute chair, qui est le chemin du cercueil. Tant qu'il vescut Valeria combatit genereusement contre les idees de la premiere amour qu'elle auoit euë pour Metran; mais quand la mort eut brisé ses liens, & l'eut mise en la liberté de son choix, ce fut lors qu'elle reprit ses premieres flammes, & qu'elle resolut de monstrer à Metran vn traict de sa generosité: elle faict venir le pere de ce ieune homme, & le prie de faire reuenir son fils, en luy donnant aduis de la mort du Comte, & l'asseurant qu'elle luy vouloit communiquer quelque chose qui luy donneroit du contentement.

Metran estoit lors à Gennes, taschant de diuertir sa melancholie parmy tant de superbes Palais & tant de delices, dont ce beau riuage de Ligurie est si abondant: mais ny la douceur de cet air, où le printemps dure toute l'annee, ny tant d'éclat & de richesses dont cette opuléte Cité va pompeuse & triomphante, n'estoient point des charmes assez forts pour adoucir son ennuy, il porte par tout le traict qui le blesse. Cette nouuelle de la mort du Comte fut vn dictame qui chassa la fleche de la playe, & il commença à bien esperer de la fortune, cet obstacle estant osté. Il reuit le sejour

Cc ij

d'Ascoli apres trois ans d'exil. Il y fut accueilly par Valeria d'vne façon si gracieuse, qu'il cogneut bien que les humeurs n'auoient point changé les mœurs de cette femme, & que son amour auoit esté veritable, puis qu'il estoit inuariable. Elle luy dict donc que puisque par vne genereuse cession il l'auoit faite riche Comtesse, elle luy vouloit rendre le change par vne seconde generosité, & le rendre participant de sa fortune. Elle luy promit donc de l'espouser apres que l'an du dueil seroit passé, pour garder les formes de la bien-seance ciuile. Elle accomplit sa promesse ce temps estant escoulé, & comme Metran en s'esloignant auoit fait Valeria Comtesse, elle le fit Comte en le r'appellant, & le preferant par vne iuste recompense à beaucoup de partis, qui luy promettoient d'augmenter ses richesses & ses honneurs.

LA FOIBLE
CONIECTVRE.

RELATION IIII.

FOL le joüeur, qui sur vne foible carte couche tout son vaillant: plus fol celuy qui sur vne foible coniecture hazarde aueuglement sa vie ; c'est ce que nous allons voir en cette Relation. Mais quoy, si l'amour est forte comme la mort, la ialousie est vne rage dure comme l'enfer : & tout ainsi que l'enfer tourmente sans relasche & sans espoir ceux qui sont dans ses flammes, aussi la jalousie met en fureur & en desespoir ceux qu'elle atteint auec violence. Au pied de ces hauts monts, qui tirent leur nom de la belle Pyrenee, & qui seruent de barriere à la France contre l'arrogance des Espagnols; vn Gentil-homme, à qui nous imposerons le nom de Fabian, auoit vne fille des plus belles de la contree. Elle fut le suiet de l'enuie de plusieurs de ses compagnes, celuy du desir de beaucoup de ieunes poursuyuans, & la cause d'vne jalousie qui donnera occasion aux meurtres dont ce recit tragique sera ensanglanté. Iule, Audifax & Adiute furent de tous ceux qui la rechercherent les plus viuement atteints, au moins si par les effects nous voulós penetrer iusqu'à la source de la cause. Iule estoit d'vne fortune inferieure à celle d'Eleusipe, mais le mieux aymé. Adiute estoit vn party égal & sortable ; mais Audifax l'emportoit autant sur les deux autres en naissance & en biens, qu'vn cyprez est esleué au dessus des broussailles. Fabian, qui selon le commun desir des parens, n'a rien tant à cœur que de voir sa fille richement & honorablement pourueuë, ne souhaitte rien plus que de la voir grande aupres d'Audifax, l'humeur mesme de la nation estant assez voysine de l'Espagnole, pour auoir part à la vanité qui regne vniuersellement au delà des Pyrenees. Cela eust esté bon, & n'eust pas excité tant de troubles, si ces trois competiteurs se rencontrans en mesme temps, ce pere eust faict le choix du plus releué pour luy donner sa fille. Mais la diuersité des temps faisant celle des pretensions, chacun auoit ses raisons particulieres, pour ne ceder à aucun en sa poursuitte. Iule le premier en datte, auoit tellement occupé les affections d'Eleusipe, qu'il n'y auoit plus de place pour y receuoir ny les merites d'Adiute, ny les grandeurs d'Audifax, & cette amitié ne s'estoit point formée sans l'adueu des parens: car Fabian auoit aggreé la recherche de Iule, & Fabrice sa femme en estoit si contente, qu'elle le supportoit par dessus tous les autres, ce n'estoit pas vn petit appuy à la cause de Iule. Adiute se presenta du depuis, porté à cela par son merite propre, mais plus encore par vn grand, qui auoit toute puissance sur Fabian. Et Audifax, le premier en grandeur, & le dernier en temps, se presenta auec vn tel esclat, que les yeux de Fabian en furent esblouys: de sorte qu'il oublia toutes les permissions qu'il auoit

La foible conjecture.

donnees, & les promesses qu'il auoit faites aux autres manquemens de parole d'assez mauuais exemple en vn Gentil-homme. De là vint l'origine de tous les debats : car Audifax d'humeur altiere & ialouse ne pouuant souffrir que les autres abordassent celle qu'il recherchoit, leur fait donner leur congé par Fabian, qui ne pouuant obtenir de sa fille qu'elle les licentiast, à cause de l'affection qu'elle auoit pour Iule, forgea quelques froides excuses, dont il essaya comme d'vne mauuaise monnoye, de payer ces deux Gentils-hommes.

L'amour qu'ils auoient pour la fille, & la qualité de pere de leur commune maistresse, qu'ils respectoient en Fabian, les empescherent de le quereller. Chacun se retira sans bruit ; mais non pas auec intention de desmordre de leur dessein, oüy bien de trauerſer les deſirs d'Audifax autant qu'il leur ſeroit poſſible. Iule, comme nous auons dict, poſſedoit tellement les bonnes graces de Fabricie, qu'elle luy donnoit la permiſſion, & meſme la commodité de voir quelquefois ſa fille, dont elle ſçauoit l'inclination eſtre toute portee vers ce Gentil homme: adiouſtez à cela que l'arrogance d'Audifax luy deſplaiſoit extremement: car deſia ſous le nom de ſeruiteur il vſurpoit l'authorité de maiſtre, & il prenoit vn empire en la maiſon de Fabian, comme s'il euſt eſté chez luy. Il eſtoit au reſte tellement ialoux d'Eleuſipe, qu'il gloſoit ſur ſes paroles, ſur ſes regards, ſur ſa contenance, & ſur la moindre de ſes actions; geſne inſupportable à cette fille qui s'en plaignoit à ſa mere, & la mere en auoit pitié. C'eſtoit au cœur de l'hyuer, & en cette ſaiſon qui couure toutes les montagnes de neige, & qui inuite la Noblesse des champs au sejour des villes. Fabian auec sa femme & sa fille allerent passer le Carneual en vne cité, qui n'est pas esloignee de la principauté de Bearn. Ces trois amans estoient des Heliotropes, dont Eleusipe estoit le soleil. Audifax seul l'y accompagna ouuertement, mais les deux autres se rendirent à la ville par diuerses routes. Le temps inuitoit aux festins, à la bonne chere, aux conuersations, aux dances & aux balets, tous les iours il se faisoit quelque asseblee où Eleusipe effaçoit de son esclat tout le lustre des beautez qui estoient en la ville. Iule & Adiute ne perdoient aucune occasion de la voir, ce qui faschoit fort Audifax, mais il ne pouuoit y apporter de remede, parce qu'ils ne la voyoient qu'en des lieux d'où ils ne pouuoient pas leur interdire l'abbord, & non en la maison de Fabian. Quelques affaires obligerent Adiute à vne absence de peu de iours : durant ce temps là Iule medita vn balet en faueur d'Eleusipe, & il la fit inuiter en vne maison de ses amis, où estant masqué il la peust entretenir à son ayse. Parmy ceux qu'il pria de l'assister en cette danse, il inuita Fleurial, ieune homme qui dansoit des mieux, & qui auoit esté autrefois page d'Adiute. Le balet se faict, ce n'est pas à moy d'en reciter l'inuention, il suffit pour mon Histoire que ie die qu'ils y reussirent auec l'admiration de tous les spectateurs, encore que l'on ignorast qui en estoit l'autheur principal, & pour qui il auoit esté dressé, tant Iule fut secret en son entreprise. Audifax y fut present, estant venu en la compagnie où il sçauoit qu'Eleusipe se deuoit trouuer. La liberté des masques dans les balets est fort grande, à cause de leur desguisement, ils ont ce pouuoir d'entretenir autant que bon leur semble celle qu'ils choisissent, & c'est vne inciuilité grossiere que de les interrompre en leur conuersation, n'estans pas mesmes obligez de respondre qu'à ceux à qui il leur plaist, pour n'estre recogneus à leur parole. Iule, le balet estant finy, vsa du priuilege, & s'estant tiré à part auec Eleusipe, luy parla en secret, & si long temps que le ialoux Audifax en fut ennuyé, il auoit tousiours les yeux ouuerts sur les actions de ce masque qui parlo't à Eleusipe, auecque la contenance d'vn homme passionné. Cela met en ceruelle Audifax, & pour interrompre cet entretien, il s'auise de prier Eleusipe de dancer, elle s'excuse sur ce qu'elle ne peut sans la permission du masque, qui tesmoigne ne le desirer pas; cela irrita Audifax, & fit que poussant le masque & l'appellant importun, il luy voulut oster Eleusipe. Le masque contrefaisant sa voix luy dict, qu'il vsoit des loix du bal sans importunité, mais qu'il les violoit auec autant d'indiscretion que d'inciuilité.

Audifax picqué de ces paroles, & plus encore de sa ialousie, mit aussitost la main aux armes, mais Iule n'estoit pas sans deffence, il luy fit sonner vn pistolet aux oreilles qui luy eust donné dans la teste s'il ne l'eust baissee, les autres masques se mirent en mesme deuoir, & voila vne confusion horrible. Iule estoit en la maison de son amy qui le secourut au besoin, Audifax fut legerement blecé, mais le malheur voulut comme les masques se retirerent, que le pauure Fleurial receut vn coup d'espee dans les reins, dont il tomba mort sur les degrez. Demasqué & recogneu, Audifax ne douta nullement que le balet n'eust esté faict par Adiute, en consideratió d'Eleusipe, la raison de cette coniecture estoit que Fleurial auoit esté son page, & qu'il s'en seruoit ordinairement quand il vouloit faire quelque bal. L'absence d'Adiute depuis quelques iours monstroit le contraire ; mais la ialousie d'Audifax luy faisoit croire qu'elle estoit feinte, & que c'estoit pour mieux couurir le momon. Là dessus Audifax se resout de faire appeller Adiute, qui estant de retour se veit saluër par vn cartel, qui luy marqua l'heure & le lieu où il se trouueroit auec vn second, pour faire raison de l'affront qu'Audifax pretendoit auoir receu de luy. Adiute ne demandoit pas mieux que de decider par vn combat à qui Eleusipe demeureroit, & qui eust acheté cherement vn bon suiet de quereler. Audifax reçoit ce billet d'vn franc courage, & picqué d'abondant de la mort de son page, se resout de combattre pour son amour & pour sa vengeance, deux puissans aiguillons pour animer vn esprit. Il se trouue sur le champ auec vn second, & auparauant que d'en venir aux mains il protesta par de grands sermens à Audifax, qu'il n'auoit point faict le balet, qu'il estoit à deux iournees loin lors qu'il fut faict, qu'il ne sçauoit quelle raison Audifax vouloit tirer d'vn tort qui n'estoit pas venu de luy, qu'il auoit assez de courage pour aborder ouuertement Eleusipe sans se couurir d'vn masque. C'est là vn langage de poltron, reprit Audifax,

Audifax, qui forme des excuses friuoles pour n'en venir pas aux prises; nous ne sommes pas arriuez icy pour ne rien faire, ie ne suis que trop asseuré que c'est toy qui as fait le balet, & entretenu ma maistresse contre les deffences qu'on t'en auoit faites, la mort de ton page a esté le commencement, & la tienne sera la fin de ma vengeance, il ne faut point tant marchander, il se faut battre.

L'offence que tu me viens de faire, repliqua Adiute, en me donnant vn nom qui ne me conuient pas, me feroit perdre mille vies plustost que ie n'en lauasse la tache dans ton sang, celuy de mon page tué en trahison demande cette vengeance, l'amour de ma maistresse me commande de punir ta temerité, & mon honneur propre m'oblige à te faire mentir. Cela dict ils se mirent en presence, & il parut en trois passees que les plus grands discours ne sont pas les plus grands escrimeurs, parce que Adiute extraordinairement irrité pressoit Audifax d'vne façon si brusque & si forte, qu'il ne poussoit coup qui ne portast, si bien que sans auoir la moindre blesseure, il le porta par terre à la troisiesme atteinte, & luy fit sortir l'ame par vne large playe. De ce pas il va ayder à son second, qui auoit reduit son homme en assez mauuais termes, ils luy firent rendre les armes & le laisserent sur le champ, d'où estant rapporté il mourut le lendemain, le second d'Adiute n'ayant qu'vne legere blesseure dans le bras.

Audifax estoit de si grand parentage, qu'apres ce coup ce fut à Adiute à prédre la fuitte vers les monts Pyrenees, & à chercher dans les terres d'Espagne à se mettre à l'abry de la prise de la justice de France, encore qu'il se fust porté à ce duel estant appellé, qu'il eust esté prouoqué contre raison, & outragé sur le champ demesurèment, & que son action eust plustost esté vne deffence de son honneur & de sa vie qu'vne attaque. La puissance des parens d'Audifax luy fit sentir la rigueur des Edicts, qui tombe souuent plustost sur les moins heureux, que sur les plus coulpables. On luy trencha la teste en effigie, ses biens furent confisquez, & il luy fallut changer son pays natal en vne terre estrangere. Voila Iule deffaict en mesme temps de ses deux Riuaux, pouuant dire comme le Corbeau de la Fable, qui voyoit entrebattre le loup & le chien, de quelque costé que panche la victoire, le profit m'en demeurera. Il a vne nouuelle permission de rechercher Eleusipe, qu'il eut peu de peine à consoler sur la perte d'Audifax & d'Adiute, & fauorisé par Fabrice, la mere de cette Damoiselle, qui pressoit sans relasche Fabian de conclure ce mariage, il fut à la fin resolu & acheué au contentement des parties, Iule cueillant la moisson de ce que les autres auoient semé auecque leur sang. Voila comme roulent les euenemens des choses humaines, & comme les vns recueillent en ioye ce que les autres sement en pleurs, le dommage des vns estant le profit des autres. Cependant nous remarquerons principalement en cette Relation la folie & l'aueuglement d'Audifax, qui sur vne foible coniecture, sur vne pensee mal esclairee mit sa vie au hazard d'vn duel qui luy reussit si malheureusement. Son extrauagance à ne vouloir admettre la iuste satisfaction que l'excuse veritable d'Adiute luy presentoit. Sa temerité & son arrogance ayant esté les deux aisles de cire, qui fonduës le precipiterent au cercueil. Certes cet Oracle ne peut mentir ; Qui ayme le peril y perira.

LE TROPHEE
DV VAINCV.

RELATION V.

Ontinuons cette matiere des duels. Leur extrauagance est si grande en la forme & au suject, qu'on ne la peut mieux comparer qu'au Labyrinthe de Crete, & à son Minotaure. C'est vn Labyrinthe où les esprits s'entortillent & s'esgarent en des raisons si desraisonnables, qu'elles aboutissent dans la folie. C'est vn Minotaure, car il n'y a que les hommes animaux qui soustiennent cette brutalité. Se faire iustice à soy-mesme, se rendre Iuge en son propre faict, est vne maxime qui heurte toutes les regles de l'equité, & cependant c'est la foy fondamentale de tous les duels : donc quelque iuste que la cause paroisse, on peut appeller la iustice iniuste. Et voyons en cette Relation cette iniuste iustice, chastiee par vne iuste iniustice, Dieu le permettant ainsi pour punir l'orgueil d'vn insolent, & faire que le vaincu eust pour trophee le suiet du combat & le fruict de la victoire. Ce n'est pas comme vous pouuez penser, hors de la France, si malheureusement fertile en ces combats singuliers, que nous irons chercher cette Histoire. La Champagne en fut le theatre, par l'occasion que ie vay deduire.

Proiect, vieux Chevalier, qui auoit en son téps rendu de belles preuues de sa valeur, mais pour auoir suiuy vn party qui ne fut pas celuy des recompenses, ses seruices furent mal recognus. Il se retira donc en sa maison, où tout ce qu'il pouuoit faire, estoit de faire ioindre la teste du serpent à la queuë; ie veux dire, de faire toucher le premier iour de l'annee au dernier sans emprunt; ce n'estoit pas pour faire vne grande espargne. Il ne pouuoit aussi se deffaire d'aucun de ses fonds sans s'incommoder beaucoup, le moindre heurt à vn corps debile, estant fort sensible. Ses enfans viuoient tout doucement aupres de luy, ses masles alloient par les armees & dans le monde busquans leur fortune: de trois filles qu'il auoit, deux furent mises en des Monasteres, la premiere & la derniere: la secóde, appellee

Callinice, qui estoit de la plus belle desfaicte, demeura auprès de luy, pour attendre que sa beauté luy donnast vn mary, plustost que les finances de son pere. Elle estoit parfaictement belle, & d'auantage si vertueuse & modeste, que si meriter estoit auoir vn bon party, elle eust esté des mieux pourüeuës. Mais quelque beauté qu'ait vne fille, tel la voudroit pour maistresse, qui la craint pour femme, si elle ne luy apporte de quoy disner. Elle eut beaucoup de cajolleurs & d'admirateurs, peu de poursuyuans : elle passoit son temps de la sorte en vne longue attente, appuyee de peu d'espoir : ie dis, passoit son temps, parce que desia l'aage de vingt-deux ans la mettoit au nombre des grandes, sinon des anciennes filles, encore qu'elle fust en vne fleur de beauté meure & accomplie, qui paroissoit auec vn grand esclat. Ce lustre donna dans les yeux de Thyrse, Gentil homme de quarante ans, & peut-estre de plus, personnage meur & attrempé, qui auoit bien fait dans les armees où il auoit commandé, & reüsli en de bonnes occasions. Il estoit de ces discrets qui craignent le joug du mariage, & dont les esprits reflechissans trouuent à redire à tout. Enfin, la bonne grace de Callinice surprit sa prudence, il fut touché & de la vertu de sa beauté, & de la beauté de sa vertu. L'aage, la taille, la discretion, la conuersation, tout luy plût en cette fille, & s'il a à faire à la fin naufrage de sa liberté, il faut que ce soit à ce bel escueil. Il estoit assez accommodé des biens de fortune, sans en attendre beaucoup d'vne femme, cela va bien pour Callinice qui a si peu, que ce peu est comme rien.

Au moins noſtre auiſé Thyrſe ne védra pas ſõ Empire, puis qu'il n'aura pas vne grande dot, & ſa femme ne luy pourra faire de grandes reproches, puis qu'elle ne luy apporte pas grands biens. Sur cette reſolution il s'embarque à cette recherche, où il fut receu à bras ouuerts; la terre ſeiche ne deſire point tant la pluye ou la roſee, que Proiect ſouhaitte de voir ſa fille pourueuë; mais de luy voir vn party ſi aduantageux que Thyrſe, c'eſt ce qui le rauit, parce que cela ſurpaſſoit ſon deſir & ſon eſperance, & meſme il croit que ce gendre le pourra aſſiſter en ſes beſoins. Tous ces intereſts ioints enſemble, auecque l'aage de ſa fille, & le ſien mien qui le preſſoient, font que la concluſion eſt bien toſt priſe, & les accords paſſez. Auparauant que noſtre prudent amoureux s'embarquaſt, il s'eſtoit donné le loisir de recognoistre l'humeur de la fille, & il l'auoit trouuee si à son gré, qu'il ne sçauoit ce qu'il aymoit d'auantage en elle, ou l'esprit, ou le corps. Et certes Callinice, qui entre la sagesse & la vertu de Thyrse voyoit sa fortune euidente en cette recherche, mesnagea si discrettement sa conduitte, qu'elle le charma tout à faict; mais par les bons & vrays charmes de la douceur & de l'honnesteté. Il ne fut iamais vne correspondance semblable, & Thyrse auoit raison de croire qu'il auoit rencontré vn suject dont il deuoit esperer vn mariage sans espines: mais en voicy qui le vont picquer iusques au sang, & qui luy monstreront qu'en ce monde les roses ne se cueillent point sans blesseure. Comme les accords estoient faicts, suruint au pays vn ieune cadet de bonne maison, que nous appellerons Vincent. Il reuenoit fraischement de Hollande, la teste si pleine de vent, que pour s'estre trouué en quelques sieges & rencontres, il pensoit auoir part à toutes les victoires du Comte Maurice. Il en contoit des plus belles, il auoit esté par tout; bref, sa langue disoit des merueilles de son bras, & à son dire il eust peu conduire vne armee : au reste, il s'estoit battu tant de fois en duel, il auoit tué, il auoit donné la vie, il estourdissoit vn chacun de ses braueries, semblables à ces estudians qui reuiennent des Vniuersitez, qui crachent par la bouche les superfluitez de leur memoire, & pour monstrer qu'ils ont bien estudié, font paroistre qu'ils n'ont point de iugement, & que leurs lettres sont plustost entassees ou amassees confusément, que bien rangees.

Il est vray pourtant que ce cadet auoit du courage, mais sa valeur estoit encore comme vn fruict vert & aspre, que le temps eust peu meurir & assaisonner. Il estoit fort adroit à cheual, & particulierement à l'escrime, il se mit aussitost à rouler par les maisons du pays, & à visiter le voysinage, selon la coustume des Gentils-hommes des champs. Il vint en celle de Proiect, sans autre dessein que de saluër ce vieux Cheualier, & luy rendre les deuoirs que la ieunesse doit aux anciens, il y fut le bien receu, & comme la ieun sse ne se plaist pas beaucoup auecque les vieillards, parce qu'ils sont trop serieux & trop graues, Vincent passa aussitost parmy les filles, où il rencontra cette beauté de Callinice qui luy donna vn eschet & bien tost mat. Frappé de ce lustre comme d'vn esclat de tonnerre, il demeura tout interdict, & celuy dont la langue estourdissoit auparauant toutes les compagnies, deuint muet comme vn poisson, toutes les facultez de son ame estans comme ramassees dedans ses yeux, pour contempler plus amplement tant de merueilles. Estant au nombre des vaincus il ne chante plus ses victoires ; bref, comme il estoit ieune & plein d'ardeur, il deuient en vn instant amoureux passionné, n'ayant pas le iugement ny la discretion de moderer sa flamme, & de cacher son dessein, il le fit cognoistre à Callinice, qui le reietta si loin qu'il en demeura tout interdit. Et à la verité cette Damoiselle eust esté bien peu aduisee, si estant non seulement promise, mais engagee d'affection à Thyrse, elle eust tant soit peu presté l'oreille aux nouueaux complimens & aux protestations de cet esuenté. Il ne perd point courage pour ce rebut, ains il continuë sa poursuitte: mais enfin il apprēd que la recherche de Thyrse, precedéte la sienne, auoit preoccupé l'esprit de Callinice, & qu'elle ne pouuoit auoir des inclinations pour luy, tant que Thyrse seroit sur ses pieds. Iugez vn peu de la violente humeur de ce garçon, qui veut que tout luy cede, que la foy se rompe, que Thyrse luy quitte la place, que tout fasse iour à son appetit, qui comme vn furieux torrent ne peut souffrir de digues. Encore voyons s'il a dequoy contrebalancer les moyens de Thyrse, tant s'enfaut, cadet & pauure sont deux qualitez inseparables, il n'a rien que son espee & sō espoir, qui est la part d'Alexandre, auec cela il veut passer pour beau fils, & parce qu'il faict l'entendu, il veut que chacun croye qu'il a beaucoup de merite. Proiect

eust

eust esté bien de loisir de donner sa fille à ce galand, mettre deux pauuretez ensemble, n'eust-ce pas esté vn mariage qui eust engendré la necessité? Aussi luy faict-on entendre qu'il perd son temps, que la place est prise, qu'il est venu trop tard, qu'il fera mieux de se retirer. Luy qui croyoit que les filles se disputoient comme les villes de Hollande à la poincte de l'espee, tourne son iniuste colere contre Thyrse, commence à en faire de mauuais comptes, taxe sa froideur d'impuissance, sa moderation de pusillanimité, sa prudence de poltronnerie. Parce qu'il y auoit desia quelques poils blancs dans ses cheueux, il l'appelle vieillard, parole malaisee à supporter à vn homme qui aspire au mariage.

Encore que toutes ces insolences viennent aux oreilles du sage

Thyrse, il dissimule par prudence, & reçoit ces traicts comme sortis de la main d'vn enfant, il ne s'en tient pas blessé, il reiette cela sur la foiblesse de l'aage, & la force de l'amour, il renuoye ce tendron à l'escole. Enfin, le furieux iouuenceau voyant que les fiançailles se preparoient & que le mariage s'auançoit, se resolut de iouer de son reste, & sans autre suiet que de la possession de Callinice, faire appeller Thyrse pour decider par la perte de sa vie, ou de celle de son Riual, à qui cette belle demeureroit. Il luy enuoye vn cartel si outrageux que la neige s'en fust eschauffee, Thyrse se rẽd au lieu assigné, pour chastier l'insolence de ce Nouice, & luy faire sentir des coups de maistre : mais l'outrageuse fortune, ennemie de la vertu, n'est pas ordinairement du bon costé. Ce ieune galand estoit si dispos, &

auoit tellement les armes à la main, qu'il taste Thyrse par où il veut, & le traicte en Facquin de Quintaine. Il se mocque de luy, en le lardant tantost aux bras, tantost aux cuisses: enfin las de le percer en iouänt, il commença à donner tout à bon, & auecque des assauts si brusques, que Thyrse ayant deux estocades dans le corps, tomba affoibly par la perte de son sang, & fut contrainct de rendre les armes, & de demander la vie au Cadet, qui pour surcroist de victoire luy fit iurer qu'il ne rechercheroit plus Callinice, & qu'il luy cedoit toutes ses pretensions, il fallut que Thyrse le poignard dans la gorge, passast encore par cette extremité. Là dessus le glorieux Vincent se retire, emportant le sang, les armes & la foy de son Riual. Pouuoit-il desirer vne plus ample victoire? Thyrse porté chez luy, vn

Chirurgien receut le premier appareil de ses playes, qui ne se trouuerent pas mortelles: mais la douleur & la honte d'auoir esté vaincu par vn enfant, d'auoir demandé la vie, rendu les armes, & renoncé à la possession de sa belle maistresse luy donnoient de tels regrets, que s'il n'eust redouté les peines eternelles, il eust comme vn autre Caton d'Vtique, deschiré ses playes, & receu la mort de ses propres mains. Combien de fois souhaita-t'il de s'estre faict tuer sur le champ, sans deuoir si honteusement la vie à son aduersaire? Dont l'insolent triomphe se venant representer à ses yeux, il se resolut de fuyr iusques au bout du monde, plustost que d'en souffrir la veuë. Et d'effect, aussitost qu'il peut sortir du lict, ayant faict amas d'vne assez bonne somme d'argent, il se desroba du chasteau où il s'estoit faict porter, & durant les tenebres de la nuict, il prit la premiere route qui se presenta à luy, on n'eut garde de sçauoir où il estoit allé; car il ne sçauoit pas luy-mesme où il alloit. A la fin s'estant recogneu il se ietta dans l'Allemagne, & de là par la Bauiere il vint descendre en l'Estat des Venitiens, & estant à Venise il s'embarqua dans le premier vaisseau qui fit voile pour Constantinople. Laissons-le cingler en haute mer, pour venir voir ce que fait Vincent. Il fait la roüe comme vn paon; mais il sera bientost contrainct de serrer sa queuë, & de cacher ses belles plumes.

Thyrse ne paroissant plus, & Vincent se vantant de l'auoir vaincu en duel, d'auoir eu son sang & ses armes, de luy auoir fait demander la vie, & renoncer aux pretensions de Callinice, au lieu de donner de la gloire à ce vanteur, on alla iuger qu'il l'auoit assassiné en trahison, & qu'ayant ietté son corps en quelque lieu, sa vanité triomphoit insolemment de sa renommee. La coniecture estoit violente, il auoit les armes de Thyrse qu'il monstroit, & les siennes teintes, disoit-il, de son sang. S'il n'est pas mort, où est-il donc? qu'il se fust allé cacher de honte il y a peu d'apparence: car la loy des duels est telle, que les armes estans iournalieres, l'honneur du vaincu est laué dans son sang, soit qu'il meure, ou qu'il ne meure point. Vincent qui croit que la loüange est vn parfum qui ne doit estre bruslé que sur l'autel de son merite, va par tout la teste leuee, comme le victorieux de Thyrse. Cependant le frere & les sœurs de cet absent le tiennent pour mort, & se partagent son heritage, dont ils se fussent estimez indignes, si par la voye de la justice ils n'eussent poursuiuy la vengeance de son sang. Vincent qui sçauoit de n'auoir pas tué Thyrse, au lieu de s'escarter se monstre par les compagnies, & mesme veut paroistre deuant Callinice qui le reiette, & l'a en horreur comme le meurtrier de son amant. En somme, vn beau matin il se veit saisi dedans le lict par le Preuost, que les heritiers de Thyrse auoient mis en campagne : le voila dans la prison, où encore il continuë ses brauades & ses vanteries. Ses parens s'employent pour l'en tirer; mais l'on ne sort pas si facilement des mains de la justice. Les formalitez se font, il respond aux Iuges auecque asseurance qu'il s'est battu contre Thyrse dont il a eu tel aduantage qu'il a voulu, il monstre ses armes, nie de l'auoir tué; mais de luy auoir faict demander la vie, & renoncer à la recherche de Callinice suiet de leur combat. Il aduouë de l'auoir blessé en diuers lieux, & ne sçauoir s'il est mort de ces blesseures, Thyrse est si loin qu'il n'a garde de paroistre, le procez instruit & mis sur le bureau, les Iuges declarent Vincent criminel, pour auoir appellé, s'estre battu, auoir blessé, & probablement tué Thyrse, & le condamnerent, comme ayant violé les Edicts, à perdre la teste. L'arrest prononcé le matin, fut executé le soir, & nostre triomphant cadet se veit mené dans vne charette en la compagnie du bourreau au lieu du supplice, où sa teste pleine de vent fit autant de bonds qu'vn balon: Voila le triomphe de sa vanité & de sa folie. Thyrse demeura deux ans en son voyage de Leüant, & enfin le temps ayant moderé ses desplaisirs, & le sejour parmy les infidelles commençant à le fascher, il resolut de repasser en la Chrestienté: il vint surgir en Sicile, & de là il vint à Rome, d'où il fit sçauoir à son frere & à ses sœurs qu'il n'estoit pas encore mort, les priant d'auoir soin de ses biens, & de luy enuoyer quelque somme. Ces nouuelles furent rapportees à Proiect & à Callinice, qui en resusciterent leurs esperances. Aussitost Thyrse receut ce qu'il auoit demandé, & en mesme temps tout ce qui s'estoit passé en la punition de Vincent, il eut des lettres de Callinice qui luy firent cognoistre la constance & la fidelité de cette fille, elle le r'appelloit de son long exil, & le coniuroit de venir acheuer leur mariage. Thyrse reuenu à vn meilleur sens, & iugeant qu'il auoit faict en son combat tout ce que peut faire vn vaillant homme, flatté de nouueau de l'idee des beautez de Callinice, & de cett' amour si naturelle du pays, qui ne peut mourir qu'auec nous, reprit le chemin de la France par Lorette, dont il visita la saincte maison, & de là par Bologne, Milan, la Suisse, & la Lorraine, il se rendit en Champagne, où il fut accueilly de ses amis comme vn homme resuscité. Il espousa peu de temps apres Callinice auec des contentemens indicibles. Ainsi le vaincu remporta pour trophee le suiet du combat, & la honte & le supplice furent pour le victorieux.

LA IALOVSIE SACRILEGE.

RELATION VI.

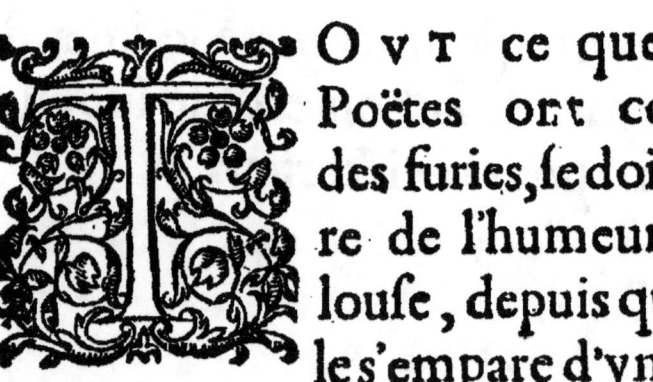OVT ce que les Poëtes ont conté des furies, se doit dire de l'humeur ialouse, depuis qu'elle s'empare d'vn cerueau, elle y allume des flambeaux funestes qui ostent tout repos, & qui le remplissent de fumee : il n'y a rien d'abominable que ne s'imagi-

ne le jaloux, ny rien de si sainct qu'il ne viole par sacrilege. Aux choses qui ne sont pas il est clair-voyant comme vne aigle ; en celles qui sont, aueugle comme vne taupe, tousiours plein de fiel & de rage, tousiours disposé à la vengeance & à la cruauté. Le jaloux desespere de descouurir ce qu'il ne voudroit pas trouuer, & ingenieux en son mal il se persuade estre vray ce qu'il souhaitteroit ne l'estre pas ; au reste, il n'y a inuention diabolique dont son esprit ne soit capable, pour venir à bout de son dessein. En voicy vne Relation nouuelle, à sa suitte i'en attacheray, mais en peu de mots, vne plus ancienne ; la premiere, de nostre siecle : l'autre du precedent. A Rauenne, cité d'Italie, siege des anciens Exarques, vne belle & vertueuse Damoiselle nommée Secondine, fut aymée d'vn ieune Gentil-homme appellé Germain, elle l'ayma reciproquement sans l'adueu de ses parens, qui traittoient auec ceux de l'Adolescent pour les marier ensemble. Mais comme il n'y a point de metaux si conioincts que l'eau de depart, dont se seruent les Metallistes, ne separe, aussi n'y a-t'il si belle amitié ny si ferme promesse, où l'or, ce metal malheureux, n'apporte de la diuision. Les richesses d'vn vieillard, à qui nous donnerons le nom de Muson, esbloüyrent les parens de Secondine. Cet homme en deuint amoureux, & ne se pouuant rajeunir que par l'or potable, il en promit à ces parens affamez, qu'ils le trouuerent assez ieune pour espouser leur fille, dont selon les loix de l'aage il eust peu estre pere : & d'effect, il auoit des enfans plus aagez que cette fille. Au grand desplaisir de Secondine, & plus encore de Germain, il fallut rompre les nœuds de soye de cette agreable affection, pour consentir aux liens de fer de ce mariage, qui paroissoit vn enfer à cette Damoiselle. Et de faict, Muson qui en auoit passé les accords par où auoient voulu les parens de la fille, pensant auoir acheté cherement vne esclaue, la traittoit d'vne façon si retenuë, que la vie de cette miserable victime immolee à l'auarice des siens, estoit vne continuelle prison. Il en deuint si fort ialoux, que si vne mousche voltigeoit autour du visage de cette femme, il falloit qu'il sceust de quel sexe elle estoit, & les rayons mesme du soleil luy estoiët suspects quand ils entroient dans sa chambre, & beaucoup plus quand ils touchoient ses iouës. Tout autant de domestiques qu'il auoit, c'estoient autant de gardes & d'espies autour de Secondine, la vache Ino n'estoit point mieux regardee des yeux d'Argus. Si elle alloit à l'Eglise, ce qui n'estoit qu'aux iours de commandement, & pour satisfaire à la necessité du precepte, ou il l'accompagnoit luy mesme, ou la faisoit suiure par plusieurs femmes, & il mettoit des sentinelles par tout où elle passoit, ses regards & ses gestes estoient glosez, ses contenances remarquees; car de luy parler il n'estoit point de nouuelles.

Sous tant de chaisnes, ou plustost sous tant de gesnes, combien souspira-t'elle la perte de sa liberté? & combien plus estimoit-elle la condition d'vne fille, que d'vne femme mariee de la sorte? Sa maison luy estoit vn tombeau où elle estoit comme vne morte viuante. Parmy ces fascheries, combien de fois l'idee de Germain la vint-il persecuter, en luy faisant trouuer ses desplaisirs plus amers par la douceur des plaisirs qu'elle s'estoit promis en l'alliance de ce ieune homme. Mais comme elle estoit vertueuse, elle reiettoit bien loin ces pensees, comme illegitimes. Mais Germain de son costé ne souffroit pas vn moindre tourment ; au contraire, carressant en son ame cette flatteuse tentation, & repaissant son esperance de la prochaine mort du vieillard, il ne songeoit qu'aux moyens de se continuer en la bien-veillance de Secondine. Les difficultez de l'aborder ne le rebuttoient point, car il estoit d'vne nation qui aiguise ses desirs par les obstacles, & comme les inuentions d'attaquer les places surpassent tousiours celles de les deffendre, les amans sont tousiours plus accorts que les ialoux. Secondine estoit bien gardee, c'est par les gardes

gardes mesmes qu'il dresse son entreprise, rusé assez commune en cette guerre de malice. Il gaigne par presens, & esblouït auec de la poudre d'or, vne des vieilles seruantes qui seruoient d'espies à Secondine, & encore qu'elle receust vn grád salaire de Muson pour luy estre fidelle, elle en receuoit vn plus grand de Germain pour estre infidelle, ainsi elle prenoit des deux mains, & faisoit sa moisson en son temps. Au commencement Secondine reietta les lettres que par elle Germain luy escriuoit, estimant que ce fussent des serpens cachez sous des fueilles : mais comme quád on est accoustumé à manier des couleuures, elles ne font plus la peur qu'elles causoiét au cómencement. Ainsi Secondine appriuoisée par les persuasions de Fructuosa (c'est le nom de cette mediatrice) ne fit plus de difficulté de receuoir & de voir les escrits de Germain, c'estoient les allumettes de leur ancienne flamme. Il est vray que Germain ne pretendoit par là que de se conseruer en sa memoire, & plus encore en sa volonté, afin que la mort de Muson ayant rompu ses liens, elle se souuint de recompenser sa constance & sa fidelité par vn second mariage. La Relation ne dict point que Secondine luy respondist autrement que par Fructueuse, qui asseuroit Germain de l'amitié de Secondine, & qu'elle ne sacrifieroit iamais à l'ingratitude. Germain ne pouuant voir Secondine, ne se pouuoit empescher (à la mode des amoureux transis si vulgaire en Italie) de passer & repasser souuent deuant le logis de Muson, pour voir la tour de sa Danaë. Mais que cela donnoit de grands ombrages à nostre ialoux, & ce visage de

Germain luy estoit particulierement suspect, parce qu'il n'ignoroit pas qu'il luy auoit osté Secondine, & qu'ils auoient eu l'vn pour l'autre vne reciproque affection. Il ne voyoit iamais ce ieune homme, sur tout aupres de sa maison, sans allarme: il l'y veit tant de fois, & le fit tant espier, qu'il ne douta plus qu'il y auoit des charbons sous la cendre: mais comme la ialousie va tousiours aux extremitez, il s'imagina aussi-tost qu'il estoit trahy, & que sa femme luy estoit infidelle. Il se persuada si viuement cette creance, qu'vn iour plein de furie, il mit le poignard à la gorge de cette pauure creature, tout prest de la tuer : elle qui aymoit autant vne prompte mort qu'vn si long martyre ; le pria non de luy donner la vie ; mais seulement le temps de demander pardon à Dieu, & de se confesser. Le ialoux, qui n'estoit pas tout à faict esclaircy de la verité, creut que s'il pouuoit entendre cette derniere confession, il descouuriroit clairement le mystere d'iniquité, qu'il croyoit en cette femme. Le diable à ce dessein, luy va suggerer vne inuention tout à faict abominable, il cognoissoit vn bon vieux Religieux d'vn ordre des Mendians qui estoit presque sourd, & à qui il falloit parler fort haut pour se faire entendre, il l'enuoye querir comme pour vne affaire pressee. Ce bon personnage, que nous appellerons le Pere Pontian, vint aussitost, Muson le tire à part, & luy ayant faict des plaintes de la desloyauté de sa femme, le prie de l'ouyr en confession, estant resolu de la tuer. Encore que ce bon homme taschast de le diuertir d'vne si sanglante execution, il ne gagna rien sur ce courage de tygre, qui le menaça de le tuer luy-mesme, s'il ne se despeschoit de luy obeyr. Le Pere entre en la chambre, & le curieux ialoux se mit dans vn cabinet voysin, d'où il pouuoit entendre tout ce que sa femme diroit, parce qu'il n'estoit separé qu'auecque des aix, ioinct qu'il falloit qu'elle parlast bien haut, pour se faire entendre de ce Religieux qui estoit sourd. Cette femme, qui croyoit estre au dernier de ses iours, se confessa toute à la bonne foy, comme vn criminel qui va au supplice, & delà deuant Dieu. Elle s'accuse exactement de toutes ses fautes, auec vne grande componction, & quand ce vint au sixiesme commandement le ialoux ramassant toute son ame dans ses oreilles, n'entendit autre chose sinon vn aueu d'auoir autrefois aymé Germain quand il la recherchoit pour l'espouser; mais depuis qu'elle auoit esté mariee elle auoit tasché d'esloigner cett'affection de sa fantaisie, iusques à ce que ce ieune homme ayant gagné vne de ses seruantes appellee Fructueuse, luy auroit persuadé par elle de receuoir de ses lettres, qu'elle les auroit reiettees au commencement; mais qu'enfin cette femme les luy auoit fait prendre & lire, que Germain en tous ses escrits, ne tendoit à rien de deshonneste; mais seulement à se continuer en sa bien-vueillance, afin de l'espouser vn iour si elle suruiuoit, & luy aussi Muson. Elle proteste deuant Dieu, comme celle qui va mourir, qu'elle n'a offencé son mary ny de faict, ny de parole, ny de pensee, qu'en ce qu'elle a asseuré Germain par Fructueuse, de la continuation de son amitié, & que si elle suruiuoit Muson, elle recognoistroit sa chaste bien-veillance; apres elle acheue son examen & son accusation.

Cecy mit de l'eau dás la fureur du vin de nostre ialoux, & recognoissát sa féme fidelle, il se delibera de verser tout le fiel de son courroux sur Fructueuse, comme sur vne seruante qui le trahissoit, & qui gagnee par Germain, taschoit à corrompre Secondine. Quant à Germain il se reserua d'en faire la vengeance à l'Italienne, c'est à dire à son aduantage, pour bastir ses esperances sur son tombeau. Cette confession faite, & le Pere Pontian renuoyé en son Conuent, apres que Muson luy eut promis de n'attenter point à la vie de sa femme. La pauure Secondine tremblante comme la fueille, attendoit à sa chambre le coup de la mort, à la façon de la timide tourterelle, qui voit le Sacre qui vient fondre sur elle, mais sa crainte fut vaine, & sa vie prolongee, pour voir la iuste punition du Ciel sur son sacrilege ialoux. Qui ne manqua pas pour descharger son indignation sur Fructuosa, de la faire appelle deuant sa femme, & là luy ayant reproché sa lascheté & sa perfidie, ainsi qu'il l'auoit apprise de la confession de Secondine: cette vieille se voyant descouuerte, & voulant demander pardon se trouua enfoncee de plusieurs coups de poignard dans le sein, qui firent plus d'vne porte à la sortie de son ame. Ce meurtre ne peut estre faict sans estre sceu, les autres domestiques le publierent incontinent, la iustice en informa, & nostre ialoux pensant auoir faict vn acte heroïque auoüa son crime, & en donna la raison, parce qu'elle auoit voulu desbaucher sa femme. Quand il fallut venir à la preuue, comme vn oyseau niais il se prit par ses propres appeaux, la diuine justice le permettant ainsi pour la punition de son sacrilege. Il declara la façon dont il s'estoit seruy pour descouurir la verité de cette trahison de Fructuosa, ce qui le rendit plus odieusement coulpable que l'assassinat mesme qu'il venoit de commettre. Là dessus il est ietté dedans vne prison, où son procez luy estant fait, la ialousie sacrilege le mena sur vn eschaffaut, où il perdit la teste Et peu de temps apres Germain recommençant la recherche de Secondine, & n'ayant plus d'obstacle à ses desirs, cette vefue estant en la liberté de son choix, il l'espousa, & couronna ses trauaux & sa longue attente d'vne possession d'autant plus agreable qu'elle luy auoit cousté cher.

Il me souuient d'auoir leu vn euenement qui a quelque traict de ressemblance parmy les Histoires Tragiques, qu'vn de nos Escriuains François a traduites d'vn Autheur Italien. Ie diray le fait sommairement, & selon que la memoire me le suggere, sans m'estendre aux particularitez, n'estant pas mon intention en ces Relations de mettre l'aiguille en des estofes qui ont desia passé par le cizeau d'autruy, les composans de faits nouueaux que ie ramasse çà & là dans le grand liure du monde, selon que le temps & les occasions me le presentent. Et certes, ceux qui ne font que recoudre des Histoires desia remarquees, ne me semblent pas tant escrire que transcrire, ny repeter que rappetasser des Histoires. Vn Calabrois, (ce climat entre ceux d'Italie, est fort suiet à la ialousie & à l'intemperance) se doutant par des soupçons assez bien fondez que sa femme ne luy fust infidelle, & n'ayant peu, tant elle estoit accorte, la surprendre en son crime, s'auisa (tant la ialousie est encline à violer les choses sacrees) d'vne subtilité sacrilege. Vne des grandes solemnitez de l'annee arriuant, temps qui conuioit les plus desbauchez à la penitence, ou du moins à faire les actes exterieurs, sçachant en quel Monastere sa femme auoit accoustumé d'aller à confesse, il se fit faire vn habit semblable à celuy que portoient les Religieux de ce Monastere là, & s'estant mis dedans le Confessional où le Pere Confesseur ordinaire de sa femme auoit accoustumé de se mettre, il la receut parmy quelques autres à la confession, & là ayant appris ce qu'il desiroit sçauoir, & sceu par sa propre bouche qu'elle luy estoit infidelle, au lieu de luy dresser des pieges pour la surprendre en sa faute auecque son adultere, la fureur de la ialousie le transporta si soudainement, qu'au sortir de l'Eglise il poignarda cette femme en pleine ruë; ayant assouuy sa vengeance, il ne s'enfuit point, au contraire, comme pensant auoir merité vn triomphe, il se met entre les mains de la Iustice, auouë son action, & la soustient comme si elle eust esté fort iuste. Et pour preuue de la verité du crime dont il accusoit sa femme, il allegue le stratageme dont il s'estoit seruy pour s'en esclaircir. Il fut trouué si abominable, qu'il fut enuoyé au supplice expiant par sa honte & par son sang son execrable sacrilege. Impertinent homme qui alla prescher sur les toicts, ce qui estoit voilé de la nuict du silence, & qui se voulant purger d'infamie, se diffama pour iamais. Vn bel esprit disoit vn iour sur vn pareil suiet vne ioyeuse & facetieuse rencontre, que c'estoit preferer Publius Cornelius, à Cronelius Tacitus. C'est ainsi que la ialousie malheureuse en sa recherche, l'est encore plus en sa vengeance. Mais ces deux Histoires aboutissent à vn mesme poinct, qui faict voir qu'il n'y a sorte d'abomination dont ne soit susceptible celuy qui est emporté de la fureur de la ialousie, ny rien de si sacré qu'il ne viole, pour satisfaire à sa passion.

LE BANNISSEMENT DE LA IALOVSIE.

RELATION VII.

I tous les maris marchoient auec autát de bóne foy, que celuy dont ie vay representer la candeur, on verroit bien toſt le general baniſſemét de la ialouſie. Peuteſtre que quelque eſprit qui penſe auoir r'affiné la prudence, prendra ſa conduitte pour ſimplicité; mais à qui ſe voudra don-

Le bannissement de la ialousie. 463

ner le loisir de la peser auecque iugement, l'accortise y paroistra euidente. En la ville de Lody, qui est dans le Duché de Milan, & comme au cœur de la Lombardie, vne fille de beauté singuliere appellee Agape, fut recherchee d'vn grand nombre de ieunes gens, qui aspiroient à sa legitime possession. Mais comme il arriue d'ordinaire que les merites se pesent au poids de l'or, ie veux dire que le plus riche est estimé le plus digne: vn bon garçon, & qui ne paroissoit pas auoir beaucoup de sens, nommé Oronce, l'emporta sur plusieurs autres, qui faisoient bien les fins & les entendus. Aussitost picquez d'enuie & de despit de se voir rebutez pour celuy d'entr'eux qui paroissoit auoir le moins de iugement, ils se mirent aux railleries, aux mesdisances & aux sornettes. Agape, qui estoit sage & vertueuse, & qui les auoit tous pour indifferens, tandis qu'ils la courtisoient, estant liee à Oronce n'ont plus des yeux ny des affections que pour luy; & en effect elle se comportoit auecque toute sorte d'honneur & de modestie. Mais l'homme ennemy, qui sursème tousiours l'yuroye parmy le bon grain, ne pouuant souffrir la douceur & la tranquillité de ce nouueau mesnage, souffla dans l'esprit de ces ieunes hommes qui auoient este rebutez; des inuétions maudites pour trauerser la paix des nouueaux mariez. Marin, Iulien, Donat estoient les principaux boute-feux, & par vn plaisir malin que les meschans ont à ourdir des trames embroüillees, ils commencerét à s'insinuer aux bonnes graces d'Oronce, qui estoit d'vn naturel fort doux & traittable, & parce que les trahisons sont les plus subtiles

subtiles qui se font sous couleur d'amitié, ils taschent de gaigner sa creance, en luy faisant entendre qu'ils estoient fort soigneux de son honneur & de sa reputation. Mais c'est le malheur des hommes mariez, luy disoit l'vn, que leur renommee qui auparauant ne dependoit que de leurs propres actions, estoit attachee à la fragilité d'vne femme, dont le sexe plus leger qu'vne fueille, se laissoit emporter à toute sorte de vents; que la sienne certes estoit vertueuse, mais femme, c'est à dire, infirme & muable : qu'estant d'vne beauté rare & considerable, elle meritoit bien d'estre soigneusement gardee, puisqu'elle estoit si attentiuement regardee. Certes, disoit l'autre, la perseuerance au bien en l'imbellicité de ce sexe, n'est pas vn moindre miracle que de voir de la neige se conseruer entiere dedans

Gg

le feu. La beauté & la chasteté, adioustoit cettuy-cy, sont deux benefices que les plus sages ont iugez incompatibles, & la femme est d'vn naturel si foible, que celle-là seule est tenuë pour chaste qui n'a iamais esté sollicitee, & il est rare que les belles ne le soient pas. Ne vous y fiez pas, auançoit cet autre, il n'y a point de foy au front, les visages d'Ange cachent quelquefois des cœurs de Demon, les habiles maris ont pour suspectes les carresses de leurs femmes : car comme les singes estouffent leurs petits en les embrassant, souuent celles-cy cachent leurs trahisons sous des baisers, & estouffent l'honneur de leurs maris lors qu'elles en font d'auantage les empressees. Pour faire entrer d'auantage les lancettes les Chirurgiens en trempent la poincte dans l'huile, & pour affiler vne calomnie, le mesdisant industrieux faict vne petite preface d'honneur, pour tesmoigner que ce qu'il dict est plustost par le mouuement de la verité, que par celuy de la malice. Ie ne dy pas, auançoit celuy-cy, que Madame Agape ne soit fort sage ; mais si ne peut-elle nier qu'estant fille elle a eu des affections pour vn tel, ie veux qu'elles fussent legitimes alors, si est-ce qu'elles sont faciles à r'allumer, ce n'est qu'vn feu caché sous la cendre de la modestie.

Ie n'aurois iamais fait si ie voulois raconter par combien de subtiles raisons ce conseil des malings taschoit d'inspirer des ombrages, des deffiances & des ialousies dans l'esprit d'Oronce sçachant bien que s'ils pouuoient le rendre susceptible de cette folie, ils renuerseroient tout à fait son iugement, qu'ils tenoient desia pour foible & petit. En suitte de cela ils croyoient venir mieux à bout de leurs meschans desseins sur Agape, n'y ayant rien qui irrite d'auantage l'esprit d'vne honneste femme, ny qui l'excite plustost au mal que de se voir soupçonnee par son mary, d'vn crime qui ne loge pas seulement en sa pensee. Et telle faussement accusee par vn excez de despit, a verifié son accusation, & changé l'opinion en effect. C'estoit la trape que tendoient ces oyseleurs, & le piege où ils s'attendoient de prendre cette proye. Mais voyans que la subtilité de leurs raisons n'entroit point dans l'esprit d'Oronce, qu'ils estimoient trop grossier, ils vindrent aux actions, dont les apparences touchent les plus lourdes ames. Ils se mirent à cajoller Agape, à la mugueter, à passer deuant sa porte, à faire des saluades, & mille semblables sottises, à ce seul but, de mettre des grillons dans la teste d'Oronce, & puis de se rire de sa simplicité. La sage Agape qui renuoyoit bien loin tous ces beaux discoureurs, ne s'esbranlant non plus qu'vn rocher de toutes leurs poursuittes, s'apperceut à la fin que leur intention estoit de la mettre en mauuais mesnage auecque son mary. C'est pourquoy, pour preuenir ce malheur, elle l'aduertit de toutes les mines de ces poursuyuans; & de toutes leurs menees, afin que leurs ruses estans descouuertes, elles eussent moins d'effect. Oronce qui auoit telle opinion qu'il deuoit de la vertu de sa femme, ne luy cela aussi aucun des propos que ces gens luy tenoient, pour luy donner des ombrages de sa fidelité, de cette façon la femme & le mary esuenterent la mine de ces rusez, & leurs finesses furent inutiles. A la fin ils en vindrent aux faux rapports, qu'ils souftenoient par des tefmoins appoftez, & comme s'ils euffent efté infiniment foigneux de la reputation d'Oronce, ils luy venoient faire de belles remonftrances fur cecy & fur cela, luy donnans des aduis conformes à leur deffein. Tantoft qu'il deuoit mettre des efpies en campagne, deffendre à vn tel de regarder fa femme à l'Eglife, à cet autre de paffer deuant fa maifon & de chanter fous fes feneftres. Tantoft de gaigner des feruiteurs, pour fçauoir tous les deportemens de fa femme. Quelquefois ils feignoient d'auoir deffendu fa renommee, qui eftoit defchiree parmy les compagnies, où l'on parloit mal de fa femme, & blafmoit-on fa trop facile bonté. Ils luy confeilloient de la tancer, de la tenir en crainte, de l'enfermer; bref, de la traitter à la façon des ialoux, luy donnant pour maxime que la deffiance estoit mere de seureté. Qu'vne beauté comme celle-là ne pouuoit estre assez soigneusement conseruee, que c'estoit exposer sa bourçe aux larrons de luy donner tant de liberté de frequenter parmy les compagnies: en somme, s'il eust esté d'aussi facile creance qu'eux, & de subtile persuasion, il eust faict tout plein de belles affaires. Mais enfin, las d'estre tant estourdy de leurs conseils malicieux & de leurs faux rapports, les pria de garder leurs maximes pour eux-mesmes, & de les mettre en pratique lors qu'ils seroient dans le mariage, que pour luy il vouloit viure auecque sa femme dans vne liberté Françoise, sans soupçon & sans ialousie.

Ces mousches importunes chassees de cette façon, ne laissoient pas de revenir toufiours bourdonner à fes oreilles, fi bien que refolu d'enuoyer toutes leurs fubtilitez à l'efcole, & de leur apprendre que les plus fins ne font pas toufiours les plus habiles: vn iour qu'ils le trauailloient de leurs contes ordinaires il leur dit; Venez-çà, Meffieurs, qui doit mieux fçauoir les affaires de ma femme de vous ou d'elle? Marian refpondit pour tous, c'eft elle ; car elle fçait bien les bons tours qu'elle vous iouë, fans y appeller des tefmoins; mais nous n'en parlons que par coniectures, & felon le bruit commun. Elle eft donc plus croyable que vous, repartit Oronce. Or fus, ie la croy donc en ce qu'elle m'a dict plufieurs fois que tous tant que vous eftes de rapporteurs & de mefdifans, en ce que vous difiez d'elle, auiez menty par la gorge. Auec cette repartie noftre bon homme les quitta, & les laiſſa auſſi eſtonnez que ſi vn eſclair leur euſt ſillé les yeux. Elle fut ſceuë, & ceux qui ſe vouloient mocquer furent mocquez, leurs ruſes deſcouuertes, l'entendement d'Oronce eſtimé, & plus que iamais confirmee la bonne reputation de la ſage & vertueuſe Agape, dont le mary bannit pour touſiours de ſa maiſon le fleau de la jalouſie.

L'IDEE.

RELATION VIII.

TOVTES les Idees qui paſſent par nos eſprits ne ſont pas touſiours ſi friuoles que l'on penſe. Ie croy bien que l'imagination, qui eſt vne faculté de l'ame fort volage, & comme la boutique de mille chimeres, en forge quantité de vaines & creuſes, & qui n'ont ſubſiſtance que dans le vague, ou pluſtoſt dans le vuide de l'extrauagance. Mais auſſi quelquefois

L'idee.

cette partie de nostre esprit estant assistee des bons Anges, ou de quelques particulieres clairtez du ciel, rencontre des veritez en la façon que les aueugles peuuent en tirant frapper au blanc sans le voir. Les songes mesmes qui ne sont que les especes & les images alterees par les ombres de la nuict, nous seruent souuent de presages, & Dieu est apparu souuent à des Prophetes durant leur sommeil, & leur a parlé en songe. Ie vous propose icy vne Idee que vous trouuerez bien estrange, & que quelques-vns attribueroient à quelque consultation de Deuin, ou à quelque inuention; mais elle est arriuee à vn si homme de bien, de ma cognoissance, & ie diray plus, mon allié, que sur sa parole ie ne crains point de l'offencer, comme vne verité tres-asseuree: car ie sçay que c'est vn personnage qui hayt la fausseté comme la mort, & dont la pieté & la pureté sont capables de reuelations plus grandes. Saluiat, appellons-le ainsi, laissé orphelin fort ieune, demeura iusques à sa pleine maiorité sous la puissance de ses tuteurs. Estant arriué au temps qui le mettroit par les loix dans le gouuernement de son bien, il le prit en main, & pour y estre aydé par la fidelité d'vne personne interessee, il retira chez-luy vne de ses sœurs, fille de conduitte & iugement. La confiance qu'il auoit en son sens autant qu'en son sang, faisoit qu'il ne luy cachoit rien de toutes ses affaires, & qu'il luy laissoit le maniement libre de tout ce qui luy appartenoit. Il luy vint vn desir de voir l'Italie en vn âge assez meur, pour y faire profit des bónes qualitez des Italiens, & se garder de la contagion des mauuaises. Comme il estoit en la Cour de Rome, en estime d'homme fort sage & aduisé, il auoit laissé sa sœur en l'vne des principales villes de France dans l'vsage de sa maison paternelle, & dãs le maniemẽt de tous ses reuenus. Il auoit eu en heritage de tres-beaux meubles, principalement de l'argenterie, qui reuenoit à vne grande somme. Dans les grandes villes se font les grands larcins, comme dedãs les gros fleuues les grands poissons se peschent. Des mouschards ayans espié qu'il y auoit beaucoup de beaux meubles & de la vaisselle d'argent en cette maison, qui n'estoit habitee que par des filles & quelques petits laquais, creurent que s'ils y pouuoient entrer la nuict, ils y feroient vn grand butin, & sans beaucoup de resistance. Ils n'y manquerent pas, ayans auparauant sous le pretexte de monstrer quelques merceries à vendre, estudié les addresses de la maison ; ils y entrent la nuict, se barboüillent le visage pour ne se rendre cognoissables, se saisissent de cette Damoiselle & de ses seruantes esperduës : elles furent aysees à intimider, ils les enferment en vne chambre, auec menaces de les esgorger si elles faisoient le moindre cry. Cependant ils ouurent tout, choisissent le plus beau & le meilleur, font leur main, & se retirent à leur ayse. Le lendemain ces filles enfermees n'osoient encore crier, pensans tousiours auoir le couteau dans la gorge : enfin, bien auant dans le iour, n'oyans plus aucun bruit en la maison, elles demandent du secours, on les deliure, & on trouue les plus beaux meubles pillez & enleuez. On ne sceut iamais descouurir ny vent, ny fumee, ny trace, ny marque de ce vol : Oderise, appellons ainsi cette Damoiselle, l'escrit à son frere, que la mesme nuict qu'il fut faict (ce qu'il verifia par la datte de la lettre) l'auoit songé en dormant tout en la mesme sorte qu'il estoit aduenu; & ce qui estoit admirable, les traicts du visage & la forme des habits des voleurs luy furent representez naïfuement, & luy demeurerent si bien grauez dans l'imagination, que durant tant de temps qui s'escoula entre l'action & l'aduertissement qui luy en fut donné, ils ne peurent estre effacez. Il escriuit au hazard à sa sœur qu'elle fist faire vne enqueste au quartier, s'il n'y auoit point des hommes de telle sorte, vestus de telle façon. La recherche en fut faicte, les voleurs s'estoient rendus si priuez, & croyoient auoir si bien couuert leur momon, qu'ils ne s'estoient point deslogez de leur demeure ordinaire. Ce coup fut bien hardy, les voila pris sur vne si foible conjecture, auant qu'ils eussent veu la porte de la prison ils confesserent plus que l'on ne voulut, dirent toutes les circonstances de leur larcin, dont ils auoient consumé fort peu de chose, nonobstant leur restitution ils furent executez, encore qu'Oderise sollicitast pour leur deliurance. Ce qu'ils auoient mangé ne reuenoit pas à la centiesme partie de ce que la Iustice, ou plustost les formalitez de la Iustice, auoient englouty. Ie ne dy pas sans raison les formalitez, parce qu'il y a vne extreme difference entre la Iustice & ses formes. La Iustice est vne vertu qui rend à chacun ce qui luy appartient; mais les formalitez sont des images & des vaines apparences de Iustice, dont le propre est de prendre à vn chacun ce qui luy appartient : si bien que l'on peut dire qu'en qu'en nos iours la Iustice est conuertie en iugement, c'est à dire en Iudicature, & que cette ancienne vertu est deuenuë tellement, sinon vitieuse, au moins alteree, que c'est à present vne espece d'affront non moindre de poursuyure vn homme par Iustice, que par voye de faict. Cependant pour reuenir de ce court destour en nostre voye, nous remarquerons en cette Idee vne marque euidente de la Iustice diuine sur les meschans, dont elle sçait auancer le chastiment par des moyens admirables. A raison de quoy le Roy Psalmiste disoit fort bien : Que les yeux de Dieu veillent sur ceux qui font mal, pour effacer leur memoire de la terre. Si ie n'auois esté asseuré par la personne mesme à qui cette sorte de reuelation est arriuee, ie ne luy eusse pas donné place parmy ces Relations: mais la certitude que

Hh

i'en ay me l'a faite remarquer comme vn euenement digne de confideration. Que fi l'ancien Platon, que fes admirateurs ont appellé diuin, a faict de fes Idees, qui ne font pour la plus grande part que des imaginations affez creufes, vne des plus fignalees parties de fa Philofophie, pourquoy ne tirerons nous pas de celle-cy cette belle moralité? Que fi Dieu ne faifoit parler les pierres contre les criminels, il rendroit pluftoft les fonges folides pour faire chaftier leurs offences, parce qu'il eft efcrit qu'il faict armer tout l'vniuers contre les fcelerats.

(⁏) (∴) (⁏)

LE SIMONIAQVE.

RELATION IX.

IL n'y a sorte d'ayde à quoy ne s'attachent ceux qui sont dans vn vaisseau qui se brise, pour eschapper du naufrage; & il n'y a remede, pour iniuste qu'il soit, que ne reçoiuent certaines personnes, dont la conscience est assez large pour se garantir des incommoditez de la mauuaise fortune. Ceux qui sont poursuyuis à mort se iettent bien dans les

Hh ij

Temples, & se pressent auprès des Autels pour éuiter ce peril, & il n'y a rien de si sacré que ne violent des esprits prophanes, pour se deliurer des pressantes serres de la necessité. Mais tout de mesme que Iob & Tobie n'ayans point voulu consentir au mal, quelque tentation qui leur en vint de la part de la disette, tout leur fut rendu au double, en consideration de leur constance au bien. Aussi il arriue ordinairement par la iuste permission de Dieu, que ceux-là tombent au plus bas degré de la misere, qui veulent se tirer des mains de la pauureté par des mœurs illicites. Suyuant le prouerbe, ce qui est mal acquis s'escoule facilement, & n'apporte iamais grand profit à celuy qui le possede.

Vn homme de nostre France, que nous appellerons Magirulphe, qui s'estoit meslé dans tout plein de partis, & du nombre de ceux que les anciens appelloiét Publiquains, & qui estoient l'obiect de la hayne publique. Apres auoir fleury, selon la coustume de ces fortunes esleuees en vn moment, & qui disparoissent en moins de rien, sentant approcher l'hyuer, ie veux dire le temps de l'aduersité, par la perte de son credit, s'aduisa de se mettre à l'abry sous ce large manteau que l'on appelle bien d'Eglise. Mais comme ce bien porte le nom de benefice, ou parce qu'il prouient des bienfaicts des fidelles, ou parce qu'il en faut bien faire, ou parce qu'il doit estre bien receu, & mieux dispensé: aussi est-ce vn vray malefice quand l'acquisition en est vicieuse, & l'employ hors de son droict vsage. Et d'effect, il s'est remarqué que plusieurs maisons, dont les moyens estoient beaux & honorables, se

Hh iij

sont miserablement perduës, pour auoir meslé cette sorte de bien auec le seculier, celuy-là ayant esté cóme la plume qui range les autres, dont elle s'approche. Magirulphe n'auoit qu'vn fils & deux filles, dont l'vne fut mariee à vn grand party, au moyen de la grand' dote que le pere luy donna durant la vogue de sa creance, & le vent de sa bonne fortune. Mais par ie ne sçay quelle secrette malediction qui s'estendoit iusques sur les enfans de ce partisan, elle fit vn si mauuais mesnage auec son mary, qu'il la chassa honteusement de sa maison, & elle fut contrainte de reuenir sur les bras de son pere. Le fils n'estant pas en aage d'estre pourueu d'aucun office, le téps de la decadéce de Magirulphe pressant fort, n'y ayant rien qui ne soit venal en France, & Offices, & Benefices, & tout : il fit mettre sous le nom de son fils vne Abbaye de quinze ou seize mille liures de rente, pour vne grosse somme qu'il deliura à celuy qui la tenoit. C'estoit vn reuenu quinze fois plus grand que celuy que Magirulphe auoit tiré de sa maison, dont il n'auoit iamais eu mille liures de rente de patrimoine. C'estoit peu neantmoins si l'on a esgard aux grands biens qu'il auoit possedez durant qu'il regnoit dans les negociations & aux excessiues despéces qu'on luy auoit veu faire. A la fin il fit banqueroute, & parce qu'il ne luy restoit pas assez de front pour paroistre deuant le monde apres vne si lourde cheute; il se retira dans le benefice de Puppian son fils, auec toute sa famille, le fils n'en auoit que le titre; mais il en estoit le receueur & le dispensateur, il viuoit de ce reuenu comme vn Gentil-homme feroit aux cháps de celuy de sa terre. Mais comme il auoit mis vn mauuais estançon à la ruyne de sa fortune, il ne se faut pas estonner si venant à faillir il roule encore plus bas, & ie dy plus bas, que le premier poinct où l'auoit mis sa naissance.

Puppian las de cette vie champestre & comme Monastique, se resolue de reprendre son air naturel, qui estoit celuy de la ville, où à la façon de cette sorte de gens, que l'on appelle Beneficiers, sous vn habit Ecclesiastique il menoit vne vie non seulement seculiere, mais licentieuse & de mauuais exéple : si bien qu'adioustant ses propres fautes à celles de son pere, il ne faut pas s'estonner si leur punition fut en communauté. Il ne traisnoit la soutane que par la loy de la pure necessité, si bien qu'il n'estoit pas de ces Eunuques qui s'estoient retranchez pour la vie eternelle, mais pour la temporelle, pareil à Sichen qui s'estoit circoncis pour auoir Dina, il estoit dans le celibat pour auoir à disner: aussi passoit-il son temps en des exercices bien esloignez des occupations sainctes de ceux qui se sont consacrez au seruice des autels, le jeu, les bouquets, les conuersations entre les Dames estoient les entretiens ordinaires de ce Beneficié. A cela il employoit la part qu'il tiroit de son pere, du reuenu de son Abbaye: enfin, estant impossible de rendre vne vocation spirituelle bonne par des fondemens si terrestres, & de la conduire à bon port par vne si mauuaise pratique. Si nostre Puppian fit naufrage parmy tant d'escueils, il ne s'en faut pas tant esmerueiller comme il le faudroit, s'il luy estoit succedé d'vne autre façon. Soit qu'il fust gesné au maniment du bien de son Abbaye, soit que la condition Ecclesiastique luy fust à contre-cœur, il fit dessein de se ietter à vne plus douce & plus delicieuse façon de vie. Il attacha ses affections en vne fille, dont la beauté pouuoit contenter ses appetits, & la riche dotte le mettre à son ayse dedans le monde. Il luy fait la Cour, & comme il auoit assez d'attraicts & d'artifices pour ce faire, & Balbine (tel est le nom de la fille) assez de simplicité pour se laisser surprendre, il gaigna en peu de temps sur son esprit tous les aduantages qui se peuuent desirer, pour faciliter l'accez à la possession de ce thresor que ce sexe ne peut perdre qu'vne fois. Et d'effect il en vint iusques au dernier poinct : mais parce que la volupté n'estoit pas tant sa fin, comme l'establissement de sa fortune, il luy fut aysé de persuader à cette colombe seduitte, qu'elle ne pouuoit plus asseurer son honneur que par vn mariage clandestin, qui se manifesteroit en sa saison. Par ce moyen il conseruoit son benefice, il satisfaisoit à ses plaisirs, & se rendoit asseuré par la foy de la fille, les biens qui la regardoient desia de l'heritage de son pere qui estoit mort. Il trouua vn Prestre qui les espousa, & depuis ils vesquirent dans la licence que se peuuent attribuer ceux qui pensent estre liez du nœud d'vn Hymen legitime. Ils fussent demeurez plus long temps sous l'ombre de ce voile, si les fruicts de Lucine n'eussent point changé les lettres de cachet en patentes, & faict cognoistre à la lumiere du iour les larcins de la nuict.

Voila bien de la rumeur, cette fille est riche, de noble maison, d'vne parenté auctorisee: en ces scandales tout le sang y prend part, tout de mesme qu'il se resioüit des alliances honorables & legitimes. On a recours à la Iustice pour vanger cet affront, comme vne espece de rapt, Puppian pour sa deffence allegue qu'il a espousé Balbine, & qu'il la tient pour sa femme, Balbine declare qu'elle l'a pris pour mary. Cette fille estoit encore sous la puissance de sa Mere, & qui auoit des freres plus desireux d'auoir son heritage, deust elle demeurer deshonorée, que de la voir mariee auec Puppian. Ils opposent à ce Beneficié sa condition Ecclesiastique, sa qualité d'Abbé, il repart qu'il n'est point dans les Ordres (il deuoit dire qu'il estoit dans les desordres) & que de cette sorte il luy est permis de prendre femme, non pas de la surprendre, repliquent les freres de Balbine, qui le poursuyuent viuement & criminellement comme vn rauisseur, concluant non au mariage, mais que pour reparation il fust puny de mort. Et d'effect Puppian, dont le pere estoit odieux pour les raisons que nous auons dites au commencement de cette Relation, ayant senty le vent du barreau, & que les Iuges inclinoient à le faire serrer dans vne prison, & à le traitter comme vn criminel, s'euada promptement, & sortit hors de France. Cité par plusieurs fois il fut condamné par coutumace à vn bannissement perpetuel, & son mariage comme deffectueux en toutes les formes que les loix ont renduës necessaires, est declaré nul, si bien que de ce costé-là le voila descheu de ses pretensions. Balbine estant accouchee, fut quelque temps apres iettee dans vn Monastere pour y pleurer ses fautes, tandis que ses freres accreurent leur part de la sienne. En suitte de ce bannissement de Puppian & de ce mariage clandestin, son Abbaye fut demandée au Roy par vn Seigneur de qualité qui l'obtint, & qui en fit vuider Magirulphe, auecque sa femme & ses deux filles, qui depuis ont traisné vne vie si miserable & necessiteuse, que pour ne descouurir les honteuses extremitez où la pauureté les amena, i'ayme mieux terminer cette Relation par cette consideration morale, que ceux qui mettent leur bras sur la chair, ie veux dire qui s'appuyent sur cette prudence de la chair, que l'Apostre appelle mort, se trouuent ordinairement déceus, & en suitte décheus du degré de fortune qu'ils s'establissoient pour elle. Et puis cette premiere malediction que le Prince des Apostres donna à ce

Simon, qui fut le premier de tous les Simoniaques, ton argent te soit en perte & en ruyne, s'estend à tous ceux qui l'imitans en sa mauuaise pratique, ont creu que les biens & les dons de Dieu se pouuoient acquerir & posseder pour de l'argent.

LE HARGNEVX.

RELATION X.

E mot de Hargneux en noſtre langue, veut dire vn homme intraittable, de faſcheuſe humeur, & qui eſt touſiours en conteſtation ; ie croy qu'il tire ſon origine de celuy de hernieux, parce que ceux qui ſont trauaillez de ce mal que l'on appelle hernie, autrement rupture ou relaxation, à cauſe de leur continuelle incommodité, ſoit à cauſe de la dou-

leur

leur de leur descente, soit à cause de leurs bandages, sont en vn perpetuel chagrin qui les rend mutins & dépitez, & difficiles à contenter. Nous en allons representer vn, que son mal ioinct à vne violente coniecture, amena à des termes estranges, & qui nous apprendront combien il est fragile parmy tant d'humaines erreurs, de s'appuyer sur sa propre innocence. En vne ville du Pays-bas, que ie ne veux point nommer, vn homme appellé Druon, dont la profession estoit d'exercer la marchandise, ayant esté dés son adolescence trauaillé d'vne hernie, ne laissa pas de faire l'amour, & d'aspirer au mariage, touché de passion pour Gudule, fille d'vne ville qui tire son nom de la multitude de ses ponts: il en fit vne recherche si pressante, qu'enfin il l'obtint de ses parens, encore que Gudule n'eust pas beau-

Ii

coup d'inclination pour luy. Encore qu'il fuſt fort incommodé de ſa rupture, il ne ſe trouua point pour cela inhabile au mariage, mais il eut d'elle pluſieurs beaux enfans, que la mere, ſage & vertueuſe femme, eſleuoit doucement en la crainte de Dieu. Plus il alloit en auant, plus ſa relaxation s'augmentoit, & ſon mal empiroit, il en vint à telle extremité, que ne pouuant plus ſouffrir les douleurs que cette incommodité luy cauſoit, il ſe reſolut à l'extreme remede, qui eſt de ſe faire tailler. Et quand ie dy tailler, ce n'eſt pas de cette taille que ſouffrent ceux à qui on oſte la pierre, & de qui l'on ſonde ayſement la playe: mais ie parle de ce retranchement qui faict les Eunuques, & qui eſt contraire à l'vſage du ſainct mariage.

Il cela ce deſſein à ſa femme, &

d'effect, prenant occasion d'vn voyage où le train de sa marchandise l'appelloit, il s'en alla en vne des grandes villes du Pays-bas, où trouuant vn Operateur fort experimenté, apres vne bonne consultation de Medecins, qui sans ce remede iugerēt son mal incurable. Il se fit tailler, & cette cure ayant reussi il s'en retourna sain & dispos en sa maison, mais en estat de n'estre iamais pere. Gudule sage & discrette, comme sont presque toutes les femmes de la Germanie inferieure, en qui la chasteté est vne vertu presque naturelle, ne s'apperceut iamais de ce que son mary auoit fait pour sa guerison, l'aymant autant dans l'abstinence que dans l'vsage, que le Sacrement rend honneste & iustifie. De là neantmoins à quelque temps elle deuint enflee d'hydropisie, & auec les mesmes marques & accidens d'vne femme qui eſt enceinte. Sur cette infirmité elle fit vne aſſemblee de Medecins, & le reſultat de leur conſultation, la voyans en la fleur de ſon aage, forte & vigoureuſe, fut qu'elle eſtoit groſſe, & que cette tumeur ne procedoit que de l'enfant qu'elle portoit dans ſes entrailles. Voila noſtre Druon dans vne allarme bien chaude; & certes il y auoit bien auſſi dequoy troubler vn eſprit meilleur encore que le ſien. S'il euſt eſté d'vne humeur plus douce & attrempée, il euſt cherché quelque moyen plus moderé pour cognoiſtre l'infidelité de ſa femme, & pour la chaſtier: mais apres auoir bien reſué ſur ce ſuiet, & de toutes les concluſions qu'il formoit, la meilleure ne vallant rien, il ne peut aſſeoir de coniecture plus probable de la deſloyauté de ſa femme, que la familiarité qu'elle auoit auecque son facteur, qu'il iugea aussitost estre son adultere. Ceux qui ont tant soit peu pratiqué le Pays-bas, ie dy tant la Flandre que la Hollande, sçauent assez que les femmes y ont en main le liure de raison, & dressent les comptes aussi dextrement & beaucoup plus exactement que ne feroient les hommes, à cause que leur humeur naturellement tenante & mesnagere leur faict calculer iusques aux moindres sommes, & prendre garde à tout. En cette consideration il falloit bien que cette femme eust vn commerce auecque le facteur qui faisoit le debit de la marchandise, & par les mains de qui passoit tout ce qui se védoit à la boutique & ailleurs, de là nostre hargneux prit occasion de le croire l'adultere de sa femme, & de le faire saisir comme tel, & mettre dans vne prison. Gudule y fut mise aussi, toute malade qu'elle estoit, à cause de sa grossesse; on n'osa pas la mettre à la gesne, mais Valdra (c'est le nom du facteur) y fut mis, & l'eut si violente, qu'il ayma autant la mort que ce tourment là: il confessa ce que l'on voulut, & quoy qu'il fust innocent du crime dont il estoit accusé, il aduoüa neantmoins qu'il auoit abusé de sa maistresse, & ayant signé cet adueu il fut sur sa confession enuoyé au gibet, où il declara publiquement, prest à estre estranglé, ce qu'il auoit tousiours dict à celuy à qui il deschargea sa conscience, & qui l'assista à la mort, qu'il n'auoit point commis d'adultere auec Gudule.

Quand cette confession de Valdra fut rapportee à Gudule, ie vous laisse à penser quel desplaisir en conceut cette honneste femme, qui se voyoit publiee pour vne infame adultere, encore que sa conscience luy dictast assez qu'elle estoit innocente. Et d'effect, les Iuges ayans esgard à la deposition & confession de Valdra, & à la poursuitte de Druon, la condamnerent à la mort, apres que dans la prison elle seroit deliuree du fruict qu'elle portoit dans son ventre. Cette condemnation vint à la cognoissance de Gudule par le moyen de Druon, qui ne pensoit pas estre bien vangé s'il ne la faisoit mourir mille fois par la peur, auant la honteuse mort de son supplice public. Quelques-vns tiennent que deux mois apres elle mourut dans la prison, ou de crainte, ou de douleur. D'autres disent qu'elle pria Dieu qu'il la fist mourir de la maladie qui l'affligeoit, afin qu'apres sa mort par l'ouuerture de son corps, son innocence fust publiee.

Il arriua ainsi qu'elle auoit & desiré, & prié; & estant morte les Medecins & les Chirurgiens appellez, en presence de la Iustice & de plusieurs tesmoins elle fut ouuerte, & trouuee vrayement hydropique, & sans aucune apparence de grossesse. Ainsi, mais tròp tard, fut manifestee son innocence & celle de Valdra, & Druon qui dans l'instruction du procez auoit fait paroistre l'attestation de son retranchement, fut exposé aux discours des langues, que ma plume n'est pas resoluë de representer. Certes, sa coniecture estoit violente; mais son procedé ne l'estoit pas moins. Et puis quelle innocence ne tremblera parmy les incertitudes de cette vie?

L'INCONSTANTE
AMBITIEVSE.

RELATION XI.

EVX qui sous le vent de l'ambition cinglent sur la mer du monde, font ordinairement de tristes naufrages. Si Arduine, amante passionnee, & extrememẽt aymee de Leopert, se fust contentee de la mediocrité de sa fortune, où elle ioüyssoit d'vn repos & d'vne felicité qui ne se trouue point dans les plus eminentes conditions, nous n'aurions pas maintenãt le suiet de cette

Relation tragique, où son exemple nous fera voir que ceux qui veulent faire essor dedans l'air de la gloire par de mauuais moyens, se trouuết souuent precipités dans l'abysme de la honte. La Vestphalie veit naistre cette fille, & dés só plus bas aage elle fit voir des rayons de beauté qui faisoient iuger que cet Orient produiroit vn Midy de perfection. Leopert, Gentil-hóme du mesme pays, en fùt des premiers touchez, & n'ayant point semé ses affections en vne terre ingratte, elles en engendrerent de reciproques en Arduine; comme il n'aspiroit qu'à elle, elle ne respiroit que pour luy, & cette recherche fut conduite auecque tant de iugement d'vn costé & d'autre, qu'encore que les parens trouuassent des difficultez en cette alliance, elles furent neanmoins vaincuës par la constance de ces amans. Il furent donc accordez, & peu de temps apres fiancez, n'attendans que le téps d'accomplir leur mariage, lors que les apprests qui deuoient estre somptueux, seroient faits. Mais comme entre la rade & le port les nauires courent quelquefois de grands hazards : aussi cette alliance, si long temps poursuyuie, si ardamment desiree, si constamment attenduë, pensa estre trauersee par vne impetueuse bourrasque. Adelard, Seigneur de grande qualité, & dont le lustre effaçoit tout ce que Leopert pouuoit auoir de merite, se trouua si fierement attaint des graces d'Arduine, qu'il resolut de l'auoir pour femme, & de remuer toute pierre pour rompre les fiançailles d'Arduine & de Leopert. Pour faire iouër sa mine il s'addressa aux parens, sçachant bien que du costé de la fille preoccupee d'affection, la place estoit imprenable & hors de batterie. Ceux-cy, qui n'auoient consenty qu'auecque peine à l'alliance de Leopert, ayans dans les yeux le soleil du grand esclat d'Adelard, furent aysement persuadez d'appuyer son dessein, & de rechercher les moyens pour empescher que Leopert n'espousast Arduine. Mais ils n'y trouuerent pas tant de facilité comme ils s'estoient promis: car Leopert, outre l'amour dont il estoit extremement espris, auoit vn si grád courage qu'il ne voulut iamais ceder à Adelard, quelque grandeur qu'il eust au dessus de luy, & Arduine monstra en cette occasion que la fermeté d'vne fille n'est pas tousjours vne fueille qui se tourne au moindre vent: car si son fiancé se rendit inflexible à quitter sa parole, elle ne voulut iamais rópre la sienne; si bien que malgré toutes les persuafions des parens, & tous les efforts d'Adelard le mariage se consuma, auecque toutes les solemnitez necessaires.

Ces contrarietez ne firent que redoubler le contentement des deux amans, qui se voyoient par ce lien indissoluble au comble de leurs desirs : mais il en prit à d'Arduine comme de ces lames d'acier qui ne rompent point dans les plus grands coups, & qui se brisent quelquefois, quand on les fausse, comme si elles estoient de verre. Ces mariages qui ont pour fondement vne grande ardeur amoureuse, ne sont pas tousiours ceux qui durent le plus long tēps en leur vigueur, il faut en ce sage marché se porter par des raisons plus iudicieuses, si l'on veut qu'il reüssisse. Adelard eut vn grand desplaisir de se voir frustré de sa pretension, & si Leopert seul y eust seruy d'obstacle, il eust cherché dans la violence le moyen de s'en desfaire : mais voyant que l'esprit d'Arduine estoit esloigné de luy, cela le rendit moins desireux de se desfaire de son Riual, croyant que cela luy acquerroit plustost la hayne que l'amour d'Arduine. Ne pouuant s'esteindre tout à fait cette flamme qu'il auoit conceuë pour cette Dame, il continua de luy tesmoigner que son affection n'estoit pas morte, & à rechercher indirectement ce qu'il ne pouuoit plus pretendre par des voyes legitimes. Arduine satisfaicte peuteste des plaisirs qu'elle s'estoit promis en la possession de Leopert, commença à tourner ses yeux vers les montagnes de l'ambition, sans considerer que les lieux esleuez sont suiets aux foudres, & accompagnez de precipices : peu apres cette pensee, qui n'estoit au commencement qu'vne mousche, deuint vn Elephant, & se representant qu'elle auoit refusé d'estre grande en la compagnie d'Adelard, le regret & le repentir l'accueillirent, & au mesme temps la firent penser aux moyens de reconquerir ce qu'elle auoit perdu. I'eusse, disoit-elle en son cœur, les mesmes delices que i'experimente auec Leopert, i'eusse esté adoree d'Adelard, qui m'ayme d'vne affection extreme, & de plus i'eusse marché sur la teste de plusieurs de mes compagnes, que ie voy maintenant au dessus de moy. Que i'estois mal-aduisée de preferer de si grands biens & de si eminentes qualitez aux simples delices qui passent si legerement; certes il n'est que d'estre dans l'honneur & dans l'apparence.

Charmee de ces illusions elle commença à tesmoigner par des signes manifestes à Adelard que s'il souffroit pour elle, elle n'enduroit pas moins pour luy, elle preste l'oreille à ses cajolleries, elle luy faict des responses affectees, elle l'enflamme par des attraicts & des accueils favorables ; bref, elle contribuë de son costé tout ce qu'Adelard eust peu souhaitter pour la perdre. A cette nouuelle affection d'Adelard, succeda le refroidissement de bien-veillance pour Leopert, le cœur humain estant trop petit pour loger en mesme temps deux passions vehementes. Adelard y ayda beaucoup, car iugeant qu'il ne pouuuoit iamais bien se rendre maistre de sa volonté s'il ne luy faisoit mépriser son mary, il ne negligea pas seulement ce mespris en son ame, mais il y fit naistre la haine, & haine qui arriua iusques à ce dernier poinct de desirer sa mort. Ingrate femme, qui pourtant

tant d'amour que cet homme luy auoit tefmognee, le recompenfe d'vne telle auerfion. Elle mefnagea neantmoins de telle forte la paffion d'Adelard, que fans luy donner aucun aduantage fur fa pudicité, elle le retint au defir de l'efpoufer, ne luy faifant efperer aucune iouyffance que par cette porte. Quelques-vns ont voulu enuelopper Adelard dans le crime de l'empoifonnement de Leopert, que cette furie (car quel autre nom puis-ie donner à cette cruelle) fit auecque tant d'accortife que la terre couurit fa faute auant que la Iuftice des hommes defcouurift fa trahifon. Leopert mort quelques mois apres (elle n'attendit pas la reuolution de l'an du dueil) elle efpoufa Adelard, & monta par ce moyen au faifte des grádeurs qu'elle auoit tant defirees. Mais fi les delices qu'elle auoit gouftees auecque

Leopert luy semblerent legeres, ces honneurs ne luy parurent que fumee, & elle apprit par experience la verité de cette sacree sentence, que tout ce qui est icy bas n'est que vanité & affliction d'esprit. De là à quelque temps Adelard considerant qu'il dormoit aupres d'vn aspic qui luy pourroit vn iour aussi finement donner la mort qu'à Leopert, commença à entrer en deffiance de cette femme, & à ne se tenir pas asseuré aupres d'elle.

Arduine recognoissant de la froideur en l'amour d'Adelard, tasche par diuerses carresses & mignardises à resueiller son feu & à fondre cette glace; mais c'est ce qui renforce le soupçon d'Adelard, qui sçait que les femmes dangereuses couurent leurs trahisons de leurs embrassemens. Petit à petit cet ombrage se changea en creance, cette creance en indignation, cette indignation esclatta en reproches & en menaces: enfin il en fallut venir à vne separation de corps, Adelard ne pouuant viure en repos aupres de cette creature, qu'il redoutoit comme vne furie, il la relegue en vne de ses terres aux champs, où Arduine se voyant dans vne profonde solitude, n'auoit autre compagnie que de ses regrets, qui luy font detester l'aueuglement de l'ambition qui l'a portee à se desfaire d'vn si si bon mary comme estoit Leopert, pour espouser ce second qui la mesprise & la reiette parmy tant de diuerses pensees dont son esprit estoit agité, elle donna ouuerture à celle-cy, qui a perdu beaucoup de femmes imprudentes, qui fut de donner de la ialousie à Adelard pour le r'appeller à elle. Entre les Gentils-hommes du voysinage elle en choifit un capable de donner du marteau dás la teste d'Adelard, elle l'inuite à la voir souuent, ce que Melin tient à grande faueur, & sans sçauoir le dessein de cette traistresse, ce pauure oyseau suyuant les appeaux de ses cajolleries, donne dans les filets d'vne violente amour, attiré par l'amorce de l'esperance. Il croit que cette Dame mal-traictee de son mary, cherche en luy vne vengeance qu'il desire; mais Arduine qui ne vouloit se seruir de luy comme d'vn leurre, pour r'amener Adelard sur son poing, le tenoit le bec en l'eau, & ne l'obligeant que de faueurs communes & apparentes, le repaissoit de fumee & de vaines attentes. Cependant, tant s'en faut qu'elle se cachast en ses accueils, que n'estans faicts que pour paroistre, elle en faisoit vne monstre beaucoup pire que l'effect, res-

L'inconstante ambitieuse, 517

semblant à ceux qui font voir des Lyons, des Elephans & autres bestes estrangeres, dont les tableaux qu'ils estallent sont beaucoup plus extrauagans que le naturel, afin d'attirer ceux qui les regardent. Adelard aduerty de ce qui se passoit entre Melin & sa femme, creut aussitost qu'elle luy estoit infidelle, & que celle qui auoit bien peu commettre vn homicide, ne feroit pas grande conscience de l'adultere. Il essaya plusieurs fois de surprendre ensemble ce vray amant & cette feinte amante; mais comme le mal n'estoit pas arriué iusques à l'effect, il n'eut garde d'en trouuer l'occasion : cependant il craignoit que cette perfide Angelique par quelque subtil venin, ne luy enuoyast tenir compagnie à Leopert, pour iouyr à son aise de son nouueau Medor. Ayant donc à son aduis assez recueilly de tesmoins pour la conuaincre d'adultere, il la met en instance pour luy faire son procez. Il faict saisir Melin, qui est mis dans vne prison, & Arduine en vne autre. Pour n'étaler icy des procedures, ie diray seulement qu'il fut aisé à Arduine & à Melin de se purger d'vn crime qu'ils n'auoient pas commis; mais la Iustice diuine qui ne laisse rien d'impuny, permit que la langue d'Arduine se conuertit en vn trenchant qui luy couppa la gorge; car en faisant ses plaintes dans la prison contre la malice & l'ingratitude d'Adelard, il luy aduint de dire qu'il luy auoit persuadé d'empoisonner son premier mary, & que pour enseuelir cette meschanceté dans l'oubly, il souhaittoit de la voir morte. Les paroles semblables dans les prisons ne tombent pas à terre, il y a des Ecos qui les redisent & qui les reportent aux oreilles des Iuges, dont Dieu se sert pour exercer ses vengeances contre ceux qui ont prouoqué sa colere. Elle est examinee là dessus, elle varie en sa premiere responfe, pressee elle aduouë en sa seconde : enfin la verité se manifesta par sa bouche malgré qu'elle en eust. Comme il n'y auoit point de tesmoins des persuasions d'Adelard, il s'en purgea aysément, reiettant tout le crime sur Arduine seule, ioinct que la grandeur d'Adelard luy donna tant de credit, & à la Cour & deuant la Iustice, qu'il luy fut aysé de renuerser tout ce mystere d'iniquité sur la teste de son accusatrice. Qui la perdit enfin par arrest, non comme adultere (car Melin fut absous) mais comme homicide de son premier mary, laissant vn memorable exemple à la posterité, que l'ombre de la peine suit par tout le corps de ce crime, & que tost ou tard le chastiment ne peut manquer à celuy qui a commis vne offence. Voila où l'ambition esleua cette femme, voila le precipice où elle la ietta. Leçon aux ambitieux de ne monter point aux honneurs par des crimes, s'ils n'en veulent descendre par la vergongne.

L'HONNESTE
FIDELITE.

RELATION XII.

ENEZ voir maintenant l'honneste fidelité, ou si vous l'aymez mieux, la fidele honnesteté d'vn domestique, couronnee d'vne iuste récompense; afin que par la punition des crimes, & par le salaire des actions vertueuses vous appreniez que la iustice & le iugement sont la correction ou la preparation du siege du Tres-haut. Aymable

varieté du theatre du monde, qui nous represente en ses diuerses Scenes l'horreur du mal, & l'excellence du bien. Olenix, Seigneur de haute qualité, en l'vne des Prouinces d'Aquitaine, & dans la fidelité esprouuee par nos Roys, auoit obtenu vn Gouuernement de grande importance, se trouua entre plusieurs enfans chargé d'vne fille qui se fera cognoistre sous le nom de Fauence. Soit qu'elle eust esté mal partagee de beauté par la Nature, soit qu'elle eust de l'inclination à aymer, se donna des libertez qu'vne fille bien modeste n'eust iamais prises. Il y auoit peu de temps que Scipion, ieune Gentil-homme, auoit quitté la casaque de Page, qu'il auoit portee à la suitte d'Olenix. Durant qu'il le seruoit en cette qualité il auoit donné tant de preuues de sa fidelité & de sa discretion à son maistre, qu'il le retint auprès de luy comme Gétil-homme suyuant, luy donnant vn appoinctement honorable. Ce cadet auoit des graces qui donnerent dans les yeux de Fauence, qui ne sceut iamais par tous ses attraicts ny toutes ses affeteries, faire passer d'vn seul poinct les bornes du respect que Scipion luy deuoit, comme à la fille de son maistre. Cet Ancien a eu raison de dire que la Majesté & l'Amour ne s'accordent pas bien ensemble. Fauence plus satisfaicte de l'honnesteté de ce Gentil-homme que de son affection, ne cessoit de le cajoller, & de luy donner à cognoistre le tourment qu'elle souffroit pour luy, afin de l'en rendre susceptible, & de faire sauter dedans son cœur quelque estincelle de ce grand brasier qu'elle nourrissoit dans son sein: mais cettuy-cy reiettant toutes ces pensees comme temeraires, ne receuoit autres reproches de Fauence, sinon qu'il estoit bien despourueu de courage de n'oser hausser ses yeux vers celle qui les abbaissoit sur luy. Mais il repliquoit modestement, que ce n'estoit pas tant lascheté que prudence, qu'il auoit appris qu'il ne se falloit iamais iouër à son maistre; & que la vraye valeur estoit vne mediocrité genereuse, assise entre la poltronnerie & la temerité, que ce n'estoit point par vne licence blasmable qu'il se vouloir acquerir le nom de courageux. Qu'il y auoit vne telle distance entre la condition de Fauence & la sienne, que s'il aspiroit à elle, son outrecuidance ne seroit pas moins signalee que celle de ce iouuenceau, qui approcha trop pres du soleil auecque des aisles de cire. Qu'il la supplioit de destourner ses yeux de dessus luy, &

de l'excuser s'il ne receuoit point le trop d'honneur qu'elle luy faisoit de l'aymer, pour n'estre pas capable de le receuoir, & de ne vouloir point s'opposer à sa fortune en l'estouffant au lieu de l'embrasser. Qu'il auoit vn si bon maistre, de qui il auoit receu vn traictement si doux, & de qui il esperoit tout son aduancement, qu'il s'estimeroit le plus ingrat de tous les hommes s'il auoit vne pensee qui allast contre sa volonté, que pour luy il pleureroit toute sa vie le malheur de sa miserable condition, qui le priuoit du moyen de recognoistre vne affection qui eust esté toute sa gloire. Par de semblables raisons Scipion taschoit, ou de diuertir ou de moderer la flamme de Fauence, qui s'allumoit au contraire par ces honnestes fuittes, & qui vint à vn tel embrasemét, que toute sa raison estant reduite en cendre, elle se m't à faire des actions qui faisoient perdre contenance au modeste ieune homme. Luy qui auoit tousiours dissimulé cette folie de faueurs, estimant que les temps & la raison la remettroient en son bon sens, se voyant sur le poinct de voir esclatter cette passion au scandale de plusieurs, & à la ruyne de ce qu'il esperoit de fortune, prit le conseil que la vertu & la sagesse luy donnerent, qui fut d'aduertir son maistre de l'extrauagance de sa fille, afin qu'il y apportast le remede que sa prudence iugeroit estre le plus conuenable, ce qu'il fit vn iour de cette façon. Monsieur, ie ne puis nier sans vne extreme mescognoissance, que de tous les maistres vous ne soyez le meilleur: iusques icy le sentiment que i'ay eu de vostre bonté, & le ressentiment de tant de bienfaicts dont il vous a pleu de combler ma ieuneſſe, qui a eu ce bonheur de ſe paſſer auprès de vous, m'ont retenu à voſtre ſeruice, ie ſuis infiniment deſplaiſant d'eſtre contrainct maintenant que cette meſme courtoiſie me faiſoit eſperer quelque eſtabliſſement de fortune de vous abandonner, ou pluſtoſt de m'abandonner moy meſme. Mais, Monſieur, vn iuſte ſuiet m'oblige à vous demander mon congé, & vn plus iuſte de vous ſupplier de ne me contraindre point de vous en dire la cauſe; vous aſſeurant, Monſieur, que cette occaſion ne vient nullement de vous, que ie tiens pour mon bon & tres-cher maiſtre, de qui i'attends tout mon bien; mais de quelqu'autre part qu'il n'eſt pas à propos que vous ſçachiez pour la tranquillité de voſtre eſprit, qui m'eſt plus pretieuſe que ma propre vie. Olenix, qui aymoit veritablement ce Gentil-homme, & qui n'auoit iamais recogneu en luy qu'honneur & fidelité, fut estonné de ce discours, & la mesme priere qui le coniura de ne s'enquerir point du suiet de sa retraitte, luy donna vne plus grande curiosité de la sçauoir, ne voulant en aucune façon consentir à ce congé qu'il n'en sceust la cause. Car que diroit-on de moy, repliquoit-il, si ie vous enuoyois hors de ma maison sans aucun suiet, vous ne voudriez pas pour contenter vostre humeur que i'encourusse ce blasme, & puis ie suis sur les termes de faire pour vostre bien quelque chose de plus grand que vous ne pensez, vous iurant que s'il y a quelqu'vn de ma maison qui vous ayt faict du desplaisir, fust ce ma femme, fussent mes enfans, il n'y a aucun à qui ie ne fasse sentir que

que vostre offence est la mienne, & à qui ie ne fasse cognoistre combien ie sçay estimer les merites d'vn seruiteur honneste & fidelle, tel que ie vous cognoy de longue main. Apres que Scipion eut coniuré plusieurs fois son bon maistre de se retirer en silence, sans luy dire ce qui luy desplaira quand il l'aura sceu, toutes les veritez n'estans pas agreables. Enfin contrainct par la pure necessité, apres luy auoir fait iurer de ne tesmoigner aucune indignation contre la personne dont il auoit à luy descouurir quelque legereté; Il luy declara rondement & naïfuement tout ce qui s'estoit passé entre Fauence & luy, touchant la passion de cette fille, dont nous auons parlé, & les termes où ses refus l'auoient reduite.

Olenix n'admirant pas moins la continence & la modestie de ce cader, que sa fidelité, luy dit qu'il se vouloit esclaircir de cela plus particulierement, qu'il eust donc à demeurer en sa maison sans crainte de tomber en sa disgrace; au contraire cette temperance l'ayant mis en son estime plus qu'il n'estoit auparauant. Ce pere se mit donc à espier les actions de sa fille, qu'il trouua si desreiglées, qu'il estoit aysé à iuger aux moins clair-voyans, que la passion qui luy troubloit l'esprit estoit arriuée à vne merueilleuse extremité. Desia la mere s'en estoit apperceuë, qui luy en auoit faict des reprimandes fort aspres ; mais qui ne seruoient qu'à aigrir son mal qui s'en alloit incurable. Olenix pour satisfaire entierement à sa curiosité, & faire sur la cure de cette passion vn acte heroïque, cómanda à Scipion qu'il eust à parler à Fauence en vn lieu particulier, (ce que ce cadet fuyoit comme la mort) afin qu'estant caché il peust ouyr les discours extrauagans, & voir les actions desordonnees de cette fille transportee. Scipion apres quelque repos obeyt à son maistre, & accorda aux prieres de cette esperduë ce qu'il auoit tousiours reietté, qui estoit de luy parler à part ; elle prit cela pour vne faueur extraordinaire, & l'espoir donna quelque relasche à son esprit. Là que ne dit, que ne fit-elle point, pour tesmoigner à Scipion l'excez de son martyre? ne vous imaginez pas que ma plume s'amuse au recit de ces folies qui ne pouuoient sortir que d'vn cerueau blessé ; tant y a, qu'elle conclud de se tuer, voyant l'inuariable modestie de Scipion, mais il la remit, luy donant de bonnes paroles, & luy permettant pour toute grace de luy baiser la main ; voyez à quel poinct estoit reduite cette chetiue ame. Olenix rauy de la vertu de Scipion, ieune, beau, supplié, aymé, adoré, & au milieu de tout cela insensible, se resolut de luy donner sa fille en mariage, soit qu'il eust vne pitié naturelle de son sang, soit qu'il iugeast la maladie de Fauence incurable sans ce remede: mais auparauant il voulut recognoistre ses sentimens. Il luy parla donc, & pour la sonder il luy proposa diuers partis, feignant qu'ils la demandoient; mais Fauéce les reietta tous, disant qu'elle vouloit estre Religieuse. Olenix qui sçauoit bien qu'elle voiloit du fein & desir devoile la passion desmesuree qu'elle auoit pour Scipion, luy dict: Ma fille, ie n'ay iamais remarqué à vos actions que la deuotion fust entree si auant en vostre esprit, que vous preferassiez vn cloistre à vn mary. Ie ne sçay donc pas d'où vous vient cette nouuelle penſee, que ſi vous n'auez point d'affection pour ces partis que ie vous ay propoſez, eſtant preoccupee de quelqu'autre ſecrette, ie vous aſſeure, comme vn bon pere qui ne reſpire que voſtre bien & voſtre contentement, que ie vous donneray telle ſatisfaction, que vous aurez ſuiet de vous loüer de ma debonnaireté.

La pauure Fauence rauie d'entendre des paroles ſi fauorables à ſon deſir, & craignant que ſi elle n'empoignoit l'occaſion aux cheueux, elle euſt apres ſujet de regretter tout à loiſir l'ineptie de ſa ſotte honte, ſe iettant tout à coup à genoux, & embraſſant les pieds de ſon pere, toute baignee de ſes larmes luy aduoüa franchement l'incomparable affection qu'elle auoit pour la vertu & l'honneſteté de Scipion, dont elle luy raconta l'hiſtoire en la façon que nous l'auons depeinte. Ce bon pere meslant ses larmes aux siennes, au lieu de la traitter rudement comme plusieurs eussent fait, & de luy representer auecque des termes fascheux son aueuglement, au choix d'vn homme qui n'auoit rien, & la bassesse de son courage de prendre vn seruiteur au lieu de quelqu'homme de marque, la loüa d'auoir donné son ellection aux vertus pluftost qu'aux biens, & aux merites de la personne pluftost qu'à ceux de la fortune. Et luy ayant fait cognoistre qu'il n'estoit pas ignorant de cette passion, & qu'il vouloit luy estre indulgent pluftost que rude pere, il luy promit de satisfaire à son desir, & de luy donner Scipion pour mary. Et sans vne plus longue deliberation il fit venir ce cadet, de qui il prisa l'honnesteté & la fidelité, & donna pour recompense en mariage sa fille, à celuy qui eust peu, s'il eust esté moins vertueux, deshonorer sa maison en abusant de l'amour qu'elle luy portoit. La mere & ses autres enfans apporterent quelques difficultez en cette alliance; mais quand ils eurent gousté les raisons d'Olenix, & consideré auec attention l'excellente vertu de Scipion, ils donnerent les mains & approuuerent ce mariage, qui fut celebré auec des rauissemens de Fauence, qui surpassent le moyen de les imaginer, & auecque des estonnemens de Scipion, qui luy firent tenir pour quelques iours tout ce qui se passa pour des illusions & des songes, mais le temps à la fin luy fit recognoistre que ce sont les vicieux qui ne recueillent de toutes leurs folies que des vanitez & des mensonges ; mais que ceux qui suyuent le train de la vraye & solide vertu, & sur tout de cette fleur des vertus qui porte le nom d'honnesteté, voyent à la fin changer cette belle fleur en fruict d'honneur & de gloire.

(;⁀;)　(.⁀.)　(;⁀;)

L'AMAZONE.

RELATION XIII.

ANT que les plumes des Escriuains consacreront à la Memoire les faicts des vaillans hommes, ceux de ce valeureux Prince de Parme, Alexandre Farnese, seront en l'admiration de ceux qui les liront. Il a faict aux Pays-bas, durant qu'il y estoit Gouuerneur pour le Roy Catholique des choses si grandes, pris tant de villes, donné tant de combats, &

remporté tant de victoires, que mesme ses ennemis ont contribué des loüanges à son incomparable conduite en l'art militaire. Ce fut de son temps que le Marquis de Varambon, Chevalier de la Toison d'or, l'vn des plus grands Seigneurs de la Comté de Bourgoigne, & qui auoit lors pour son courage & son experience, de belles charges dans les armees, receut le commandement d'assieger Bliemberh, petite ville bien forte, & proche de Rimbergue. Ce braue Capitaine faict ses approches, & sans faire icy vne plus longue description de ce siege, ce que ie laisse à ceux qui ont amplement descrit l'Histoire des troubles du Pays-bas, il me suffit de dire qu'à bien assailly bien deffendu; la place fut battuë, la breche estant raisonnable on donne vn assaut general si furieux, que les assaillans repoussez par plusieurs fois, enfin s'eslácent auec tant de violéce à trauers les coups & les corps des morts & des blessez, qu'ils enfoncent les deffendans, & entrent dedans la ville, qui prise de la sorte endura toutes les insolences & tous les outrages que des victorieux ont de coustume d'exercer sur des vaincus, qui n'ont esté subiuguez que les armes à la main. Ioinct que la place auoit esté si opiniastrement soustenuë, que ceux de dedans n'auoient iamais voulu entendre à aucune composition, resolus de mourir plustost que de se rendre à l'Espagnol. C'est assez que ie die qu'elle fut entierement saccagee, & que l'on ne pardonna ny à aage, ny à sexe, ny à honneur, ny à richesses, tout fut desolé. Quand le Marquis s'en fut rendu maistre absolu, & que l'on donna l'ordre pour faire mettre les morts en la terre, de peur que l'infection ne corrompist l'air, & n'alterast la santé. On trouua deux soldats morts sur la breche si estroictement embrassez, que mesme en cet estat, qui n'a plus de force, on eut de la peine à les desprendre. Les victorieux ardans à la proye & au butin, pour auoir les despoüilles de ceux-cy, qui estoient assez bien couuerts les mirent tous nuds : l'vn blanc comme la neige & d'vne esmerueillable beauté, fut trouué estre vne fille : aussi tost l'estonnement se mit par toutes les troupes, & la curiosité se mit en peine de sçauoir le succez de cette memorable aduenture. Elle vint aux oreilles du Marquis, & comme c'estoit vn homme qui faisoit beaucoup d'estat de la valeur & de l'amour, oyant parler de la mort de cette Venus armee, qui auoit esté trouuee attachee auecque son Mars, il desira passionnement sçauoir qui estoient ces deux amans, pour honorer la memoire de leur courage & de leur fidelité. Vn soldat, qui auoit rendu des preuues d'vne incomparable generosité, & qui blessé en diuers lieux, s'estoit rendu sous la foy d'vn Capitaine Bourguignon, qui en faueur de sa vertu prit soin de le faire penser, dict qu'il estoit le seul dans la ville, & peut-estre dans le Pays-bas qui peust satisfaire à la curiosité du Marquis, & de tant d'autres qui auoient vn extreme desir de sçauoir la verité de cette histoire amoureuse & guerriere.

Ce prisonnier blessé ne se pouuant remuer, & les Chirurgiens faisans vn assez mauuais iugement de ses playes, le Marquis l'alla voir, accompagné de plusieurs Capitaines, pour apprendre de sa bouche les particularitez de cet euenement. Le malade reprenant vne vigueur extraordinaire, en fit le discours de cette sorte en sa langue naturelle, qui estoit l'Allemande, & que le Marquis & la plus part de ceux qui l'enuironnoient entendoient fort bien. Seigneur, dict-il, ie rends graces au ciel, qui ne m'a donné qu'autant de vie que i'en souhaitte, pour rendre en vne si honorable compagnie le tesmoignage glorieux que ie dois à mon amour & à mon amitié. Apres cela ne trouuez pas estrange si ie veux mourir, parce que les suiets qui me faisoient viure n'estans plus, penser mes playes ce seroit plustost vne cruauté qu'vne humanité, & prolonger ma mort que conseruer ma vie. Sans amitié ie ne puis viure, non plus que iouyr de la lumiere du iour sans yeux & sans soleil. Dés ma naissance i'ay eu de l'inclination à aymer; mais vne inclination si forte, que ie n'ay point de souuenance d'auoir iamais vescu sans de particulieres affections; mais ie n'en eus iamais de plus fortes que pour ces deux amans, mon amy & ma maistresse, qui ont esté trouuez sur la breche morts & embrasez. O couple heureux! pourquoy a t'il fallu que l'ordre des armes ait separé nos factions, & m'ait faict combattre en vn autre endroict? Combien franchement pour vous garantir du trespas me fusse-ie faict mettre en mille pieces, ou au moins i'eusse esté vostre compagnon inseparable en la mort, comme ie l'ay esté durant la vie? Mais vous m'auez precedé de peu de temps, attendez-moy, cheres ames, & ie seray bien tost à vous. Helas! le desir de vous reuoir, plustost que de conseruer ma vie, m'a fait rendre les armes à ce ieune homme, à qui mon courage a donné de la pitié : mais puis que vous n'estes plus au nombre des viuans i'en veux estre effacé, & n'y rester qu'autant de temps qu'il en faut pour consigner au souuenir des hommes la memoire de nostre belle amitié. Il fit cet Auant propos auec tant de sanglots & de larmes, & auec vn si grand effort de voix, que tombant tout à coup en deffaillance on creut qu'il alloit expirer : on attribua cela à la douleur des blesseures de son corps, mais peut-estre que celles de son cœur en furent plustost la cause : tant y a, que le Marquis, depeur que cette esmotion ne le fist mourir se retira en vne autre chambre, resolu de remettre cette partie en vn temps où il auroit plus de force. Mais quand il fut reuenu, & qu'il ne veit plus cette belle troupe qui venoit disparoistre autour de son lict,

lict, il entra en des regrets & en des plaintes de ne pouuoir descharger son esprit, qui donnerent tant de compassion, que le Marquis en estant outré le reuint voir, & apres auoir demandé auec importunité la grace d'estre oüy, il continua de cette sorte d'vne façon plus posee, & d'vne contenance graue & hardie. Ie m'appelle Arelan, ma naissance est noble, mon pays est le Lant-grauiat de Hessen, le lieu qui m'a veu venir au móde est Melsinguen, proche de Cassel, le siege de mon Prince. Estant à sa Cour ie me liay d'vne si estroicte amitié auec Incmar Gentil-homme, natif de Rottemburg, qui auoit esté nourry Page du Lant-graue, que nous estions appellez communément les inseparables. Les impatiences que ressentent les amans eslognez de leurs Dames, nous les auions lors que nous nous

Mm

perdions de veuë, ensemble les iours nous estoient des heures, les heures des momens) escartez, vn moment nous estoit vn siecle, mesme en dormant le sommeil (qui est vn assoupissement des puissances) nous estoit ennuyeux si nous estiós separez, à raison dequoy nous ne faisions ordinairement qu'vn lict, nous n'auions aussi qu'vne bourse & vne table, mesme logis, mesmes valets, mesmes liurees, mesme train : & quand on demandoit à quelqu'vn de nos seruiteurs à qui il estoit, il respondoit aux deux amis; si ceux qui ne sont qu'vn se peuuent appeller deux. Nous allions quelquefois, tantost à Rottemberg, tantost à Melsinguen voir nos communs parens ; il estoit chez-moy comme chez-luy, & i'estois chez-luy comme chez-moy : bref, nous viuiõs en vne vnion incomparable.

Il arriua vne fois comme nous estions à Melsinguen que mon amy veit en vne compagnie vne belle fille appellee Yolande, dont les graces luy gaignerent tellement le cœur, que ne faisant que penser à elle, il m'en parloit de l'abondance de sa pensee, ie iugeay aussitost qu'il en estoit picqué. Il me l'auoüa à ma premiere demande; car il ne me celoit rien: Vrayement, luy disie, ie suis bien ayse que vos affections se soient addressees en lieu où ie vous puisse rendre de l'assistance: car outre que c'est au terroir de ma naissance, ie suis aucunement allié auecque cette Damoiselle, & encore que ce soit d'assez loin, cette affinité me donne vn plus particulier accez aupres d'elle, & par moy vous vous pourrez plus facilement & auec plus de comodité introduire aupres d'elle,

& de cette frequentation passer dans sa bien-veillance : vous auez tant de merite, que vous voir, vous cognoistre & vous aymer marchent d'vn mesme pied. Alors Incmar les larmes aux yeux (mais c'estoient des larmes de ioye.) Cher amy, me dict il, tu penses que chacun me considere comme toy, & que ta passion communique sa contagion aux autres, ie n'ay pas tant de presomption que de penser donner de l'affection à cette vertueuse fille; mais ce sera bien assez qu'elle souffre que ie l'honore & que le tourment que i'endureray pour elle luy estant agreable, soit vn tesmoignage du sacrifice que ie luy fay de mon cœur.

Te voila desia, luy repliquay-ie, dans ces termes d'Idolatrie, qui croissent dans la bouche des amans, & comme ie croy qui ne procedent que du bord des levres, autrement leurs complimens offenceroient le Ciel, & feroient autant de blafphemes ; car ils ne parlent que d'autels, de facrifices, d'adorations, de flammes, de victimes, de Deeffes, de foleils, de temples, de vœus, de loüanges, de parfums, & autres telles refueries dont ils entretiennent leurs imaginations bleffees. C'eft ainfi, reprit Incmar, que les fains fe rient des actions de ceux qui ont des maladies chaudes, au lieu d'en auoir compaffion : mais fi tu en as de la mienne (car tout amát eft bleffé) ie te prie de me prefter ton ayde, & de croire que les plus grandes preuues que tu me puiffes donner de ton incomparable amitié, feront les affiftances que tu me feras en cette occafion, mon amour ne m'eftant pas moins precieux & confiderable que ma vie. Alors ie luy promis de luy rendre toute sorte de deuoir, & parce que ie craignois que l'issuë de ce dessein ne succedast pas selon son desir, apres auoir tasché en vain de luy dissuader cette entreprise, où ie croyois qu'il perdroit son temps inutilement. Voyant que les obstacles que ie luy representois augmentoient son ardeur, & que les difficultez l'animoient dauantage à cette poursuitte, ie luy iuray de passer par dessus toute consideration pour son contentement, puisque ie n'auois rien de si cher au móde que de luy complaire. Ie trouuay donc plusieurs fois les moyens de faire voir ma belle alliee à mon amy, qui luy ayant declaré son affection, & descouuert que cette fille auoit de l'inclination à la recognoistre, entra en de grandes esperances (element des amans) de voir arriuer sa pretension au port qu'il desiroit. J'estois tous les iours aux oreilles d'Yolande, luy preschât les recommandables qualitez d'Incmar, & ma propre affection me rendant disert, il m'estoit aysé de luy persuader ce que ie croyois moy-mesme. Car s'il faut que l'Orateur soit esmeu qui veut esmouuoir, pour inspirer l'amitié il faut en ressentir la douce flamme. Ce ieune oyseau se laissa peu à peu surprendre à mes appeaux, & aux appasts ineuitables de la conuersation d'Incmar; le voila tout à faict dans les bonnes graces d'Yolande. Mais encore que le cœur fust gaigné, pour arriuer à la possession de ce beau corps, l'vn des ornemens de la Nature, il y auoit des obstacles qui paroissoient inuincibles; mais qu'y a-t'il de difficile, qu'y a t'il d'impossible à ceux qui veulent & qui ayment? Graciane, belle-mere d'Yolande, s'estoit remariée à Raoul, pere de cette fille, à condition qu'vn fils qu'elle auoit de son premier mary, espouseroit cette Damoiselle, lors que l'aage l'auroit rendu capable des nopces. Raoul sans autre consideration que celle de l'or, dõt la poudre esbloüit les yeux les plus clair-voyans, s'obligea à cette promesse, sans auoir esgard que de violenter ainsi la volonté d'vne personne c'est plustost le traict d'vn vray tyran que d'vn pere. Et puis, quelle obeyssance eust peu obliger la belle Yolande à se donner à vn monstre, & à receuoir de l'amour pour celuy qui auoit tous les suiets qui peuuent donner de l'horreur? Il auoit vn dos plus haut que sa teste, & capable de soulager Atlas de son faix aussi bien qu'Hercule, s'il eust esté assez grand & assez fort ; mais il estoit si petit que l'on eust presque pensé que depuis le iour de sa naissance il n'estoit crû que par les cheueux. Outre cela il estoit si enflé & si rond qu'on l'eust pris pour vn gros ciron, ou vne moyenne boule: son teint vn peu plus blác que celuy d'vn Ethiopien, approchoit de celuy d'vn Espagnol malade: les levres grosses, les ioües plattes, les yeux enfoncez, vn nez au reste ennemy de tous les autres; pour l'éuiter il falloit vn bouclier, ou plustost vn rampart de parfums, & s'il estoit sans sentiment il n'estoit pas sans ressentiment. Sa taille, telle que l'ay depeinte, soustenuë de deux jambes si menuës, que les espics qui ondoyent à la campagne sous les moindres halenees, ont des fondemens plus asseurez, c'estoient là les colomnes de cet Hercule, qui me deffendent de passer plus outre en sa description. Auec tous ces remedes d'amour qu'eust-il peu faire naiſtre dans l'eſprit d'Yolande ſinon la hayne? Et ie croy que cette auerſion n'ayda pas peu à loger Incmar dans ſon affection, parce que venant à comparer tant de laideurs à tant de graces, dont mon amy eſtoit richemét pourueu, elle le trouua auſſi digne de ſõ amour que l'autre d'en eſtre priué. Tandis que les choſes ſe paſsét de la ſorte, & que l'aymable Incmar poſsede les affections d'Yolande en la meſme ſorte qu'il en eſt poſſedé, Hugolin (c'eſt le nom de ce beau fils que ie vous ay crayonné) adiouſtant à ſes difformitez celle de la ialouſie, s'apperceut de cette correſpondance, & iugeant bien que cette nouuelle amour faiſoit ombre à ſes perſuaſions, il en aduertit Raoul, qui pour maintenir ſa parole, & pour voir ſa fille richement pourueuë à ce fils vnique, mais vniquement laid, luy promit d'escarter ce braue Courtisan (il entendoit Incmar) qui luy mettoit des grillons dans la teste. Et d'effet, il deffédit à sa fille de le voir; mais voyant que cette deffence estoit inutile à cause qu'Yolande luy repartoit qu'elle ne pouuoit pas empescher que ce Gentil-homme ne se trouuast aux compagnies où elle se rencontroit, Raoul s'addressant à Incmar mesme, l'aduisa de ne former aucun dessein sur Yolande, parce qu'elle estoit promise à Hugolin, & que cette marchandise n'auoit plus de debit qui estoit retenuë. Ce discours fascha fort Incmar, qui eust vomy son fiel contre Hugolin, & parlé plus brusquement à Raoul, si l'amour de la fille ne l'eust retenu dans le respect de celuy qu'il pretédoit pour beau pere, & c'eust esté ruyner tout à faict son proiect que d'aigrir cet homme, de son naturel assez porté à la colere, & haut à la main. Il cala le voile le plus doucement qu'il peut, sans s'obliger neantmoins à ne voir & à n'aymer point Yolande, pour ne priuer point, disoit-il, ses yeux & son cœur de l'obiect le plus beau & le plus aymable qui fust au monde. Mais parce qu'il sceut que continuant à la voir selon les rencontres qui s'en presentoient, soit aux Temples, soit aux assemblees particulieres, cela estoit cause de la faire mal-traicter de son pere, & de la faire tempester par sa marastre, qui estoit vn demon domestique attaché à son colet, suscitee à cela par le ialoux Hugolin, qui desia prenoit vn empire de mary sur son accordee, il se deporta de la voir, s'en allant à Cassel, où les plus agreables obiects que la Cour fournisse à ses yeux, ne luy paroissoient que comme ces menus astres que la nuict estale dans le ciel en l'absence du flambeau qui faict le iour. Cependant ie tenois sa place à Melsinguen aupres d'Yolande, qui sçachant l'estroitte amitié qui nous lioit, me descouuroit aussi candidement les sentimens de son esprit, qu'elle eust faict à Incmar mesme, Ie l'aduertissois de iour en iour de l'inuariable fidelité de cette fille, à qui le temps, l'absence & les contradictions ne changeoient point l'affection. Mais comme il est mal-aisé d'estre long temps au soleil sans se haller, & dans la boutique d'vn Parfumeur, sans en attirer de bonnes odeurs. Il arriua inperceptiblement que la conuersation de mon alliee (mais alliee en vn tel degré, que i'eusse peu l'espouser sans offencer les loix) forma ie ne sçay quelle inclination en mon ame, qui deuint plustost amour que ie ne m'apperceus. Ie ne me senty point, & ses attraicts & ses charmes me donnerent si auant dans le cœur, que ie fus fort long temps en balance entre l'amour & l'amitié, ne sçachant à quel party me ranger, apres des cóbats estranges: enfin, l'amitié eut la victoire, l'honneur l'emportant sur le sens, & la raison sur la passion. La parfaite amitié que i'auois de si longue main contractee auec Incmar, me representa que si ie m'attachois à Yolande, ie commettrois la plus insigne trahison que l'on puisse imaginer, & que ie serois tenu pour vn vray Chelme, ce qui fut cause que faisant vn effort à mes sentimens, ie me deffis de ces flatteuses pensees, dont les beautez d'Yolande chatoüilloient mon imagination, pour estre fidele à mon amy, me contentant d'aymer comme sœur celle que ie souhaittois de voir espouse de celuy que i'aymois comme frere. Et certes ie puis bien mettre entre les preuues de la grandeur de l'amitié que ie portois à Incmar cette victoire de moy-mesme, & cette continuelle guerre que ie me faisois estoit aupres d'Yolande, à qui ie parlois de mon amy auecque les mesmes ressentiments que i'auois pour moy-mesme.

Le jaloux Hugolin penetra encore dedans nostre pratique, & comme personne n'ignoroit qu'Incmar & moy n'estions qu'vn, il eut raison de croire que ie parlois pour mon amy, & que sous le voile de parenté i'entretenois ma belle alliee d'vne autre alliance que de la sienne. Le voila qui fait à Raoul les mesmes plaintes de moy que d'Incmar. La marastre me regarde d'vn œil trauersé quand ie suis aupres de sa belle fille, & si Hugolin eust eu autant de courage que de jalousie, il m'eust faict vn mauuais party : quelques pierres qu'il remuast il ne peut iamais ny faire interdire à Yolande de me voir, ny me faire deffendre par Raoul de voir ma parente. Le sang a ie ne sçay quoy qui lie les personnes d'vne estreincte si forte qu'il est mal-aisé de la rompre. Il est vray que Raoul d'vne façon plus moderee que son humeur ne portoit, me representa vne fois le mariage arresté entre sa fille & Hugolin, me priant de ne luy parler point d'Incmar depeur que les merites de ce Cheualier, l'vn des plus galands de la Cour, ne la rendissent plus clair-voyante qu'il ne falloit dans les imperfections d'Hugolin, qui n'estoient que trop apparentes, & qu'en cela ie luy ferois plaisir, & deuoir d'vn bon allié. Le deuoir d'vn bon

bon allié, luy repliquay-ie, est de r'amener son parét à la raison quand il s'en escart : or il me semble, seigneur Raoul, que vous vous en esloignez vn peu en voulant faire vn mariage, & en destruisant le fondement qui consiste en l'vnion de deux libres volontez. Que, si vous contraignez la volonté de vostre fille, cette contrainte estant diametralement opposee à la liberté, vous rendez de sa part le mariage vicieux, & au lieu d'vne femme legitime, vous en faictes vne concubine. Sçachant donc qu'elle a de grandes auersions de ce petit contrefaict (pour ne dire rien de plus aigre contre Hugolin, que ce que les yeux nous en apprennent) ie ne puis sans manquer au deuoir d'vn bon parent que ie ne vous en aduertisse, afin que comme bon pere vous aduisiez à rendre vostre fille moins riche & plus contéte. Ie sçay, me repliqua-t'il, iusques où s'estend la puissance paternelle, & ma fille n'ignore pas quelle puissance elle me doit, ce n'est pas aux filles de se méler du choix qu'ó leur fait des maris, elles s'en doiuent reposer sur leurs parens, & n'auoir point d'autre volonté que celle de ceux qui leur commandent, & puis le dé en est ietté, la parole donnee ; l'estat de mes affaires & le bien de ma maison le veut ainsi, vueille t'elle ou non, il faut qu'elle en passe par là, & qu'elle ne se mette point en teste d'autre affectió que celle de Hugolin, de qui ie n'eusse iamais eu la mere, si ie ne luy eusse promis de faire cet autre mariage de ma fille & de mon fils. Voyát que cet homme en estoit arresté là, & que ce seroit lauer vne tuile que de luy vouloir leuer cette resolution de l'esprit, ie le laissay auecque des bonnes paroles, & des complimens qui le satisfirent. Cepédant la beauté d'Yolande luy acqueroit tous les iours des regardans, des admirations, & des nouueaux seruiteurs, ce qui donnoit beaucoup d'allarmes à Hugolin, qui se voyant surpassé de tous en toutes les façons, si ce n'estoit en richesses, apprehendoit infiniment de se voir auant son mariage autant d'ennemis sur les bras que de riuaux, & apres son mariage plus d'amis qu'il n'eust voulu. A la fin, pour se rendre de douteux possesseur maistre absolu, & se promettant de ranger Yolande en telle sorte qu'elle ne luy donneroit point de soupçon, il se resolut d'acheuer son mariage, bien qu'il n'eust pas encore atteinct la vingtiesme de ses annees, & que sa taille au dessous de la petite, & de ses debiles forces le fissent paroistre comme enfant. Raoul qui ne demande pas mieux que de se continuer le maniement de son bien par cette alliance, y consent facilement. Le iour fatal est pris pour cette consommation, i'en aduertis Incmar, qui accourt aussitost à Melsinguen pour rompre ce coup, en remuant toutes pierres. Il voit secrettement Yolande, & en ma presence ils renouuellent leurs sermens de fidelité, de ma part ie promets toute assistance à leurs desirs, & voüe de me sacrifier au seruice de leurs communes flammes. Incmar ne laissa rien d'intenté pour destourner l'orage qui menaçoit de naufrage l'espoir de son amour: il faict demander Yolande à son pere, il est refusé tout à plat, il faict vne querelle d'Allemand à Hugolin; mais ce petit naïm ne vouloit pas iouster contre cet homme, qui paroissoit vn

Geant auprés de luy. Incmar voyant qu'il ne vouloit pas ioindre, le menace de le mettre en poudre; il a recours à la Iustice pour se mettre à l'abry de cette tempeste, & Raoul qui estoit fort estimé du Lant-graue, s'en va à Cassel faire ses plaintes des violences d'Incmar, qui venoit troubler le mariage de sa fille. Le Prince appelle Incmar, & apres vne dure reprimande pleine de paroles fort aigres, il luy deffendit de passer plus auant en cette recherche, iusques à ordonner qu'Yolande espousast Hugolin, selon la promesse que Raoul en auoit faicte en espousant Graciane. Cet arrest sorty d'vne bouche souueraine, estoit sans appel. Voila Incmar hors de Cour & de procez, & de plus menacé de l'indignation du Prince, son souuerain seigneur & son maistre, s'il trouble cette alliance : il a beau luy representer la violence de son amour, la bien-veillance que la fille a pour luy, l'horreur qu'elle a d'Hugolin qu'il depeinct comme vn monstre, plus digne d'estre estouffé entre deux licts comme vn opprobre de la Nature, que de reposer entre les bras d'Yolande: ce furent des paroles iettees au vent, & qui au lieu de flechir le Prince, le mirent tellement en colere, qu'il commanda qu'on le mist prisonnier, pour luy apprendre à parler plus discrettement. Mais enfin les amis d'Incmar qui se trouuerent presens, obtindrent sa grace du Lanf-graue, qui consentit à son eslargissement, à condition qu'il seroit sage. Incmar asseura le Prince qu'il se banniroit plustost volontairemét de ses Estats & de sa presence, que d'y rien commettre qui luy fust desagreable; mais qu'il supplioit son Altesse de le dispenser de iurer qu'il n'aymeroit plus Yolande, parce qu'il ne pouuoit pas se despoüiller de cette affection si aysement que de son pourpoinct, remettant au benefice du temps d'effacer cette idee de sa memoire.

Le Prince attribuant tous ces discours, qu'il appelloit extrauagans, à des folies que l'excez de l'amour met dans les testes qui en sont atteintes, se contenta de cela, & Raoul retourna à Melsinguen, pour acheuer au pluftoft les nopces de sa fille auec Hugolin. Oyez maintenant à quel poinct de precipitation le desespoir & l'amour portent les ames possedees de ces passions turbulentes. Il n'y auoit plus que trois iours iusques au terme destiné à ces funestes nopces, Yolande estoit resoluë de mourir pluftoft que de prononcer ce funeste oüy, qui l'eust attachee à vn monstre d'vn nœud indissoluble, & Incmar estoit determiné de se perdre, plustost que de laisser son Andromede dans ces liens. Là dessus il fut aysé de persuader à Yolande vne fuitte, puisque c'estoit l'vnique porte pour sortir d'vn malheur si pressant. Sans moy rien ne se pouuoit faire. Iugez de la force de mon amitié, elle me banda les yeux à toutes considerations, pour seruir mon amy contre l'honneur de mon propre sang. Ie renonce en vn instant à mon pays, à tous mes biens, à la grace de mon Prince, à toute esperance de fortune, pour suyure l'aueuglé desir de ces amans, que i'aymois tous deux auec des passions incroyables. Ce fut moy qui durant l'obscurité d'vne nuict, qui fauorisa nostre entreprise, tiray Yolande de la maison de son pere par vne fenestre, &

l'ayant reueſtuë d'vn de mes habits ie la menay à Incmar, qui nous attendoit à la campagne auecque de bons cheuaux : nous cheminaſmes iuſques au iour auec vne diligence extreme, & fiſmes tant que nous ſortiſmes des terres du Langtauiat, ſans pouuoir eſtre ſaiſis de la Iuſtice. Et parce que nous ſçauions que les mains des Princes ſont longues, ne trouuant point de ſeureté en Allemagne, où noſtre Prince eſt en la conſideration que chacun ſçait, nous deſcendiſmes deſguiſez en cette Germanie inferieure, où nous ne fuſmes pas long temps que nous n'euſſions conſommé ce peu que la precipitation de noſtre depart nous auoit fait apporter de noſtre pays. Nous ne pouuions pas en eſperer du ſecours, puiſque nous n'oſions y faire ſçauoir de nos nouuelles, de peur que le courroux du Lantgraue ne vous vint encore persecuter par son Agent dans ces Estats de ces Prouinces vnies. La necessité nous contraignit donc de nous enrooller sous les drappeaux des Estats pour viure du mestier de la guerre. Voyez maintenant iusques à quel degré de courage l'amour esleue vne ame qui en est enflammee. Yolande qui auoit pris l'habit d'homme pour suyure son amant, se trouua si bien de cette façon, & se plût tant à tous les exercices des armes, qu'elle deuint vne Amazone. Elle apprit en peu de temps à tirer de l'harquebuse, à escrimer, à manier vn cheual : bref, elle auoit vne addresse à tout cela au dessus de toutes mes paroles. Il n'y auoit celuy qui ne la prit pour vn des gentils Cadets qui fussent dans les trouppes, elle se faict camarade d'Incmar, & sous le nom de Roland, braue Paladin ancien, & affez reuenant à celuy d'Yoland, elle fe rendit fignalee en beaucoup de rencontres. Incmar & moy eftions, comme nous auions toufiours efté, les infeparables, Roland eftant ioinct auecque nous c'eftoit vn inuincible Geryon; qui attaquoit l'vn nous auoit tous trois fur les bras. De vous dire qu'Incmar efpoufa Yolande en ma prefence, il eft, ce me femble, inutile, puifque vous le pouuez coniecturer, cela leur donna la licence qui n'eft ny honnefte ny permife qu'à ceux qui font attachez de ce lien. Quand ie les vy en poffeffion de leurs defirs, ce fut alors que ie leur defcouury ceux que i'auois eu, & auec combien de peine i'auois furmonté leur violence, en confideration de l'amitié que i'auois pour Incmar. Ils admirerent cette victoire que i'auois euë de moy-mefme, &

Incmar me iura qu'il m'en aymoit d'auantage (s'il se pouuoit adiouster quelque chose à l'infiny) puisque i'auois estouffé mon amour en faueur de son amitié. Et Yolande iugeant de la force de ses charmes qui auoient touché mon esprit, me regarda comme l'vn de ses Esclaues, & me iura, que son honneur sauué ; & apres ce qu'elle deuoit à Incmar, elle n'aymoit aucun homme plus que moy. Ie luy iuray vne amitié de frere, elle me iura celle de sœur, & par gallanterie elle me permit, & Incmar aussi, de l'appeller ma maistresse, & elle me nomma son seruiteur. Voila toutes les faueurs que i'eus iamais d'elle, & celle de luy baiser quelquefois sa non moins vaillante que belle main.

Elle auoit vne beauté au visage, iointe à vne telle Majesté, que si l'vne m'enflammoit d'amour, l'autre me geloit de crainte : & ie puis dire que l'amitié de mon amy, & l'amour de cette chaste maistresse, regnoient dedans mon cœur auec vn si egal contrepoids, que pour mourir ie n'eusse rien fait au preiudice de l'vn ny de l'autre. C'est ce qui balayoit de mon esprit toutes les iniustes pensees que le sens y eust peu susciter, en se reuoltant contre la raison. Pour vous dire quelque chose de ce qui se passa en nostre pays apres nostre fuitte, nous sceusmes par des amis secrets de nos parens, que le Prince démesurement irrité contre nous, ordonna que nostre procez nous fust faict comme à des rauisseurs, nous fusmes condamnez à perdre la teste ; mais ce ne fut qu'en peinture, nos biens furent confisqués ; bref, nous y fusmes traittez à toute rigueur. Si bien n'ayans aucune esperance de ce costé-là, nous la mismes toute en nostre propre valeur, & remismes nostre fortune au sort des armes. Incmar & moy y auons faict aux occasions tout ce que peuuent faire des sodats qui iouent à tout perdre, & le braue Roland a par tout tesmoigné que l'amour qui luy donnoit du courage, esleuoit sa force au dessus de la vigueur non seulement de son sexe, mais de celuy des hommes. Apres beaucoup de rencontres nous nous renfermasmes dans Bliemberh, resolus de monstrer en ce siege les preuues d'vne valeur determinee, aux extremes euenemens. Il est donc arriué ce que vous auez veu, le commandement militaire m'ayant separé d'eux, ils ont esté tuez sur la bresche, & comme il est à croire, Incmar estant mort le premier, Yolande ne voulant pas le suruiure a esté tuee sur son corps, & est expirée en l'embraſſant. De moy ie voulois mourir dans l'effort du combat, ſi le braue, mais trop pitoyable Capitaine, qui n'a pas voulu permettre que l'on m'acheuaſt, ne m'euſt fait porter où ie ſuis, la perte de mon ſang m'ayant faict tomber de foibleſſe, & rangé parmy les morts. Maintenant que i'ay ſatisfait à voſtre curioſité & à mon deſir, ie ne veux plus viure priué de la lumiere de mes deux yeux & de mes aſtres jumeaux, mon amy & ma maiſtreſſe.

Receuez belles & cheres ames, ce teſmoignage de mon amitié & de mon amour, que ie rends à voſtre glorieuſe memoire : & vous iuſte Ciel, permettez qu'en la mort auſſi bien qu'en la vie, nous ſoyons inſeparables. Aleran finit ainſi ſon diſcours, & penſa en meſme temps mettre fin à ſa vie, tant le regret luy

serra le cœur. Mais le Marquis ayant pitié de ce grand courage, donna ordre que son Medecin & son Chirurgien apportassent à cette cure toute l'industrie que leur science leur pourroit dicter. L'art neantmoins fut vaincu par les remedes: car, soit par l'excez de la tristesse, soit par celuy de ses blesseures, le pauure Aleran mourut deux iours apres, & fut par le commandement du Marquis, enterré auec honneur aupres des deux Espoux, auec vne tumbe qui portoit pour inscription, LES TROIS AMANS INSEPARABLES, EN LA VIE, ET EN LA MORT. Beaucoup de remarques Morales se peuuent tirer de cette Histoire. Premierement, quel mal font les peres de destiner leurs filles à des hommes qu'elles ont en horreur. Apres, à quoy le desespoir
porte

porte les ames amoureuses & heureuses. En suitte, à quoy l'amour esleue le courage du sexe plus infirme, son feu n'estant pas moins admirable en ses effects que celuy de la foudre. En Aleran se voit l'image d'vn amy fidele, & d'vn amant sans exemple, qui fait cognoistre la victoire de l'amitié sur l'amour. Cette fin tragique monstre le mauuais succez des rauissemens, & descouure vne valeur admirable. Et la generosité du Marquis honorant la memoire de ceux qu'il auoit vaincus, sert d'vn fonds qui releue l'esclat de toutes les couleurs de ce tableau.

(.⁎.)   (.·.)   (.⁎.)

L'HEVREVSE AVMOSNE.

RELATION XIIII.

ESTVDIANT aux Loix en l'Vniuersité d'Orleans, i'appris d'vn Escolier Tourengeau l'Histoire suyuante, qui la sçauoit de la bouche de celuy-là mesme à qui l'euenement estoit arriué. Vn ieune homme de Poictou appellé Cyran, fils d'vn marchand, fut enuoyé à Tours par son pere, pour le sujet de quelque negociation qui regardoit son commerce. Cet adolescent estoit d'vn naturel pitoyable, & dés sa jeunesse enclin à faire l'aumosne sans distinction des personnes. Il est vray que l'honneur du Roy de gloire qui s'auance par les bonnes œuures, doit estre prouué auecque iugement: car enfin la discretion est la regle d'or des actions humaines, & ce n'est pas le tout de faire le bien, il le faut faire, & à propos. L'aumosne est vn des plus illustres que puissent faire ceux à qui Dieu en a donné les moyens, selon qu'a chanté le diuin Psalmiste. Il a dispensé & donné aux pauures, sa iustice demeurera au siecle des siecles, & sa corne, c'est à dire sa puissance, sera esleuee en gloire : mais il faut qu'elle se fasse auec vne iudicieuse distribution, autrement ce sera plustost vne dissipation qu'vne dispensation : & on la pourroit faire à tel, que ce seroit mettre vn glaiue entre les mains d'vn furieux, & luy donner moyen de commettre quelque excez. Il est vray que les vertus sont en vn milieu, également distantes des extremitez vicieuses, & comme donner aueuglement est plustost vne profusion qu'vne liberalité, aussi prendre garde à tant de circonstances quand on faict l'aumosne. est plustost chicheté que iugement. Le niueau le plus iuste que l'on puisse prendre pout edifier le mont de Ierusalem, & pour vser de benignité aux pierres vnies de Syon, qui sont les pauures, c'est la bonne foy: & comme il ne faut pas esplucher de si pres les qualitez des personnes à qui l'on faict la charité, il ne faut pas aussi fermer du tout les yeux sur cela, & parmy ces incertitudes il faut dresser son intention, & ne regarder ce que la droicte donne, ny à qui l'on donne; mais Dieu seul pour qui l'on donne, & qui a dict, ce que vous ferez au moindre des pauures ie m'en sentiray obligé, & ie vous en tiendray compte iusques à vn verre d'eau froide, baillé pour l'amour de moy. Il y a des cœurs durs & de fascheuse desserre, qui trouuent à redire en la pluspart des personnes miserables qui leur demandent. Cettuy-cy est assez robuste pour gaigner sa vie, celuy-là est vn frippon, celuy-là n'est pas trop vieil, cettuy-cy est vn vicieux, cet autre est vn cocquin, tous à leur iugement en sont indignes, & c'est pour auoir vn pretexte de retenir dans leur bource ce metal dont ils font leur Idole, sans acquerir le blasme d'auarice. Il y en a d'autres qui ont les mains percees, & plus par honneur que par pitié, ou par pitié donnent indifferemment à tous ceux qui se presentent, sans considerer que c'est nourrir la faineantise de beaucoup de gueux, qui auroient plus de besoin d'aumosne spirituelle par vne bonne reprimande, qu'vne temporelle, dont ils abusent en des dissolutions & en des desbauches estranges. Mais qui pourra auoir cet esprit de si iuste discernement, puis qu'il n'y a rien au monde de si trompeur que les apparences ? Par exemple, courent par les ruës des villes & par les champs tant de vagabonds, qui sous le nom de pauures soldats qui se retirent des armees en leur pays demandant la passade, & cependant ce sont quelquefois des voleurs, qui ne cherchent en mandiant que les occasions de faire des larcins, des meurtres & des brigandages, ces gens là n'ont que Dieu à la bouche,

L'heureuse aumosne. 583

& le Diable au cœur; & cependant, comme Dieu tira autrefois le feu de la bouë, lors qu'Ismaël reuint de la captiuité de Babylone, aussi du milieu de cette espece de bandoliers il retira vn bon larron, ainsi que vous l'allez entendre.

Cyran allant par les ruës de la belle Cité de Tours, qui paroist comme vne fleur au milieu du jardin de la France, rencontra vn pauure soldat, qui estant assez mal en ordre, ne laissoit pas de garder vne bonne mine. Il luy demanda l'aumosne auec vne telle grace, qu'il se sentit esmeu de la luy donner; mais esmeu extraordinairement, il met la main en sa poche, & pensant tirer vn sol il luy vint vne piece de cinq sols qu'il luy donna de bonne volonté, & auecque des paroles d'honneur & de consolation, luy souhaitta vn bon retour en son pays, & vn meil-

Oo iiij

leur mestier que celuy de la guerre, où il n'y a pour l'ordinaire que des poux, ou des coups à gaigner. Le soldat d'vne façon modeste & ciuile luy respondit : Monsieur, Dieu me fasse la grace de vous rendre quelque bon seruice, & conforme au desir que i'en ay, vous me faictes vne liberalité en ma necessité pressante, qui ne mourra iamais en ma memoire, vous ne faites gueres moins que si vous me donniez la vie. Apres ces paroles de complimens ils se separerent. De là à quelques iours les affaires qui retenoient à Tours le Poicteuin estans acheuees, il faict ses adieux, & s'en retourne en son pays. Cóme il trauerse vn bois, voicy sortir du milieu du taillis trois voleurs, dont l'vn saisit la bride de son cheual, & l'autre luy mettant l'espee dans la gorge, luy commande de descendre, & de les suyure dans le plus espais de la foreſt. Comme ils furent aſſez auant ils le foüillent, & luy oſtent tout l'argent qu'il auoit, qui eſtoit enuiron cent eſcus, auec ſon manteau & ſes meilleures hardes. Apres cela ils commencerent à deliberer s'ils le tueroient: tuons-le, diſoit-l'vn, ie cognoy bien à ſon langage qu'il eſt de ce pays, & qu'il nous pourra deſcouurir, ou faire courir apres nous. C'eſt bien dict, adiouſta l'autre, ſi tels euſſent tué celuy qu'ils deſtrouſſerent en telle foreſt, ils ne feroient pas maintenant en vn gibet la mouë aux paſſans. Le troiſieſme, qui eſtoit celuy à qui Cyran auoit faict dans Tours, quelques iours auparauant, l'aumoſne des cinq ſols. Compagnons, dict-il, de quoy nous ſeruira ſa vie, ſon ſang criera plus haut vengeance contre nous que ſa voix. Tu faits le preſcheur, repartit l'vn des autres, ceux qui font le meftier que nous exerçons doiuent fermer les yeux à ces confiderations, qui ne font bonnes qu'aux vieilles & aux enfans, les morts ne mordent plus, & ne difent mot, la voix du fang n'a point d'efclat, il fera pourry deuant qu'on le trouue en ce lieu. Mes amis, repartit le bon larron, ie vous demande fa vie, & ie vous quitte pluftoft la part qui me reuient du butin, c'eft vn galand homme, ie vous fupplie ne le tuons pas. Ie vous donneray vn bon expedient pour fauuer fa vie, & pouruoir à noftre feureté, attachons-le à quelque arbre, & le laiffons en la garde de Dieu, au moins ne ferons-nous point foüillez de fon fang. Cet aduis fut fuiuy, Cyran fut lié à vn arbre auec le licol de fon cheual & fes jartieres, & les voleurs prindrent fon cheual & fes hardes & le laifferent là, le bon larron dict à l'oreille de Cyran en le liant. Amy, pren courage, ie te viendray deslier cette nuict, ie n'ay pas oublié ton aumosne. Cyran demeura en cet estat tout le reste du iour, esperant tousjours en la misericorde de Dieu, & en la promesse du bon brigand; mais le soir il entra dans les frayeurs de la mort, lors que sur la brune il entendit hurler les loups dans la forest, dont il en vit deux qui passerent auprès de luy, & qui furent assez long temps à regarder sa contenance. Outre que cet animal est cruel, il est aussi extremement fin & si deffiant, que mesme quand on luy fait des traisnees on a de la peine à l'attraper. Il craint l'affust, il évite les pieges, il regarde, il escoute, il considere, il guette, & c'est merueille de voir tant de conduite en vne beste qui n'a point de raison. Le pauure Cyran croyoit estre au dernier de ses iours, & se recommandoit à Dieu chaudement comme vn homme qui va rendre l'ame. Desia ils commençoient à le flairer de plus pres, & afin de l'assaillir en troupe & en faire curee, ils se r'appelloient par leurs hurlemens, dont toute la forest en retentissoit, & les Ecos multiplians ces voix, faisoient croire aux oreilles de Cyran, que c'estoit vne legion de loups qui le venoit deuorer. Mais cette parole d'vn Pere ancien est bien veritable, que iamais homme qui a volontiers exercé les œuures de charité, ne fit iamais vne mauuaise mort. Et l'Escriture nous apprend que l'aumosne deliure de la mort, ce qui se peut entendre de la temporelle, aussi bien que de l'eternelle. Certes si le secours du bon larron eust encoré tardé tant soit peu, il y a de l'appa-

L'heureuse aumosne.

rence qu'il eust esté tardif & hors de saison, & qu'il eust trouué le pauure Cyran deschiré par les loups. Mais Dieu qui ayde en la tribulation, & dont l'assistance vient en temps opportun, le fit venir au poinct qu'il falloit pour deliurer Cyran, non seulement de la peur de la mort, mais de la mort de la peur: car desia la frayeur luy auoit presque enleué l'ame. Ie vous la ssé à penser de quelles paroles il remercia le bon brigand, qui luy auoit en vn iour donné deux fois la vie, en le retirant de la gueule des lyons qui estoient les autres larrons, & de celle des loups qui sont des latrons qui ne viuent que de rapine. Il offrit au soldat de le traitter comme son frere, s'il vouloit aller auecque luy, & quitter cette vie miserable, qui ne le pouuoit conduire qu'à vne honteuse fin, & de luy faire telle part de ses biens, qu'il auroit suiet de se contenter de luy. Pour quitter cette vie de brigand, reprit le soldat, c'est ce que ie suis resolu de faire, en ayant conceu depuis long temps vne telle horreur, qu'elle me semble vn enfer, mon intention est d'estre Religieux, pour faire penitence de tant de maux que i'ay faits en ce malheureux mestier. Il est vray que ie n'ay iamais tué; mais i'ay esté present à plusieurs meurtres, ie commençay à voler, pressé de la necessité, mais i'ay continué par vn certain plaisir maling, qu'il y a à prendre, veu mesme que cela sert à faire des desbauches. Ne trouuant point assez de seureté en France, où ie penserois tousiours auoir la Iustice à ma suitte, ie suis resolu de passer en Italie, & apres auoir visité Lorette & Rome, de me ietter en quelque Religion, & si ie ne puis y estre receu, me retirer dedans quelque hermitage. Ie vous supplie de prier Dieu pour moy, afin qu'il me continuë son inspiration, & me fasse la grace d'executer ce bon dessein. Voila la part que i'ay euë des cent escus que l'on vous a pris, ie la vous rends de bonne volonté, en disant cela il luy voulut remettre cent francs dans les mains, mais Cyran ne les voulut iamais reprendre, les luy donnant en aumosne pour l'ayder à faire son pelerinage, luy offrant encore d'auantage s'il vouloit aller auecque luy iusques à la prochaine ville.

Le soldat penitent (car ie ferois conscience de l'appeller voleur apres vn tel changement de la droite de Dieu) le remercia, & apres de mutuels embrassemens, & auoir meslé leurs larmes ensemble, Cyran prit son chemin d'vn costé, &

le soldat de l'autre, qu'il ne veid iamais depuis. Oüy bien les deux autres, qui trois mois apres descouuerts par le manteau & le cheual de Cyran, & accusez d'autres larcins, tomberent entre les mains du Preuost des Mareschaux, qui leur fit bonne & briefue justice, & furent attachez à vn arbre malheureux, que l'on appelle vne potence, d'où ils ne descendirent que par le pendant. Le bon heur de l'aumosne reluit en cette Relation auec vn tel esclat, que quand il n'y auroit autre motif d'exercer la liberalité enuers les miserables, que ce centuple qui est promis en cette vie en l'Escriture, il seroit assez suffisant pour la tirer des mains de l'auarice mesme, puisqu'il n'est point d'vsure si excessiue qui prenne cent pour vn. Que si vous adioustez à cela le prix infiny de la vie eternelle, qui sera si

tenant

L'heureuse aumosne. 593

tenant de ne donner de franche volonté le neant des choses passageres, pour acquerir le grand Tout & l'Vn necessaire de la bien-heureuse eternité.

L'INGRAT
ADOPTÉ.

RELATION XV.

E tous les vices, l'ingratitude paroist le plus noir & le plus infame, & cette ingratitude entre les autres est la plus odieuse, qui vient à la suitte d'vn plus signalé bien-faict. Quád vn enfant est ingrat à son pere, on

P p

l'appelle vn monstre de nature, vne peste du genre humain, l'opprobre des hommes, & la honte de la raison. Et parce que les bienfaicts que les enfans tirent de ceux qui leur ont donné l'estre, tirent leur source de cette obligation naturelle qu'ont ceux qui engédrent, d'esleuer ceux qu'ils mettent au monde: il me semble que les enfans adoptifs sont encore plus redeuables à ceux qui les choisissent, que ceux qui naissent dans le mariage ne le sont à leurs peres, parce que ceux-cy sont faits heritiers par la chair & le sang, & les autres par le choix de l'esprit, partie plus noble & plus excellente. En quoy paroistra moins excusable l'ingratitude móstrueuse de celuy dont la malice va noircir ces pages, & remplir d'horreur l'esprit de celuy qui passera les yeux par dessus. Sous le regne du fils de l'Empereur Charles cinquiesme, à l'Orca ville de Murcie, Royaume du temps des Mores, & maintenant Prouince de celuy de Grenade, vn Citadin appellé Branda, espousa vne femme nommee Sittique, dont il n'eut aucuns enfans, encore qu'il eust esté pres de trente ans en mesnage auec elle, femme sterile, mais au demeurant si vertueuse, que le ciment de la lignee manquant à leur amour, il estoit suppleé par celuy des vertus, dont les attraits sont si puissans, que les cœurs n'en sont pas seulement liez, mais enchaisnez & rauis. Et c'estoit vn des regrets de Branda de ne pouuoir tirer des fruicts d'vn si bon arbre, estant à croire que des enfans naiz & esleuez d'vne mere si vertueuse eussent esté excellens, selon qu'il est escrit, que le bon arbre ne porte point de mauuais fruicts. Il auoit pratiqué par vne suitte de beaucoup d'annees, vne tres-sincere amitié auec vn de ses concitoyés, qui auoit laissé beaucoup d'enfans, dont la vefue estant fort chargee, meditoit d'en ietter la plus grande part en des Religions. Branda tesmoigna que son amitié auoit esté veritable, par les effects qu'il fit paroistre apres la mort: des deux filles il en maria l'vne, & il donna à l'autre le moyen d'estre Religieuse. Par son credit il fit receuoir l'vn des masles en vn Conuent de Freres mineurs, & laissant les deux aisnez aupres de la mere pour la seruir, & luy ayder au maniement de son bien, il prit le troisiesme en sa maison, & à faute d'enfans naturels, il le fit son enfant par la loy de l'adoption. Sitique sa femme, qui ne desiroit que de complaire à son mary, voyant qu'il aymoit ce garçon, le traittoit en vraye mere, & luy en rendoit tous les deuoirs. Tandis que Branda nourrit ce vipereau dans son sein, la bonne & vertueuse Sitique vint à mourir, ou plustost à passer de cette vie à celle qui n'est plus tributaire de la mort, où arriuant pleine de bonnes œuures, elle en receut vne ample récompense. Elle laissa Branda bien affligé de la perte d'vne si bonne compagne, qui estoit toute sa consolation. Il estoit presque sexagenaire, neantmoins d'vne complexion robuste & assez vigoureux pour son aage.

Le passionné desir qu'il auoit eu durant son mariage d'auoir des enfans n'estant point esteinct en luy, il fut esueillé par vne ieune ardeur, & croyant auoir encore assez de chaleur naturelle pour se faire vn heritier autrement qu'adoptif, il se resolut à de secondes nopces, qui luy furent aussi funestes, que les premieres luy auoient esté heureuses. Aussi à la verité vne bonne femme est vn oyseau si rare, que d'en penser trouuer deux bonnes de suitte, est vn bien plus à desirer qu'à esperer. Le malheur voulut que Branda ietta les yeux sur vne, dont les affections estoient preoccupees, & encore qu'il l'obtint de ses parens, elle ne laissa pas de regarder en arriere, & de regretter de se voir separee de celuy qu'elle aymoit. Auant que de l'espouser il luy fit tels aduantages que ses parens voulurent, l'amour & l'espoir qu'il auoit d'en auoir quelque enfant, luy faisant fermer les yeux à tout. Il la fit comme à moitié son heritiere, mais au cas qu'elle mourust deuant luy, il luy donnoit fort peu, comme il n'en receuoit presque rien. Voicy l'adodoption de Minio doublement assiegee, & par les aduantages que

Branda faisoit à sa nouuelle femme, & par l'esperance d'vn heritier. Cecy ne mit pas de petites alterations en son esprit, il estoit desia aagé de vingt-deux ans, & le soin de sa fortune luy donnoit de la peine en l'ame, au lieu de ietter sa pensee sur celuy dont la prouidence veille sur la nourriture des moindres animaux. Il estima que chacun deuoit estre artisan de sa propre fortune; & comme dict l'Espagnol, enfant de ses œuures. Ignorant qu'il estoit des loix qui deffendent le mariage entre l'adopté & la femme de l'adoptant, à cause de la reuerence paternelle dont l'adoption est la viue image, il s'imagina que s'il donnoit de l'amour à Valentine (c'est le nom de la seconde femme de Branda) il la pourroit espouser apres la mort de ce bon homme, & comme cela renoüer sa fortune d'vn costé, si elle se rompoit de l'autre. Valentine, qui estoit accorte aux mines de Minio, s'apperceut bien de ce qu'il auoit dans le cœur, & soit qu'elle fust preuenuë de l'amour de Ioselme son premier amant, soit que le nom de fils que portoit Minio luy fist conceuoir quelque sorte d'inceste, elle ne fit pas semblant d'entendre le langage de ses yeux & de ses gestes, dont les Espagnoles ne sont pas ignorantes : & d'effect, elle l'entendoit fort bien quand il venoit de Ioselme, qui selon la coustume de la nation, faisoit tant de passades deuant le logis de Branda, que le malicieux Minio s'apperceut bien tost à quel manege il aspiroit. Et à n'en point mentir, soit que la vieillesse de Branda fust à dégoust à la ieunesse de Valentine, soit que l'amour qui n'est iamais sans desir, luy en donnast pour Ioselme, soit qu'elle eust autant d'enuie que Branda d'auoir vn enfant qui fust heritier du bon homme, auecque son sur-nom & ses armes portees d'vn cimier sur le tymbre, elle fit paroistre tant de signes de bien-veillance pour Ioselme, que non Minio seulement, qui veilloit ses actions comme vn dragon, mais tout le voysinage en estoit en rumeur, chacun en estoit abbreuué, horsmis le bon Branda, encore que ce bruit le touchast de plus pres qu'aucun autre. Minio auoit faict des remarques si particulieres de cette mauuaise intelligence de Ioselme & de Valentine, qu'il pouuoit faire toucher ce crime au doigt & à l'œil à son pere adoptif: auec cet aduantage sur Valentine il recommence à la courtiser, il se declare à elle, mais elle le rebute auec des paroles d'indignation. Minio se voyant reietté entre en vn despit extreme, voyant qu'il battoit vn buisson dont vn autre prenoit les oyseaux, & que si Branda venoit à mourir, Valentine estoit acquise à Ioselme, & luy priué de la plus belle part de l'heritage qu'il pretendoit, ou peut estre de tout, si cette femme, à l'ayde de son amant, venoit à donner vn heritier à Branda. De plus il craint que comme femme, qui ne taist que ce qu'elle ne sçait point, celle cy ne vienne à deceler sa poursuitte au bon homme, ce qui le menaçoit d'vne ruyne totale. Pour la preuenir & faire le bon fils, il accoste Branda, dont il possedoit la creance, & se fondant sur le bruit du voysinage (fumee qui n'estoit pas sans feu, & rumeur qui n'estoit pas sans sujet) il luy descouurit les deshonnestes deportemens de sa femme auec Ioselme. Et non contente de celuy-là, adiousta-t'il, elle

L'ingrat adopté.

m'a encore voulu attirer à sa cordelle, & faire commettre contre vous, mon bien-faicteur & mon pere, la plus lasche trahison qui puisse tomber dans la pensee.

Branda fort troublé de ce rapport faict ses enquestes, & trouue qu'il sçait le dernier, le feu qui reduict sa reputation en cendre. Et mesme le rusé Minio luy en ayant faict voir des apparences indubitables, en croyant le premier desordre de Valentine auecque Ioselme, il se persuada aysement le second, & qu'elle eust sollicité Minio: car que ne peut-on croire de mauuais d'vne femme dont la pudeur est perduë? Aussitost monterent en la pensee de Branda les fureurs & les vengeances : mais Ioselme n'allant que bien couuert & armé, estoit au reste vn galand si deliberé & determiné, que ny Branda ny Minio n'osoient entreprendre de se frotter à luy, ce chat n'estant pas pour se laisser prendre sans mitaines. Adioustez que cette voye de fer & de sang eust faict beaucoup d'eclat, & apporté de la ruyne aux biens & à l'honneur de Branda. Minio luy conseilla d'vser de la peau du Renard, plustost que de celle du Lyon, & de faire par la poison à la sourdine, la guerre que le fer feroit à la trompette. Branda trouua bon cet aduis, Minio se chargea de l'execution, & en vint à bout si accortemét, que de là à quelque temps Valentine estouffa par sa mort ses ardeurs, les esperances de Ioselme, & les bruits scandaleux qui diffamoient la renommee de Branda. Mais bien que la punition fust iuste, la forme ne l'estoit pas, & quoy que la terre couure la faute de Minio, il n'y a rien de si caché qui ne se reuele, ny de si secret qui ne se manifeste. Le desir d'auoir lignee remonta encore en la teste de Branda, & comme il tentoit vn troisiesme naufrage Minio s'en apperceut, qui pour ne tomber dans les apprehensions precedentes, se resolut de coucher Branda au milieu de ses deux femmes, par le mesme remede dont il s'estoit seruy pour se deffaire de Valentine, & ayant faict ce coup d'essay de maistre empoisonneur, il fit le second coup; mais la poison se trouuant plus lente, donna du loisir à Branda de s'en ressentir. Les Medecins sont appellez, qui aux symptomes & aux vomissemens du malade recogneurent qu'il y auoit de la poison. Branda aussi tost mit le doigt sur la verité, & soupçonnant Minio pour artisan de cette mauuaise besongne, aduertit sourdement vn de ses parens que l'on se saisist de luy. Pris & allarmé des terreurs de sa conscience coulpable, il aduoüa le faict, croyant qu'il y eust encore lieu de grace, si les antidotes chassoient la poison du corps de Branda; mais soit qu'il fust trop foible, ou que les remedes vinssent trop tard, le venin ayant gagné le cœur, tant y a, il fut impossible de garantir ce bon homme de la mort. Il declara tout ce qui c'estoit passé en celle de sa femme, se deschargeant sur Minio, comme sur le conseiller & l'executeur de ce meurtre. Il en dict la cause, en quoy il eut pour parties les parens de Valentine, soustenans l'honneur de la memoire de leur fille, & demandans reparation de cet empoisonnement. Branda mourut dedans des conulsions de corps & des agonies d'esprit qui ne se peuuent exprimer, laissant ses plus proches heritiers en de grands embarrassemens, à cause de la mort de Valentine, dont il s'estoit rendu coulpable. Quant à l'ingrat Minio, il fut sans beaucoup de formalitez traisné au supplice, où il fut comme le bouc emissaire des Israëlites, chargé des maledictions & detestations de tout le monde, chacun ayant en abomination son ingratitude & sa perfidie. Quant à la contestation d'entre les parens de Valentine & les heritiers de Branda, la Relation ne dict point à quoy elle aboutit. Si la Iustice d'Espagne marche du pied de celle de deçà les Pyrenees, il est à croire que les battus payerent l'amende, & que les vns & les autres priuez de l'heritage du bon homme, les Officiers eurent tout. Ainsi les hommes font des folies, & les Iuges les boiuent. Cela s'appelle propremét, máger les pechés du peuple.

LA VANITÉ MOCQVEE.

RELATION XVI.

ELVY qui a comparé la vanité au balon, qui plein de vent ne faict que bondir, & sert de joüet aux hommes, a, ce me semble, naïfuement representé, l'humeur de ces testes pleines de presomption, qui ne font que sauteler de pretension à autre ; & se trouuent

trouuent à la fin le but de la mocquerie d'vn chacun. Certes le prouerbe ancien est bien veritable, qui dict; que qui chasse apres deux lievres n'en prend pas vn. Nous allons voir tout cecy verifié en la personne d'vne fille, dont l'inconstante vanité, ou pour mieux dire, dont la vaine inconstance imita le chien de la Fable, qui pour vouloir prendre le morceau de chair qui luy paroissoit dans l'eau plus gros que celuy qu'il auoit en la gueule, perdit & le corps & l'image. Dans les montagnes du Royaume de Leon en Espagne, vn Grand auoit sa principale terre, où estoit assis le tiltre de son Grandat, & où il faisoit sa residence ordinaire. Estant mort sa vefue, de qui il auoit eu le Grandat (car il n'estoit pas de son chef) s'y arresta, comme la vraye Dame & heritiere de la maison, & esleua ses enfans auec cette splendeur de Grands d'Espagne, qui paroissent de petits Roys en leurs Seigneuries, qu'ils appellent leurs Estats. L'aisné que le Mayorasgue regardoit par droict de primogeniture, estant allé à Madrid prendre possession de son chappeau deuant le Roy, en quoy consiste le faiste de la grandeur en Espagne, parce qu'en cette Cour les chappeaux ne sont faicts que pour les testes des Grands; il y sejourna quelque temps, & comme il y estoit allé pour y paroistre & y faire de la despence conforme à la grandeur de sa maison, il se mit aussi aux desbauches, qui comme vn torrent impetueux emportent la ieunesse, qui est soustenuë des deux aisles, de la richesse & de la liberté. Estant de retour en sa Prouince & en ses Estats, il crût estre relegué dans des deserts & des solitudes, & à comparaison des pompes & des conuersations de Madrid, les montagnes de Leon luy semblerent affreuses, & n'estre destinees que pour y faire penitence. Pour se diuertir il fut à Storga petite ville fort iolie, qui n'est esloignee de la capitale du pays que de dix ou douze lieuës, & proche de sa maison de cinq ou six. Là parmy les compagnies, ne cherchant que les occasions de cajoller les Dames, mestier qu'il auoit appris à la Cour, il y eut vn visage qui par ses yeux s'imprima dans son cœur. Frappé de ce traict, dont on craint la guerison plys que la blesseure, il cherche son remede au lieu mesme d'où luy venoit ce mal, qu'il tenoit pour sa felicité: mais il se trouua le second en datte en la recherche de ce sujet, qui estoit desia comme marqué pour vn autre. Le Comte Iourdan, qui n'estoit pas grand, mais de maison fort illustre, & de plus Seigneur fort riche, auoit de longue main addressé ses vœux à cette saincte qui estoit parée & peinte comme vn autel. Nigelle de son costé, dont les parens auoient tenu à grand honneur la recherche du Comte, luy auoit rendu toute sorte d'honnestes tesmoignages de sa bonne volonté; si bien qu'elle estoit tenuë pour la Dame de Iourdan, & Iourdan pour son Cheualier. Les accords de leur mariage estoient faits, elle auoit receu des presens de luy, en dessein de leur futur mariage, & en suitte le Comte prenoit auprès d'elle des licences & des honnestes priuautez, qui ne se permettent en Espagne qu'à ceux dont les nopces sont comme asseurées. Voyla de grands obstacles aux pretensions d'Adinulphe (nous appellerons ainsi le ieune Grand, qui por-

La vanité mocquee. 613

toit le tiltre de Marquis.) Pour cela il ne lasche point son amour, au contraire, emporté sur les aisles des vêts, ie veux dire enflé de cette vanité si commune aux Grands d'Espagne, qui tiennent tout le reste de la Noblesse, & tous ceux qui n'ont pas droict de se couurir deuant le Roy pour de petites gens : il s'imagina qu'à ce seul nom de Grand le Comte deuoit ceder, & luy laisser la place libre en la recherche de Nigelle. Mais si le Marquis auoit de la presomption, le Comte n'estoit pas sans cette bonne opinion de soy-mesme, si naturelle aux Castillans & aux Leonnois : & si l'vn estoit grand, l'autre auoit bonne enuie de l'estre. Ce different neantmoins n'a point d'autre Iuge que la volonté de Nigelle, qui fille, & fille Espagnole, tourna aussi tost comme vne girouette, à l'air de la grandeur &

Qq iij

de la vanité. Cette flatteuse imagination d'estre grâde d'Espagne s'épara si fort de son esprit, qu'elle en effaça toutes les idees de l'amour, des merites & des richesses de Iourdan. Elle n'a plus des yeux que pour le Marquis, qui ayse d'auoir debusqué le Comte, & esleuant vn trophee à sa gloire d'auoir escarté ce Riual, est accueilly de cette fille auec des carresses extraordinaires. Ce fut neantmoins contre l'aueu de ses parens qu'elle changea ainsi, car ils estoient prudens, & virent bien que cette allance de Nigelle & d'Adinulphe ne seroit pas sans obstacles. Toutefois comme Espagnols, amoureux de l'esleuation, ils s'accommoderent à l'humeur de la fille, & loüerent cette inconstáce qu'ils auoient auparauant blasmee. Et à dire la verité estre Grand en Espagne, est le mesme degré d'exaltation que celuy de nos Ducs & Pairs en France, qui ont le daix, le cadenat & toutes les marques des Princes, sinon que leurs chappeaux, deuant le Roy, ne sont pas faicts pour leurs testes, non plus que pour celles des Princes, ny mesmes pour celles des Cardinaux, qui ont l'honneur de se couurir deuant le Pape.

Si cette qualité de Grande fit tourner la teste d'vne fille Espagnole de ce costé là, il ne le faut pas trouuer estrange d'vne nation dont la vanité est le nort & l'aymant; mais considerez auecque moy cette Vanité mocquee, & comme la risee fut le salaire de ce peu iudicieux changement. Iourdan estoit vn party plus grand qu'elle ne pouuoit pretendre, & sa seule beauté l'auoit faicte desirer à ce Comte, cela mesme la fit souhaitter au Marquis Adinulphe, qui faisant sa recherche à camp ouuert, eut aussi tost sa mere pour opposante. Elle luy deffend de poursuyre d'auantage ce dessein, autrement qu'elle le priuera du Grandat dont elle est la maistresse, pour faire son heritier vn de ses freres. Pour toutes ces menaces Adinulphe ne laisse pas de suyure sa poincte, tant il estoit charmé des graces de Nigelle, & se promettant que la faute faicte on obtiendroit plustost pardon de sa mere, que la permission d'espouser cette fille. Macrine mere du Marquis redoutant ce coup, & ne voulant pas la ruyne de son fils, a recours au Roy pour empescher cette alliance.

Le Roy, qui a interest que les Grands conseruent leurs maisons par des mariages illustres & aduantageux, enuoya faire des deffences, & à Nigelle, & à ses parens, d'entendre au mariage du

La vanité mocquee. 617

Marquis, declarant nulles les nopces qui se feroient au preiudice de l'opposition de la mere & de sa deffence.

Cet esclat de tempeste renuersa tous les desseins d'Adinulphe, & toutes les vanitez de Nigelle, qui eust bien voulu reuenir à son Comte, mais son calcul se trouua trop court ; & par son inconstance elle estoit entree si auant dans son mespris, que par tout il mesdisoit d'elle outrageusement, iusques à dire que le Marquis n'auroit que son rebut. Ce fut à Adinulphe à plier bagage, & de se retirer à petit bruit, depeur de la disgrace du Roy, que les Grands redoutent comme la foudre, parce que la colere du Prince estonne le rugissement du lyon, qui faict trembler tous les animaux qui l'entendent. Ainsi la Vanité de Nigelle abandonnee de deux coſtez fut mocquee, & le ſujet de la riſee de Storga. Elle ne fut ny Grande ny Comteſſe, & quand on ſe vouloit gauſſer de ſa cheute, on l'appelloit la Grande Comteſſe. Ce qu'elle deuint, c'eſt ce que ne dict point la Relation.

(∴)   (,⸲,)   (.∴)

L'AMBITION HVMILIEE.

RELATION XVII.

OVTE la vanité ne demeure pas delà les Pyrenees, il en passe quelquefois au deçà par lettres de change. Aussi le Psalmiste a dict generalement, que tout homme viuant n'est qu'vne vanité vniuerselle. Et son fils le plus sage des hommes, a dict de tout le monde, vanité des vanitez, & tout

n'est que vanité. Et en vn autre lieu des pages sacrees il est dit, que toute creature est suiette à la vanité. C'est le reste de cet orgueil de nos premiers parens, qui les fit dechoir de l'estat de leur innocence originelle, quand la premiere femme eut oüy cette sifflade du serpent, vous serez comme des Dieux, elle mangea aussi tost du fruict deffendu, & incita son mary à faire le mesme, ostant à l'homme ce que le serpent luy auoit osté. Et tout de mesme que l'appetit de vengeance est d'autant plus vehement en l'esprit d'vne femme, qu'il est plus infirme, à la façon du feu qui s'espand plus viuement en vne matiere legere qu'en vne solide : aussi le desir de grandeur est vne tentation d'autant plus violente en vne femme, qu'elle a moins de force pour y resister. C'est ce que nous allons voir en cette Relation, qui nous descouurira en France vne Ambition humiliee en suitte de la precedente, qui nous a monstré en Espagne vne Vanité mocquee. En l'vne de ces Prouinces, voysines de ces hauts monts que nous auons nommez, & où par la contagion du voysinage ils ont quelque tare de la vanité Castillane. Vn Grand de France, passionnement espris des beautez d'vne ieune Damoiselle, qui estoit d'vne maison fort noble, mais peu aduantagee des biens de la fortune, fit tous ses efforts pour obtenir d'elle, sans passer par les termes du mariage, ce qui ne peut estre ny honneste ny legitime hors de ce lien. Mais il y trouua tant de resistance, que iugeant la place imprenable & hors d'assaut de ce costé là, il commença à changer de batterie, & à parler de nopces. Le seul nom d'Hymen donna des oreilles à cette sage sourde qui les auoit bouchees, comme l'aspic à la voix de l'enchanteur. Mais ses parens (car c'estoit vne race de grand courage) qui par ce moyen se promettoient des accez & de grandes faueurs, y penserent bien d'auantage, & par leur conseil de chair & de sang, la pousserent bien plus auant qu'elle n'eust esté par sa propre inclination. Mais croyant ne faillir point en suyuant l'aduis des siens, qui se rendoient cautions de son honneur, ou pour le moins de faillir auec vne excuse legitime, si le peché en peut auoir de telle, elle se laissa aller aux desirs de ce Grand, sous la promesse qu'il luy donna par escrit, & les grands sermens qu'il fit deuant ceux qui l'auoient mise au monde, de l'espouser en la face de l'Eglise, au premier enfant masle qu'elle auroit de luy. Cettes cet homme faisoit tout au

L'ambition humiliée. 623

rebours des autres qui se marient pour auoir des enfans, & cettui-cy vouloit auoir des enfans tous faicts auparauant que de se marier: c'estoit imiter les anciens Palladins des Romains qui s'attachoient eux-mesmes des pennaches de cerf, & qui se faisoient honte à eux-mesmes. Tant y a, que la belle Pyrance vint entre les bras de l'illustre Marsican sous ces conditions. Tout ce mesnage se cõduisit auec tant d'accortise, qu'encore que chacun s'apperceust de la passion que ce Seigneur auoit pour elle (car quelles actions peuuent estre cachees de ceux qui tiennent les premiers rangs dans les Prouinces) nul neantmoins ne iugea qu'il se passast rien au preiudice de l'honnesteté. Elle eut cependant quelques filles de luy, qui differerent autant de temps ce mariage tant desiré, qu'elles mirent de temps à venir au monde. A la fin le Ciel eut pitié d'vne fille abusée, & en luy donnant vn fils, qui en eut d'autres à sa suitte, obligea Marsican à tenir sa promesse. Aussi bien le temps, pere de la verité, & deceleur des choses les plus secrettes, auoit desuoilé tout le mystere de ces affections, & n'y auoit plus personne qui les ignorast dans toute la Prouince. Voila Pyrance au faiste de la grandeur qu'elle auoit tant souhaittée, & son honneur restably par l'vnique remede qui le pouuoit reparer. Ses parens eurent part à sa fortune ; car ils fureut aussi tost dans les premiers rágs de la Prouince. Marsican se confiant en eux, leur remit la garde de plusieurs places d'importance, & les aduança à la Coür, autant que son credit, qui estoit de grande consideration les peut pousser. Elle ioüit quelques annees de cette humaine felicité,

felicité, estant la premiere de son sang qui estoit arriuee à vn si haut degré. Mais les vanitez mondaines belles comme les roses, ont aussi leur mesme duree, & leur aage est depuis le matin iusques au soir. L'esclat de la fortune de Pyrance ne fut qu'vn feu de paille, & elle iouït bien peu de ce qu'elle auoit attendu si long temps, & auec tant d'impatience. Ainsi nos iours s'escoulent comme les fueilles des arbres, disparoissent comme l'ombre, & la figure de ce monde passe. Elle mourut neantmoins d'vne mort soudaine & assez à poinct, pour ne ressentir point les desplaisirs que l'inconstance de Marsican luy preparoit. Les Grands qui sont au dessus du chastiment, croyent que tout ce qui leur plaist leur soit permis, l'impunité leur donne cette pensee, & ils s'imaginent que les loix ne sont faictes que pour les petits, & pour les contenir au respect qu'ils doiuent à ceux qui sont en eminence. Il auoit eu plusieurs affections volages (car il estoit homme fort suiet à ses voluptez) qui auoient mis bien du trouble en l'esprit de Pyrance, qui craignoit que les mesmes degrez de sa montee ne fussent ceux de sa descente : mais nulle ne luy auoit donné tant d'alarme, que les trop apparentes inclinations que Marsican tesmoignoit pour la specieuse Eraclee, cousine germaine de Pyrance, c'estoit vne beauté naissante dont l'esclat estoit si brillant & si vif, qu'elle promettoit des merueilles en son Midy. Vn cloud chasse l'autre, Marsican aueuglé de cette nouuelle lumiere, n'auoit plus de regards si doux pour Pyrance, la mort suruint, qui par de plus grandes frayeurs (car elle mourut auecque

L'ambition humiliée. 627

des apprehensions estranges) la deliure de celles-cy, heureuse en son malheur de n'auoir point suruescu à la disgrace qui la menaçoit. Voyla Marsican libre & enchaisné tout ensemble, libre du joug d'Hymen par la mort de Pyrance, mais lié par les nœuds de son affection aux graces d'Eraclee. Il ne la dissimule point, son feu estoit trop vehement pour estre long temps caché, il n'attend point la reuolution de l'an du dueil pour faire sa recherche : les Grands n'ont point de petites passions, tout est grand en eux, tout est precipité ; ce qu'ils veulent, ils le veulent si violemment, que leurs volontez sont des torrens, qui n'estans point retenus par les digues des loix, ny le respect du monde, se respandent au large en des licences qui n'appartiennent qu'à eux. Chacun crie au scandale, de voir qu'il veut espouser la cousine germaine de sa femme, qui à peine a les yeux fermez : mais Marsican les auoit clos à toutes ces considerations, & ne desirant que de contenter l'impetuosité de son appetit, il pressoit son mariage auec Eraclee, on luy oppose la proximité, cela le faict sauter aux nuës. Il voudroit bien en vser en ce second Hymen comme au precedent, & que l'on se contentast d'vne promesse en le laissant passer outre ; mais ce discours n'estoit plus de saison, & Eraclee ne le vouloit pas entendre, voulant que les paroles de present precedassent les effects du mariage. Ses parens, qui estoient les mesmes que ceux de Pyrance (car elles estoient filles du frere & de la sœur) qui desiroient par cette seconde alliance mettre des clouds à la rouë de leur fortune, & s'attacher Marsican auec

L'ambition humiliee.

des liens de chair, la pressoient de se contenter d'vne promesse, mais iamais elle ne se laissa persuader, ne voulant pas commettre son honneur sur vne fueille de papier, ny le laisser à la mercy des longueurs & des incertitudes.

Marsican despité qu'vne foible fille resistast si long temps à ses volontez, qui estoient fort absoluës dans sa Prouince, où il auoit vn grád commandement, se guerissoit durant quelques iours du feu de son amour par celuy de la colere, & se priuoit de la veuë d'Eraclee. Les parens qui craignoient de perdre cette occasion, la tourmentoient demesurement pour la faire complaire à Marsican sous vne promesse, luy donnant pour marque de sa foy l'exemple de sa cousine : mais rien ne peut esmouuoir ce chaste rocher. Les flateux desirs de l'amour reuenant en l'esprit de Marsican, en bannissoient aussi tost le despit, & tous ces courroux ne seruoient qu'à augmenter sa flamme. Il faut qu'il se rende aux volontez d'Eraclee, afin qu'elle se range à ses desirs, & que de victorieux il tienne à gloire d'estre vaincu. Importun & imperieux amour, à quoy ne reduis-tu les plus grands courages? tu fais filer les Alcides & les Achilles, & tu mets Iuppin mesme en ces Metamorphoses. Mais l'opiniastre vertu d'Eraclee n'aura pas le bon succez qu'elle s'imagine, & pour n'auoir pas perseueré iusques au poinct necessaire, la Couronne où son ambition aspire s'esloignera de sa teste. Ce mariage ne se peut faire sans dispense de Rome, Marsican a trop d'amour & trop d'impatience pour attendre cette longueur. Les parens d'Eraclee sont tousiours

L'ambition humiliée.

apres ses oreilles, qui la tempestent d'vne gresle de menaces, si elle ne croit leur conseil. Helas! n'auez-vous point de pitié d'vn si fresle vaisseau dans vn si grand orage? Quel esprit n'eust cedé à cette tourmente, & n'eust pris pour vn port l'escueil que vous allez voir? On luy propose de se marier par les mains d'vn Prestre par paroles de present, l'asseurant que par apres l'absolution de cette faute, & la dispense de Rome estoient indubitables.

Battuë de tant de vents, & asseuree par des testes qui luy sembloient bien faictes, & qui en effect ne respiroient que sa grandeur & l'establissement de sa fortune, elle se rendit à cet aduis, elle espouse Marsican en secret, en presence neantmoins de ses parens pas les mains d'vn Prestre, remettant à publier ce mariage, quand la dispense de Rome seroit venuë. Apres cela Marsican en fit comme de sa femme, de sorte neantmoins que peu de gens sçauoient cette pratique. On va à Rome, où le flegme faict la longueur des affaires, on trouue en celle-cy de grandes difficultez, on blasme cette temerité d'auoir passé outre en vn mariage, en vn degré deffendu, sans espoir d'absolution & de dispense. Marsican qui auoit vn secret despit contre Eraclee, de ce qu'elle auoit resisté si long temps à sa passion, & tesmoigné tant de deffiance de sa foy, & peut-estre desia las de ses embrassemens, estoit bien ayse de ses difficultez, & eust desiré que l'on eust tout à plat refusé la dispense : mais les parens d'Eraclee voyans qu'il y alloit de l'honneur de leur sang firent de si chaudes poursuittes, & representerent tant de raisons, dont vne des principales fut l'innocence & la bonne foy d'Eraclee, qui n'auoit failly que par conseil & par obeyssance, qu'enfin on obtint vne Bulle d'absolution de la faute commise, en contractant vn mariage illegitime, par vn Prestre non auctorisé, & en declarant ce qui s'estoit passé comme vne chose nulle, les parties furent renduës habiles à contracter de nouueau le mariage en la face de l'Eglise, leur donnant pour cela la dispense necessaire.

Cette Bulle estant arriuee, Marsican (de l'humeur que ie vous ay dépeinte) commence à faire, ou plustost à contrefaire le consciencieux, & à dire qu'il sentoit de grands remords en son ame, d'auoir possedé les deux cousines germaines, qu'il receuoit la premiere partie de cette

Bulle qui l'abfoluoit de fes fautes, & qui declaroit ce mariage nul, ne voulant point fe feruir de la feconde qui auoit efté tiree par la force des prieres & de la faueur, depeur de viure en vne coulpe continuelle. Voila vn coup de pied merueilleux à la fortune d'Eraclee. On prie, on conjure Marfican ; mais on ne peut iamais tirer autre refponfe de luy : au demeurant, il eftoit fi haut efleué au deffus de tous les parens d'Eraclee, qu'il eftoit hors de combat & hors de leurs prifes ; il fallut boire ce calice d'amertume, finon fans reffentiment & fans murmure, au moins fans vengeance. Voyla l'ambition des parens humiliee, Eraclee deceuë pitoyablement, & decheuë de fes pretenfions. Apres vn tel affront qu'euft-elle faict dans le monde, finon furuiure à fa honte ? Elle fit fort prudemment &

L'ambition humiliée.

pieusement de se jetter dans vn Cloistre (asyle des miserables, battus des tourmentes de la fortune contraire) où elle a passé le reste de ses iours, peut-estre auecque plus de douceur & de tranquillité dans les espines de la penitence, qu'elle n'eust faict dans les roses de la Cour & de la grandeur.

(,⁀,)   (.⁀.)   (,,⁀)

LA PIEVSE MENSONGE.

RELATION XVIII.

EVT-ESTRE que le tiltre de cette Relation estonnera quelque humeur bourruë, estimant que c'est méler l'eau auecque le feu, confondre le bien auecque le mal, & appeller les tenebres lumineuses, & la lumiere tenebreuse, que de ioindre la pieté auec

le mensonge : mais comme ce n'est pas le propre d'vn bon Iuge de decider vne affaire sur l'etiquette, sans voir les pieces du sac, aussi ie demande au Lecteur suspension de son iugement, iusques à ce qu'il ait leu toute l'Histoire. Ie ne veux pas icy entrer dedans cette embroüillee question de l'officieuse mensonge, qui a esté si contentieusement disputee entre sainct Hierosme & S. Augustin, ny passer dessus cette regle, qui ne veut point que l'on fasse le mal, quelque bien qui en puisse arriuer : mais si de deux maux le moindre est à choisir, & si l'ô peut éuiter vn grand mal par vne ioyeuseté, plustost plaisante que malicieuse, ie croy qu'il faudroit estre trop seuere pour le nier. L'action que ie vay representer est de cette nature, & qui doit plustost estre prise pour vne gentillesse d'esprit, pour diuertir beaucoup de pechez, que pour estre tiré en exemple. Parmy tant de sang que nous auons tantost veu respandre en des euenemens funestes, encore faut-il mesler quelque chose de moins farouche & de plus gracieux.

Vn Pelerin François, appellé Prosper, reuenant de Rome & de nostre Dame de Lorette, arriua vn soir en vn Bourg qui est entre Parme & Plaisance, appellé S. Doüin. Il auoit pleu, tonné, greslé & fait vn tres-mauuais temps, les chemins glissans & fangeux l'auoient extrememement lassé (car il n'auoit point d'autre voiture que son bourdon.) Il entra dans vne tauerne qui n'estoit pas des meilleures, parce que sa bource, qui n'estoit pas trop bien ferree, fuyoit la rencontre des grandes hostelleries, qui ont des entrees de Paradis, & des sorties d'Enfer.

C'estoit au mois d'Octobre ou de Nouembre, que les iours commencent à estre courts & les nuicts longues, & le temps se creuát en pluyes faict en Italie des deluges & des rauines estranges. Il aborda tout tard en ce mauuais logis, où il n'y auoit qu'vne meschâte chambre proche d'vne cuisine, & tout cela remply de paysans qui faisoient grande chere sur vne proposition de mariage, qui se faisoit parmy des parens communs. Les vns beuuoient & mangeoient d'vn costé, les autres ioüoiét d'vn autre, les vns se chauffoient les pieds aupres du feu, le ventre plein de viandes, & le cerueau remply des fumees du vin, faisoient les plus beaux contes du monde; les autres chantoient des chansons de chair & de gueule, les autres en ioüant iuroient & blasphemoient à l'Italienne, c'est à dire execrablement, & de

certaines façons qui faisoient horreur, d'autres disoient des paroles sales & deshonnestes, c'estoit le plus grand desordre & desreglement qui se pouuoit imaginer. C'estoit la vraye confusion de la tour de Babel, tout le monde parloit, personne n'escoutoit, iuremens, cris, chansons, risees menaces, coleres, ioyeusetez, tout pesle-mesle, c'estoit vn vray Chaos. Qui demandoit vne chose au maistre de la maison, qui vn' autre, qui vn verre, qui de la viande, qui vn couteau, qui des dez, qui du vin, qui des maccarons, qui de la salade, qui des cartes, qui disoit mots nouueaux, tout estoit en desbauche. Le Pelerin percé iusques à la peau, de la pluye qu'il auoit euë sur le dos tout le long de la iournee, ne se pouuoit approcher du feu pour se seicher, ne pouuoit auoir de l'hoste ny vin, ny viande,
ny

La pieuse mensonge. 641

ny draps, ny lict, ny rien. De sortir pour chercher vn autre giste il estoit trop tard, les tenebres estoient comme cymmeriennes : ne sçachant comme se faire seruir ny auoir place, mais touché d'vne douleur extraordinaire de voir Dieu tant offencé par vn tas de desbauchez, s'aduisa d'vne pieuse trousse pour diuertir tant de pechez, & pouuoir trouuer le repas à sa faim, & le repos à son corps harassé. Il feignit d'estre pressé d'vne affliction la nompareille, & comme c'est vne curiosité fort naturelle de sçauoir le sujet qui desole quelqu'vn, il ne manque pas d'enquesteurs, & plus ils le pressoient, moins vouloit-il se faire entendre, encore qu'il le desirast extremement pour écarter tous ces hómes, & dissiper tout ce Chaos. A la fin comme ne se voulant communiquer qu'au maistre du logis, il

Sſ

luy dict : Seigneur hoste, il m'est arriué la plus grande disgrace qui puisse aduenir à vn pauure Pelerin esloigné des siens, & de tout secours en vne terre estrangere. J'auois cousu vn bon nombre de pistoles dans vne petite ceinture, & parce qu'elle m'incommodoit en marchant au milieu du corps, ie l'auois mise autour d'vne de mes jambes aupres de la jartiere, & pource qu'il m'a fallu sauter plusieurs fossez depuis Parme en çà, à cause du mauuais temps & des fascheux chemins, ie crains qu'elle soit tombee en quelqu'vn, toutefois il faut que ce soit à deux ou trois milles d'icy tout au plus: car il me souuient que ie l'auois encore beuuant en vne tauerne qui n'est pas d'icy plus esloignee que cela. C'est pourquoy ie vous prie de me donner quelque ieune homme qui sçache bien les chemins (car en l'ob-

La pieuse mensonge.

scurité qu'il faict il me seroit impossible de le retrouuer) & luy & moy auecque des lanternes chercherons ce que i'ay perdu. Il ne me reste de monnoye en ma bource que pour payer deux ou trois fois mon escot, apres si ie ne retrouue mon or il me faudra regaigner mon pays en demandant l'aumosne, mestier qui me sera bien dur, n'y estant pas accoustumé.

L'hoste estoit Italien, de qui l'or est l'aymant, dissimulant ce qu'il pensoit dict au François. Seigneur Pelerin, vous voyez combien de gens i'ay sur les bras, ie ne puis vacquer à ce que vous desirez, car ie voudrois par charité vous y ayder moy-mesme ; moins vous trouuer en cet empressemét vn homme tel qu'il vous faudroit : mais croyez mon conseil, laissez passer la nuict & le mauuais temps, & demain deuant que le iour soit venu, nous irōs vous & moy auecque des lanternes chercher ce que vous auez perdu. Là dessus il luy apporte du vin pour le resioüyr & luy conforter le cœur, le approcher du feu, luy appreste à fait souper & vn lict, mais tousiours cette troupe de paysans faisoit de la tempeste, & de dormir à ce bruit il n'y auoit pas d'apparence. L'hoste, qui n'auoit pas enuie de faire ce qu'il auoit promis au Pelerin, aduertit en secret quelques-vns des paysans de la perte de ces pistoles. Aussitost tous sçauent cette nouuelle, & l'vn apres l'autre de desloger pour aller à la queste, file à file ils disparurent tous, comme ces Iuifs qui sortirent du Temple, au iugemēt de la femme adultere. Les voila en campagne, à la pluye, au vēt, à la gresle, au froid au serain, auec des lāternes, des flābeaux de paille, des tisós, cheminás dans les boües, taſtás & foüillans dans les foſſez, enfonçans les pieds & les bras dans les eaux : ils vont, ils viennent, ils regardent à chaque feſtu qu'ils rencontrent, c'eſt la ceinture dorée, c'eſt la bandouliere de piſtoles, ils vont à deux, trois, quatre milles loing, auecque des trauaux & des fatigues plus grandes que ceux des Argonautes, allans à la conqueſte de la toiſon d'or, ceux qui trauaillent aux minieres des Indes n'ont pas la moitié tant de peine : ils cherchent iuſques au ſoir du lendemain, mais ils ont beau chercher deuant qu'ils trouuent ce qui n'eſt pas perdu. Cependant le champ de bataille demeura au Pelerin François, il eut tout le feu à luy ſeul, il eut à choiſir de tous les licts, il ſe ſeicha à loiſir ; il repeut & repoſa en paix & à ſon ayſe : il bannit l'yurongnerie, le jeu, le blaspheme, les propos dissolus, & leur enuoya faire la penitence de toutes leurs fautes parmy les eaux & les crottes. Le lendemain partant de la tauerne il paya fort bien son hoste, & par surcroist de courtoisie il luy descouurit la verité de la trousse qu'il auoit baillee à ces dissolus pour les punir de leurs desbauches & insolences, & là dessus il s'en alla. Au retour de ces questeurs de Compostelle l'hoste se mocqua d'eux, & s'excusant leur dict, qu'il auoit esté trompé le premier du Pelerin François. Voyla aussi tost vne grande risee par tout le bourg de sainct Doüin, & les chercheurs furent sifflez de tout le monde; cette nouuelle alla aussi tost à Parme, à Plaisance, & par toute l'Italie : de là sur l'aisle de ma plume, vous la voyez en France, où elle vous apprendra que ce fut la pieté du Pelerin qui luy fit trouuer cette mensonge. Elle n'est pas si criminelle que l'on penseroit, puis qu'elle a coupé la racine à tant de blasphemes, d'yurogneries & de paroles impudiques. Outre la gaillardise de l'inuention, qui monstre aux Italiens, que toute la finesse n'est pas à eux, & que nostre Nation les meine quelquefois à l'escole, encore qu'ils nous ayent en la mesme opinion de grossiereté que nous auons les Allemands. Cecy soit dict pour vne douce & honneste recreation de ceux qui liront ces Histoires.

LE SVBTIL CONSEIL.

RELATION XIX.

IL y a des Theologiens si subtils, principalement en cette partie de la Morale, qui traitte les cas de conscience, que tantost ils font peché de tout, tantost ils ne font peché de rien, trouuant des raisons à tous visages & à tous vsages, pour soustenir ce qui leur plaist. Les habiles

Medecins ce sont ceux qui trouuent des remedes à tous les maux; pour le moins s'ils ne les peuuent arracher du tout, qui les assoupissent pour vn temps, ou les diuertissent. Mais il n'y a rien d'egal à la soupplesse des Iurisconsultes, parce que toute la science du Droict n'estant composee que de cas particuliers, cet art est comme la matiere premiere, susceptible de toutes sortes de formes, & n'y a labyrinthe d'affaires si embroüillees dont vn habile Aduocat ne trouué le filé, pour s'en démesler & en sortir bagues sauues. C'est à eux qu'appartient la deuise de cet Espagnol, Que si, Que non, & par où vous les pensez tenir, c'est par là qu'ils se sauuent: de là vient l'immortalité des procez, d'où ces gens puisent leurs reuenus, en espuisant les bources de ceux qui plaident. Les Mathematiciens se tuent en vain apres la quadrature de leur cercle, leur vis sans fin, leur mouuement perpetuel, ceux cy trouuent tout cela dans le meslange des affaires. C'est vn dedale, vous en pensez sortir, vous y entrez, vous y pensez entrer, vous en sortez. Ie vous veux faire voir vn traict de ce mestier aussi delicat que l'on puisse dire, où par le conseil subtil d'vn Aduocat, vn Banquier trouua vn eschappatoire qui luy sauua dix mille ducats. L'on dict en Italie que les Florentins tirent le fin du gros; mais que les Gennois, qui sont des Liguriens raffinez, & qui succent le miel de la pierre, tirent le fin du fin, tant ils sont habiles à tirer la quintessence de toutes choses. Vn marchand de Toscane ayant assez bien couuert son momon durant sa vie, l'auoit roulee auec beaucoup de credit: mais donnez-le moy mort, dit leur prouerbe, pour sçauoir ce qu'il a vaillant. Cettui-cy estant sous la terre, ses artifices dont il auoit couuert son jeu parurent, & l'on veit que tout ce qui esclatte n'est pas de l'or. Quand les debtes & les creances furent mises en la balance, il se trouua reliquataire de plus qu'il n'auoit de bien. Il laissa trois enfans masles, des femelles la Relation n'en parle point, ce fut à eux à pouruoir à leurs affaires, & à iouër à sauue qui peut, pour retirer de ce naufrage quelque debris dont ils peussent se garantir de la plus grosse necessité. Ils amassent donc dix mille ducats, & par vne belle nuict se sauuent ensemble, se iurans vne mutuelle fidelité & assistance. Leur plus asseuré rendez-vous ce fut en la Ligurie, ou à la coste de Gennes, où leur pere ayant beaucoup negocié, leur auoit encore laissé quelques amis, dont ils esperoient du support, entre les autres vn riche Banquier de Gennes, que nous appellerons Vespasien. Passarin, Mincio & Alde le vont trouuer, luy racontent la decadence de leur maison apres la mort de leur pere, & d'vn commun accord luy mettent entre les mains les dix mille ducats qu'ils auoient ramassez comme ils auoient peu, & s'estoient retirez à Gennes comme en vn havre de grace.

Vespasien qui sçauoit que plusieurs Gennois auoient fait de grandes maisons sur des fondemens beaucoup moindres que cette somme, leur conseilla de ne se separer point, depeur que leur fleuue ne se tarist, estant diuisé en de petits ruisseaux, leur promettant de leur apprendre les moyens de faire si bien profiter leur talent, que viuans honnestement (mais à la Gennoise, c'est à dire sobrement) ils deuiendroient riches dans peu d'annees. Car comme à Gennes les dehors sont plus grands que la ville, aussi les apports vont bien plus viste que le principal, ce qui faict que les petites sommes se trouuent incontinent bien grosses. Ces trois freres font donc ensemble vne societé n'ignorans pas que par l'vnion & la bonne intelligence les petites facultez s'accroissent comme les grandes se dissipent par la discorde. Et se remettans aux aduis que Vespasien leur donneroit pour l'employ de leur argent, ils se mettent en vne maison de loüage & à petits frais, faisans l'alchimie auecque les dents, & de toute l'annee vn perpetuel Caresme, ils font des commentaires sur la Lesine, dignes de voir le iour en faueur des Espargnans. Vespasien en attendant l'occasion leur faisoit vn leger profit de leur argent dont ils viuotoient, repaissans leurs corps de pastes frittes, & leurs esprits d'esperance. Cependant, accorts comme des Toscans, ils prennent langue, s'enquierent du commerce, voyent comme va la place, espient sur le port, apprennent des nouuelles des marchandises, en vn mot ils chassent de haut vent. Le second des trois freres appellé Mincio, esprit delié & fourbe, auoit le maniment du mesnage & de la despéce, & encore qu'il fust en communauté auecque ses freres, il auoit neantmoins quelque chose en particulier, qu'il auoit reschappé de la ruyne de sa maison, & ne demandoit en soy-mesme que de faire quartier à part, s'imaginant que seul il feroit mieux son profit, qu'estant en communauté auecque ses

Le subtil conseil. 655

freres. De cette pensee il tomba dans vne autre, & il commença à mediter les moyens d'auoir tout, & de planter là & ses freres & le Banquier, & d'aller par la mer en Leuant busquer quelque bonne fortune : pour arriuer à ce but il tend son arc, & prend sa visee de loin. Il dict vn iour à ses freres, Vespasien nous tient icy le bec en l'eau, & cependant il faict ses aduantages de nostre argent, dont il nous donne si peu d'interest, que nous viuons pauurement & mesquinement, il vaudroit mieux que nous mesnageassions nostre bien nous mesmes, il n'est pas à croire que ce Gennois nous descouure le secret du traffic, & que sçachant vne occasion de gaigner, il ne la prenne plustost pour luy, que de la faire tomber en nos mains, c'est vn abus de nous attendre à cela. Le commerce de mer est vne chose hazardeuse, souuent l'appetit de beaucoup gaigner faict tout hazarder & tout perdre, il me semble que nous ferions sagement de mettre vne partie de nostre argent en quelque fonds, qui nous apportast du vin, du bled, & du fruict dont nous viurions, sans auoir tousiours la main à la bourse, & de faire valoir l'autre en marchandise ou à la banque.

Passarin & Alde, qui estoient de meilleure foy que Mincio, approuuerent l'aduis de leur frere; mais c'estoit vne trape que le rusé leur tendoit pour attraper le tout. Il leur conseille donc de s'enquerir de quelque heritage qui fust à vendre sur ce beau riuage de Gennes d'où l'hyuer est banny, pour laisser la place à vn perpetuel printemps. Apres beaucoup d'enquestes ils ont nouuelles d'vn qui estoit entre Albenga & Loüan deux belles terres de la maison d'Oria, à vn petit bourg nommé Cerial. Ce lieu par terre, est distant de deux petites iournees de Gennes, & par mer on y est en moins d'vn iour. Mincio conseilla à ses freres d'aller voir ce lieu, se remettant à ce qu'ils luy en rapporteroient, pour apres en faire le marché; le prix que le maistre en vouloit estoit de trois ou quatre mille ducats. Mincio qui tendoit ses filets de loin, fut vne fois chez Vespasien auecque ses deux freres, ils luy communiquerent en commun le dessein qu'ils auoient de mettre vne partie de leur argent en vne possession, & l'autre en marchandise, disans qu'ils auoient trouué leur employ. Vespasien qui ne souhaittoit que leur bien, leur dict que leur argent estoit tout prest, & qu'il leur rendroit à la premiere demande.

Le ruzé Mincio marqua cette chasse, & le iour que ses freres deuoient aller en barque à Cerial, il ne manqua pas de leur dire qu'il falloit payer le loüage de leur maison, & fa re quelques prouisions de mesnages, tout cela pouuoit arriuer à cinquante ou soixante ducats: & parce que Vespasien, selon l'obligation du depost, ne deuoit rien bailler à l'vn qu'en presence ou par l'approbation de tous les trois ensemble, il fit que ses freres allans au port pour s'embarquer passerent chez Vespasien, & luy dirent qu'il donnast à Mincio ce qu'il luy demanderoit, & qu'ils luy en tiendroient compte, & qu'ils alloient clorre le marché dont ils luy auoient parlé. Vespasien leur respondit qu'il feroit ainsi qu'ils l'ordónoient: Passarin & Alde qui ne se fussent iamais doutez de la perfidie de leur frere, qui

Le subtil conseil.

leur auoit tousiours rédu bon compte de sa despence; entendoient cela des soixante ducats: mais Mincio prit le ton bien plus haut, & alla à tout; car sçachant que ses freres seroient dehors trois ou quatre iours, il alla le lendemain prendre les dix mille ducats de Vespasien, disant qu'il auoit charge de ses freres d'en faire le payement & l'employ, & en donna à Vespasien telle descharge qu'il voulut: auecque cette paye il s'embarque en vn vaisseau qui faisoit voile en Sicile, & de là il s'en alla en Leuant, & depuis ne l'a-t'on iamais veu. Passarin & Alde reuiennent de là à quelques iours, & ne trouuans plus leur frere à la maison, qui auoit fendu le vent du costé du Leuant, furent bien estonnez. Ils vont chez Vespasien, où ils ne trouuent plus que le nid de leur somme, & en sa place vn bel acquit

Tt ij

de Mincio. Les voila aux cris, aux tempestes, aux desespoirs; ils accusent Vespasien de desloyauté, & le tiennent pour complice de la trahison de leur frere. Ils le font citer en iugement, voyla vn grand procez, la promesse que Vespasien auoit faicte en receuant le depost, portoit qu'il ne deuoit rendre l'argent qu'à tous trois ensemble, & ne le deliurer qu'en leur presence : il se deffend par le commandemét qu'ils luy firent en partant pour aller à Cerial, de bailler à leur frere ce qu'il luy demanderoit, il les faict iurer là dessus, ils aduoüent ces paroles, mais disent qu'ils n'entendoient parler que de cinquante ou soixante ducats au plus, pour le courant de leur despense. La coniecture estoit violente, que Vespasien s'entendist auec Mincio, & eust sa part du profit: il auoit receu la somme de tous les trois, il estoit obligé à tous trois, il deuoit auoir quittance de tous les trois; c'estoit là vn beau champ pour faire des lices & des carrieres à la chicane. La cause estoit si douteuse & fut si bien debattuë, que le premier Iuge ayant pitié de ces deux pauures ieunes hommes, qu'il voyoit ruynez sans resource & desesperez, ordonna que la quittance de Mincio ne seruiroit de descharge à Vespasien que pour le tiers, & qu'il rendroit les deux autres tiers à Passarin & à Alde.

Voila le Banquier bien en peine, & vn Gennois vieil & rompu aux affaires, affiné par vn ieune Florentin. Il consulte tous les Aduocats de Gennes, les finesses de Ligurie sont dans ces testes comme dans leurs sources. Il y en eut vn nommé Zenon, qui fit comme ces Emperiques, qui entreprennent de guerir des maladies que tous les Medecins ont iugees incurables. Il trouue vne subtilité telle, qu'il promet à Vespasien de payer en son propre nom les six mille tant de ducats à quoy il estoit condamné, au cas qu'il ne gaignast sa cause; mais au cas aussi qu'il en demeurast le vainqueur il vouloit vne bonne récompense, dont il conuint auecque Vespasien. Le iour de la plaidoirie arriué, apres que l'Aduocat de Passarin & d'Alde eut inuectiué contre la mauuaise foy de Vespasien, & la perfidie de Mincio, il se mit à faire valoir le droict de la premiere sentence, & à monstrer en combien d'equité elle estoit fondee, afin que la seconde & souueraine, dont il n'y auoit plus d'appel estant conforme, ses parties eussent vn gain de cause deffinitif. Zenon l'ayant laissé dire ne repliqua rien; mais laconiquement

& en peu de mots il fit comme la hache d'Aeschines, qui tranchoit les superfluitez de l'eloquence de Demosthene. Messieurs, dict-il, que l'on voye la promesse de ma partie, il est d'accord de l'effectuer selon ses termes, elle l'oblige à restituer les dix mille ducats à tous les trois freres ensemble, qu'ils comparoissent & il les va deliurer. Cela dict il se teut, Passarin & Alde de se regarder, leur Aduocat à se taire, les Iuges à s'estonner. Est-ce faict, dict celuy qui presidoit? c'est ma conclusion, reprit Zenon, & ie n'ay autre chose à dire. Qu'eust-ce-ie dict? qu'eussent ordonné les Iuges que ce qui estoit conforme à la police du depost, puisque l'obligé estoit leur regle? L'argument que le Banquier s'entendoit auecque Mincio se renuersoit de luy-mesme la teste, des freres qui se pouuoient aussi bien entendre auecque Mincio, pour faire perdre à Vespasien les six mille ducats, ioinct que la necessité qui porte aux honteuses fourbes, les conuainquoit & pressoit plus que Vespasien, Citoyen honorable, de bonne renommee & de credit dans la ville, homme sans reproche, & que l'on ne pouuoit soupçonner d'vne si lasche trahison. L'arrest porta que les deux freres feroient comparoistre le troisiesme, & alors que Vespasien payeroit selon les mots de son obligation. Ils sont encore à le chercher, & Vespasien à payer. Deschargé de la sorte par le subtil eschappatoire de son Aduocat, il luy donna la récompense promise. Et l'on estima que Dieu, qui preside aux iugemens, auoit permis que ces freres fussent frustrez de cette somme, qu'ils auoient

Le subtil conseil.

desrobee aux creanciers de leur pere, puis qu'il deuoit plus qu'il n'auoit vaillant. Ainsi les voleurs furent volez, & ceux qui se preparoient à l'vsure perdirent le sort principal. De dire s'il prospera entre les mains de Mincio, ou si la mer engloutit & l'vn & l'autre, c'est ce que l'Histoire Italienne ne m'apprend, & que ie laisse à iuger à celuy qui tiendra ce Prouerbe pour vn Oracle; Que les biens mal acquis ne passent iamais au second heritier. I'ay de coustume de comparer l'iniuste amas de l'inique Mammone à l'ouurage de ces Alchimistes, qui trauaillent en des charbons desolatoires, & qui au lieu de conuertir le cuivre & le plób en or & en argent, changent enfin l'or & l'argent en vent & en fumee. Cependant nous apprendrons de cette Relation, que dans l'embroüillement des affaires humaines, & les formalitez de Iudicature, la subtilité des conseils a souuent plus de force que la raison & la verité.

Fin du deuxiesme Liure des Relations Morales de M. DE BELLEY.

Extraict du Priuilege du Roy.

PAR grace & Priuilege du Roy, il est permis à Ioseph Cottereau, Marchand Libraire à Paris, d'imprimer ou faire imprimer pendant le temps & terme de six ans, à compter du iour qu'il sera acheué d'imprimer, à la charge d'en mettre deux exemplaires en nostre Bibliotheque, vn liure intitulé *Relations Morales*, par I.P.C. Euesque de Belley, auec deffence à toutes personnes de quelque qualité & condition qu'elles soient, Libraires, Imprimeurs ou autres, de l'imprimer ou faire imprimer, vendre ny distribuer, d'autres que de ceux qui auront esté imprimez par ledict Cottereau en nostre Royaume, à peine de mille liures d'amende, moitié à nous appliquable, & l'autre moitié audit exposant. Voulons en outre que mettant au commencement ou à la fin dudict liure ces presentes, ou vn extraict d'icelles, qu'elles soient tenuës pour signifiées, & venuës à la cognoissance de tous : Car tel est nostre plaisir. Donné à sainct Germain le 10. iour de Nouembre 1629. & de nostre regne le vingtiesme.

Par le Roy en son Conseil.

DE LA REBERTIERE.

Acheué d'imprimer le 15. d'Octobre 1630.

Pagination incorrecte — date incorrecte

NF Z 43-120-12

www.ingramcontent.com/pod-product-compliance
Lightning Source LLC
Chambersburg PA
CBHW050055230426
43664CB00010B/1321